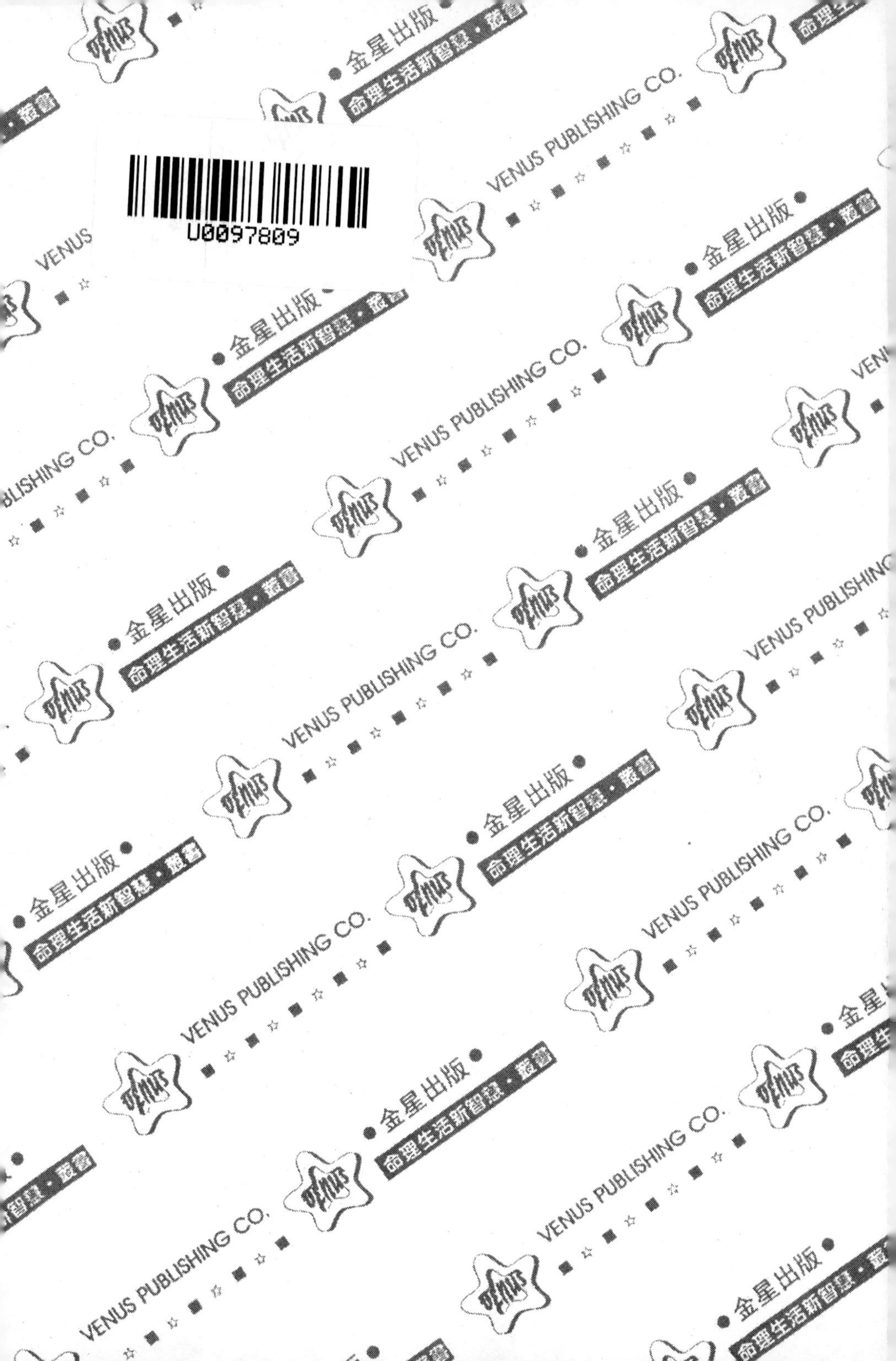

VENUS PUBLISHING CO.
金星出版
命理生活新智慧・叢書

命理生活新智慧・叢書 58-1

對你有影響的

殺、破、狼《下》

《一版修訂版》

金星出版社 http://www.venusco555.com
E-mail: venusco555@163.com
venusco@pchome.com.tw
法 雲 居 士 http://www.fayin777.com
E-mail: fayin777@163.com
fatevenus@yahoo.com.tw

法雲居士⊙著

國家圖書館出版品預行編目資料

殺、破、狼《下冊》《一版修訂版》／法雲居士著，--臺北市：金星出版：紅螞蟻總經銷，2009.02 冊； 公分—
（命理生活新智慧叢書；58-1）

ISBN: 978-957-8270-96-1（平裝）

1.紫微斗數

293.11 97023939

對你有影響的 殺、破、狼《下冊》《修訂一版》

作　　者：法雲居士
發 行 人：袁光明
社　　長：袁光明
編　　輯：王璟琪
總 經 理：袁玉成
地　　址：台北市南京東路三段201號3樓
電　　話：886-2-2362-6655
傳　　真：886-2-2365-2425
郵政劃撥：18912942金星出版社帳戶
總 經 銷：紅螞蟻圖書有限公司
地　　址：台北市內湖區舊宗路二段121巷19號
電　　話：(02)27953656(代表號)
網　　址：http://www.venusco555.com
E-mail：venusco555@163.com
venusco@pchome.com.tw
法雲居士網址：http://www.fayin777.com
E-mail：fayin777@163.com
fatevenus@yahoo.com.tw

版　　次：2004年2月第1版　2024年4月加印
登 記 證：行政院新聞局局版北市業字第653號
法律顧問：郭啟疆律師
定　　價：650元

行政院新聞局局版北字業字第 653 號

ISBN：978-957-8270-96-1（平裝）

（因掛號郵資漲價，凡郵購五冊以上，九折優惠。本社負擔掛號寄書郵資。單冊及二、三、四冊郵購，恕無折扣，敬請諒察！）

序

這本『殺、破、狼』下冊是一套書中的第五冊書的下冊，其他的書還有『權祿科』、『十干化忌』、『羊陀火鈴』、『天空、地劫』、『府相同梁』、『昌曲左右』、『紫廉武』、『日月機巨』。也許後面還會增加書目。

『殺、破、狼』這三顆星，你可以單星來看，亦黑亦白，也各自有各自的大是大非。你也可以將它從一體化來看，將它看做是一個格局，它會對每一個人的人生造成起伏高低的影響。你更可以將它看做是一種呈循環旋轉的運氣或是一個馬力強大旋轉的磁場，不時的發出陣陣磁波來影響地球上所有的人。

當你以星曜的立場來看『殺、破、狼』中的每一顆星的時候，你會對它們的驃悍、強勢，發出驚嘆！也對它們所產生的耗損及辛苦發出無奈的聲響。當你以一個格局的立場來看它的時候，你會為它所帶給你人生的起伏變化，忽喜

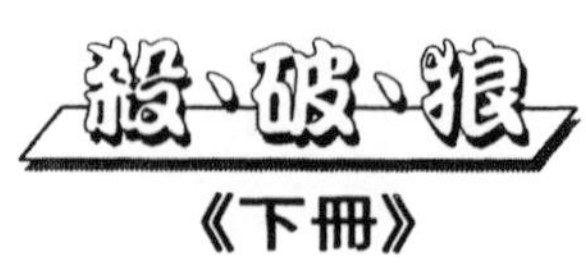

忽憂。也會像洗三溫暖一樣，忽冷忽熱。但都會讓你勞碌不停。

『殺、破、狼』格局，在每個人生命樂章裡依著順序變化了曲目的形式，一幕幕熱烈的演奏出生命的樂章。是七殺運時，演奏的是低沈、悶聲的低音喇叭，或低沈的鼓樂聲。是一場大演奏曲正處於暗中醞釀、暗自使力的伏筆過程。當人走破軍運時，你的人生演奏的是嘯馬奔騰，勇往直前，無畏無懼，衝撞前進，所向披靡、所向無敵的進行曲。你會冥冥中被戰神拖著走，被拖著戰鬥不懈，打開了人生的開創格局。在你走貪狼運時，你人生的奏鳴曲演奏的是百花齊放，鳥語花香，熱鬧滾滾，到處一片蓬勃的氣象，你也會如蜜蜂採蜜般在花間奔忙。許多輕巧、愉快，好事連連、快樂的節奏如輕快的小節在跳躍不停，人生中希望無窮。

每個人的『殺、破、狼』格局都不一樣，當『殺、破、狼』格局中有破格漏洞時，就像磁場天頂塌了一角。例如七殺和擎羊同宮，或破軍和羊、陀羅同宮，這樣人每逢走此運時，就會有傷災、刑剋，非常不吉了。

《下冊》

『殺、破、狼』在我們人生的運氣裡，它只是一個記號。是命理知識中給它的記號標幟，告訴你走到這些運程時，會遇到一個什麼樣子的人生起伏的形態。因此你必須認清楚它，才能掌握住人生的重要起伏關鍵。『殺、破、狼』也像一道打開人生密碼，使人生衝向巔峰的鑰匙。若好好利用在你命盤中的『殺、破、狼』格局，就會把自己的人生帶往光明面和非凡成就的巔峰。僅藉此部書來與讀者共勉之。

法雲居士　謹識

命理生活叢書58-1

《二版修訂版》

目錄

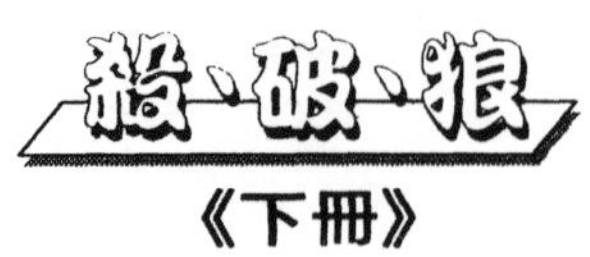

《下冊》

上冊目錄

第六章　殺、破、狼在『夫、遷、福』對人的影響

當『殺、破、狼』在『夫、遷、福』出現時，表示『殺、破、狼』磁場效應的影響就會從你周遭的環境中，或從你內在的思想中、觀念中，或從你腦中天生形成的價值觀中顯現出來。你也會在這種磁場效應的範圍內做你的活動，或以這種磁場所產生的效應來做為你思考的模式。因此在你的一生中也是深受『殺、破、狼』磁場所支配、帶領和引導的。

當『殺、破、狼』在『夫、遷、福』出現時，在你的命宮會出

現紫微、武曲、廉貞、天府（包括紫府、武府、廉府）、天相（包括紫相、武相、廉相），這表示說其實你是屬於『殺、破、狼』這一派的人。你的思想方式是和『殺、破、狼』坐命的人相同的，很注重利益的獲得，很直接的去獲取自己想要的東西，不會扭怩作態，也不會猶豫不決。凡事速戰速決、反應快、行動力很乾脆、打拚能力很強、奔波勞碌、能吃苦耐勞。好動不耐靜，不喜歡別人管，喜歡自己獨當一面，內在性格剛強、倔強、不認輸、做事有魄力，大多數此命格的人，也都具有權威、威嚴的外表。所以這些有『殺、破、狼』出現在『夫、遷、福』的人，實際上和本命是『殺、破、狼』的人，在性格、思想上，或人生脈動上都非常相像。你們也特別和『殺、破、狼』坐命的人合得來，因為彼此對人生或對事務的價值觀相同或類似，行動力也同樣強悍、迅速，不會拖拖拉拉、拖泥帶水，所以算是同類型磁場模式的人。你們也會和『殺、破、狼』坐命的人，特別看對眼、心靈相通，在相合的事物上，彼此契合，但在某些不合的事物上，彼此不多干涉，謹守分際，給自己與別人留下很大的空間與自由。你們也會和『殺、破、狼』坐命的人一樣的，做事要要求結果，動作快，貪心貪得多，好運也會多一些，思想實際、大膽、好冒險，對於自己取捨的東西很乾脆，敢取、敢捨，在感情方面是拿得起放得下的人。不會在情愛方面與人糾纏不清，與人交往也不會太黏人。你們是屬於人緣桃花比較重，姻緣及情色桃花比較弱的人。

第一節『殺、破、狼』在夫妻宮對人的影響

當『殺、破、狼』在夫妻宮時，表示你的內心感情模式就是乾脆、實際、不忸怩、不拖拖拉拉的，喜歡和厭惡的感覺很直接的表現出來，不會也不喜歡太隱藏，你會讓天下人都知道你喜歡某事或某物，或你戀愛了，或你失戀了，或是離婚了，對於發生於你身上好的事或不好的事，你都不想多花精神去掩飾或躲避，會直接面對現實，覺得這沒什麼了不起的，也不怕別人知道。你的內在性格強硬、剛直，也討厭忸怩作態的人。凡事自己擔當、自己負責，不怕辛勞，能有堅忍不拔的精神。同時，你也喜歡和你一樣有相同做事乾脆、不拖泥帶水、敢愛敢恨性格的配偶或情人。也想找到和你一

樣是愛打拚、肯奮鬥、做事有結果，能獲得利益、能幹的人來做配偶。所以在選擇配偶時，這個人能不能幹、會不會獨立自主、做事乾不乾脆、性格強不強，這些條件都很重要。你討厭性格懦弱及依賴性重的人，也討厭拿不定主意，做事拖拖拉拉，沒有個性的人，也討厭愛恨不明，是非黑白模糊不清，猶豫不決的人。你的性子急，會覺得這些人很沒用，根本不想和他們多嚕嗦，所以你的配偶和情人，一定是和你有相同強勢性格的人。當有此狀況時，兩個相同性格強的人在一起，就容易產生磨擦。你們會要好的時候，愛的要死。不好的時候，如仇敵一般。

當夫妻宮有『殺、破、狼』時，你的外表展現的性格不一定和內在性格相同。你可能外表美麗、溫和、好脾氣，而內在感情強烈，堅定，較硬。很多人有時候會看錯你，以為你是溫和、軟弱，好說話的人，但實際上你的內在性格強硬，不服輸，也不受人擺佈，更是頑固、自有主見，不喜愛威脅或挾制，會反彈，反彈的力量很大，也敢割捨無利於自己的東西，寧願長痛不如短痛的割捨掉，以求心靈的平靜。你們會聰明、有魄力，自我療傷快，不會為沒有意義的事多浪費時間。

七殺在夫妻宮

七殺入夫妻宮

當七殺單星在夫妻宮時，有紫微坐命子、午宮的人，武曲坐命辰、戌宮的人，廉貞坐命寅、申宮的人。當夫妻宮是紫殺時，你是空宮坐命有武貪相照的人。當夫妻宮是武殺時，你是空宮坐命有廉貪相照的人。當夫妻宮是廉殺時，你是空宮坐命有紫貪相照的人。因此你可以看得很清楚的是：當夫妻宮有七殺單星時，其人命宮主星都是強勢居吉、居廟的星曜，只有紫微在子居平，但算是吉星坐命，命格也不錯。你們的性格堅定、強硬、一絲不苟，也喜歡忙碌、肯打拚、努力工作的人。會要求別人和他自己一樣的努力打拚，和對人生有相同的價值觀。在感情上較一板一眼，所選擇的配偶最好在事業上能打拚出一片天下，最好少搞怪，因為你們本身就不是容易見異思遷的人，最好配偶也是個老實、肯努力的人就好了。

當夫妻宮有七殺雙星時，如紫殺、武殺、廉殺時，其人的命宮都是空宮，這表示其人本身在思想上常有空洞或茫然的時候，而其人的遷移宮都有一顆貪狼星（有武貪、廉貪、紫貪），表示其人在外對人常不真心，或與人保持某種距離，別人也會對他很冷淡，不太溝通。雖然你們的夫妻宮也出現一顆七殺星，但此七殺星因和另一顆星同宮時，意義就變的不一樣了，也會因另外一顆星的關係改變或影響了七殺刑剋的色彩而特別明顯了。你的內心雖仍是強悍的、計較的，凡事要求利益的，但會因你的腦子會有些不實際的想法，而造成你在感情上表達的狀況不好，而讓別人沒感覺到你的性格上的強勢。也雖然在你的遷移宮中也都有一顆貪狼星，在表象上有人緣桃花，但實際是不強的，與人關係是有隔閡的。在愛情和感情問題上，就會不容易掌握得住，也容易不婚、離婚，或找到誤以為性格和自己類似，其實根本不同，而婚姻不美了。

當夫妻宮有一顆七殺星的時候，其人的官祿宮肯定有一顆天府星，表示其人會在工作上賺富足的錢，也會樂在工作。不論其人的身宮落在何宮，而大多數的人都重視工作，而且肯認真工作，因為工作會為他帶來財富和人生的價值。**在夫妻宮有七殺星的時候**，其人的遷移宮定有貪狼星，福德宮定有破軍星，故是一生勞碌，對吃喝玩樂的事不太重視，而重視工作上的所得（除非命格有刑剋者除外），其人和別人的人際關係也多半建立於工作，讀書增長學識和能力等，他認為有意義的事情方面，不太會浪費時間和狐朋狗友哈拉（除非命格有瑕疵者除外）。

當夫妻宮有七殺星時，你的主觀意識強，你對自己和別人都要求嚴格，一板一眼，對生活認真，倘若想得到自己想望已久的東西，肯吃虧，敢捨敢拚，做事乾脆、直接，也肯吃苦耐勞、辛勤不斷的去努力獲得，不易半途而廢。除非時空轉換，想望的東西已變質，變得沒有價值了，你才會立刻丟棄。

當夫妻宮有七殺星時，你不一定會婚姻不美，只要你頭腦清楚，認人清楚，找到形象與性格和你相類似的人來做配偶就能感情平順。最好就是找七殺坐命的人來做配偶最好。因為七殺坐命的人，夫妻宮都有一顆天相星，只要天相居廟，你就能和他相配合，在事業上能共同努力，有共同的人生目標，價值觀也大致相同，生活就會平順快樂了。

當夫妻宮是七殺單星在子、午宮時，你是廉貞居廟坐命寅、申宮的人。你是一個有智謀，有企劃能力，熱心政治，喜歡競爭和暗中鬥爭的人，你會在事業上很忙碌，賺錢很多，無暇照顧家人，也不懂得照顧家人，因此你喜歡能幹、能獨立自主，不麻煩別人，能獨當一面的配偶。你也會賦與配偶許多權力來幫助你支配家人和家事。最好配偶也能在你的事業上對你有所幫助，這樣你就會對配偶更死心踏地一點。配偶也能更抓住你的心。倘若配偶的能力不強，或也不甘心管理家務，還以此和你有衝突，你們的婚姻就會出現大危機，有離婚的可能。你也會容易向外發展新戀情，再尋找適合你生活需要的人。

此命格的女性，若是找到願管理家務的配偶，縱使自己所賺的錢很多，也願意負擔家計，毫不計較。她們是寧願外出工作，主外而不主內的人。因為她們家事做不好，也不喜歡做家事，更不會照顧人，天生志氣高，喜歡做大事，不喜做家中小事的人。所以和廉貞坐命的女子結婚的男人有福了，她不會要求你去多賺錢，她會自己去賺，而且很願意負擔家計，只要你肯為家務分擔，具有像外國人一樣的思想，女主外、男主內把家庭照顧好也不錯，你們也一定會家庭幸福、白首到老的。

七殺、擎羊在子、午宮為夫妻宮時，你的財帛宮是紫相、陀羅，表示你內在思想有自我刑剋很嚴重的趨勢。會陰險、計較，有時又懦弱。在價值觀上有另類思考，和一般人不一樣，你也會該打拚的不打拚，做事進退起伏，易拿不定主意。在感情上不順暢，好計較，但又搞不清該計較什麼？你也容易娶到、嫁到心口不一又略帶陰險的配偶，或是一生和你作對，來刑剋你的配偶。你也容易擁有成就不高，且會耍陰險，做事能力不佳的配偶。因為你內在心裡的價值觀不好，所以在錢財方面你也會得到的較少，手中運用的錢財較少。你更容易擁有身體傷殘的配偶。也容易不婚或喪偶及易離婚。你喜歡控制配偶，但你用的方法較尖銳、較笨，反而適得其反，因此和配偶水火不容。你也會內心小氣，對人不真誠。

丙年生的人，你的命宮有廉貞化忌，表示你天生頭腦不清楚，故而多是非，頭腦糾纏不清，你會多官非，爛桃花和傷災血光，錢財少得，人生成就不高，配偶運尤差。在家中你易與家人和配偶相鬥法，在外有別人和你暗鬥，你也會一生心情不開朗，有精神折磨。

戊年生的人，你的遷移宮有貪狼化祿，你是桃花多，風流韻事多的人，但夫妻宮有七殺、擎羊，你是內心小氣，內心有刑剋的人，對人不真誠，做事反覆無常，拿不定主意。又會懦弱，想事情想得不周全。內心有古怪的想法，也易擁有不同心協力之配偶，相互有刑剋不合。你在賺錢及事業上都會打折扣。

壬年生的人，夫妻宮在子宮為七殺、擎羊時，你的官祿宮有武曲化忌，天府，你是家庭和事業都不美滿的人，會離婚或結不成婚。

你會把事業愈做愈窮，你也會有奇怪的價值觀和不好的心態，也容易把你的人生過得一塌糊塗。

七殺、祿存在子、午宮為夫妻宮時，是『祿逢沖破』的格局，也是『刑祿』格局，表示你的配偶是性格保守、小氣、頑固、不好相處的人，同時也是財少的人。更表示在你的內心是保守、頑強、小氣、自私，會為了自己小小的利益，而不顧別人死活的人。你的兄弟宮有擎羊，子女宮有天梁陷落、陀羅，你與家人的關係都冷淡、不合。你的內心財少，故做人、做事不圓融。你會處心積慮的賺你自己的財富，但財富格局也不大。

丁年生的人，夫妻宮在午宮，你也是保守、小氣、頑固、自以為對自己好，但實際會做一些不利於自己身體和運氣的事，例如你的生活和飲食習慣就不好，易有消化系統的障礙，易生大腸癌的病症，或膀胱、腎臟等問題。家族人丁都會稀少。與配偶不合，你內心的感情也是較淡薄、保守，付出不多的。

己年生的人，夫妻宮在午宮，只有七殺、祿存，沒有文曲化忌入宮的人，你是心態小氣，對你好的人，你也會與他融洽，並能有通財之義。感情平淡及不親密的人，便對他很苛刻、吝嗇。你的配偶也是小氣吝嗇，但略有財富之人。若有文曲化忌入宮或文曲化忌在官祿宮的人，你會擁有小氣吝嗇、口才不好、常有口舌是非、爭吵、冷戰、不合的配偶，配偶也會較有財務上的疏失。

癸年生的人，夫妻宮在子宮，有七殺、祿存時，你的遷移宮有貪狼化忌，福德宮有破軍化祿，表示你人緣不好，性格十分內向、保守、自閉、會孤獨、六親不和，雖能自給自足的過日子，但會一生難開展，如果找到不計較的配偶，尚能白首，如果找到同樣保守，小氣的配偶，亦是夫妻不合。你只會花錢在自己身上，十分自私。

七殺、文昌或七殺、文曲在子、午宮為夫妻宮時，**在子宮**，你的配偶是精明幹練、愛打拚的人，做事有條理、堅強、好講理，外表雖強硬，但內在氣度卻是有氣質、有文化水準的。他有時會糊塗，但對人生的大目標、大方向，以及對錢財上的精明度與計算能力，卻是目標分明，精打細算，一絲不苟的，斤斤計較的。同時也表示，在你的內心中也是精明幹練，計算利益的能力很精明，喜歡文質、美麗的事物，具有追求高格調的生活理念，會為這些事情打拚，自我要求高，對別人的要求也高，也會精心努力打拚在賺錢方面。

在午宮，七殺居旺，昌曲居陷，你的配偶是外型較粗，文化水準不高，氣質較粗俗，計算能力不好，雖愛打拚，但打拚能力不很強，或打拚努力成果不好的人。配偶也會是常不講理的人。同時也表示：在你的內心中，計算能力也不好，不精明，雖會努力，但會努力一些粗俗的事及努力有瑕疵。你會馬馬虎虎，做事不精細，敷衍了事，生活理念也會較粗俗，沒有格調。做人處事都會粗里粗氣、馬虎，不重道義，也沒有什麼人生目標，或人生目標太大，內心不實際，而無法完成。

七殺、左輔或七殺、右弼在子、午宮為夫妻宮時，表示你的配偶是性格特別強悍的人。倘若夫妻倆有共同利益時，配偶會相互幫助打拚。夫妻倆在外有共同敵人時，夫妻倆會成為親密戰友，一致對外奮戰。倘若夫妻倆沒有共同利益，而各忙各的時，配偶和你會關係惡劣，相互爭戰，也會有第三者，或夫妻各自的親友一同加入你們夫妻間的戰爭，相互爭伐，因此易離婚。所以有此夫妻宮時，最好夫妻倆一同做事業，一起賺錢，能共甘苦，夫妻的感情也會變好。

同時，**當你的夫妻宮有七殺、左輔在子、午宮時**，你的內心世界是具有剛直、強硬、喜打拚、特別頑固、自私，是為自己利益打拚，不太想管別人閒事，也不想管別人死活的狀況。倘若配偶是不太瞭解你是具有這種心態的人，對你的事不肯幫忙，不想插手，你就很容易向外發展，去尋找會幫忙你的人了，因此容易有外遇事件發生。

當你的夫妻宮是七殺、右弼在子、午宮時，表示你的內心世界是具有強硬、霸道、自私，特別頑固，有些內向、自閉，是只喜歡照顧自己人，是對自己好，不願意自己和配偶去對別人好，胳臂肘往內彎，只在一個小範圍、小圈圈中打拚，不具有大格局（大方向或大目標）。你也會不想管別人死活，而希望你的配偶也和你一樣，只在一個小空間、小天地中相互幫助，相互恩愛就好了。但是倘若你的配偶是活潑好動，人緣好的人，會幫助你，也喜歡管別人閒事的人，夫妻倆就會時有衝突，也會有第三者出現來加入你們夫妻間的爭鬥，就容易離婚。

七殺、火星或七殺、鈴星在子、午宮為夫妻宮時，表示你的配偶是性格強硬、衝動、脾氣急躁、做事是個急驚風，急的時候很急，但急一陣子又很快的過去，像一陣風一樣，事情過去了又不急了。他是又笨又聰明的古怪的人，會有時候很打拚努力，有時候又忙一些不實際的事情，你會常搞不清楚他到底目標重心是放在那裡？一會兒說這件事很重要，一會兒又對這件事不關心了。同時，在你的內心中，也常是忽冷忽熱的，一會兒像熱鍋上的螞蟻熱衷於某事，一會兒又冷淡的忙著別的事情去了。**當七殺、火星或七殺、鈴星在午宮時**，火、鈴居廟，表示你和配偶都會心急衝動，且都具有較強的怪怪的聰明。**當七殺、火星或七殺、鈴星在子宮時**，火、鈴居陷，你和配偶也都會心急、衝動，會對不好的事有怪怪的聰明。你們都是思想上帶有另類色彩，會把別人想成不好的人。也容易帶有較多邪惡思想的人。

七殺、天空或七殺、地劫在子、午宮為夫妻宮時，表示你可能不想結婚，也可能結了婚，卻找到思想頑固、強悍，但思想和你分歧，而彼此感情冷淡，聚少離多，或同住一屋，但彼此不瞭解、不熟悉，像陌路一樣的人。你和你的配偶同樣都是不實際、很聰明，但有怪異思想的人，彼此相互也無助益。更可能你一下子結了婚，又發覺彼此不合適，又離了婚。具有如此夫妻宮的人，你心理的狀態是：**夫妻宮在午宮的人**，你是特別聰明、智商高，但不實際的人，心裡想的與行動不一致。你也可能具有清高的思想，以致於有些利益你不想要，有些錢財你不想賺，故而在手中的財富會有較多的流失和耗損。**夫妻宮在子宮的人**，因天空、地劫屬火，在子宮是屬水的宮位，故天空、地劫是居陷位的，故你的思想會不實際，但智商不高，是因為笨而不曉得保有自己的利益，導致錢財耗損，你也可能會有奇怪又笨的原因不婚、離婚或婚姻不美。

當夫妻宮是七殺單星在寅、申宮時，你是武曲居廟坐命辰、戌宮的人。你也是性格強，喜歡在工作上打拚的人，而且工作能力好，可賺到較多的錢財。你的官祿宮是紫府，你也希望找到價值觀相同，有共同的人生目標的人來做配偶，而且喜歡乾脆爽直的人，不喜歡拐彎抹角，嚕里嚕嗦的人。你的感情堅定，好惡分明，守信諾，不喜歡說謊話的人。凡事清清楚楚，不喜歡拖泥帶水，或軟弱、掩飾、感情模糊不清的人。當然更討厭見異思遷及假情假意的人。你對感情之事很認真，容易受傷，而且受傷後，是堅決不回頭的人。你會認為那些對自己感情不負責任的人，都是爛人。你的桃花不多，大部份是因由自己的堅定思想所造成的。因為你不能容忍模糊不清或善變的感情。所以武曲坐命辰、戌宮的人，大部份是具有感情潔癖的人。不會隨便在男女感情上施放或施捨，也不隨意接受別人的感情。你們會經多方觀察、考慮，決定後就不容易改變，是腦筋直、不會轉彎的人。在工作上也是肯付出心力、時間，努力工作打拚的人。因此武曲坐命的男子與女子，不會有緋聞上的醜聞出現。如果找對了對象，生活也快樂幸福。就是找錯了對象，也會默默忍受，或快刀斬亂麻，直接了當的離婚，一了百了。不會長久陷在感情的漩渦之中，你們是拿得起放得下的人。

武曲坐命的人，也希望有配偶能幫忙事業，並不是要配偶幫忙打拚，而是希望有配偶在心靈上的支持，幫忙出些主意，他也就心滿意足了。他也不計較錢財與配偶及家人共享。實際上武曲坐命辰、戌宮的人，此生就是來為這一家人製造財富的人，所以他對家人都特別有情義。

武曲坐命的人，是正財星，也是將星，主觀意識都份外強烈，做人做事都是死腦筋，對於自己認定的事，富有行動力，積極、性急、勇敢、堅強的去完成，適應環境的能力強，也速度很快的進入情況。因命宮坐於辰、戌宮，是天羅地網宮，某些內在性格會較悶，為人沈著，不浮誇，除了忙碌該做的事，一般少運動。因命宮坐落於墓宮，會保守，性剛，老年時較孤獨。武曲亦為寡宿星，桃

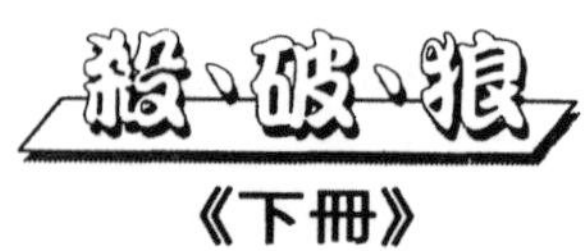

花較少，失去配偶以後（無論配偶早逝或離婚），皆不易再婚。

夫妻宮有七殺星的人，凡事執著、頑固、認真，這種執著的精神，對其人的人生有很大的影響。倘若這種精神用在打拚工作及往人生成就的目標努力上，則其人會有很高的人生成就。倘若這種執著、頑固、認真的精神用在瑣碎的小事上（這是命中有刑剋之人），則其人只能在雞毛蒜皮的小事上打轉，一生成就也不會太高了。

夫妻宮有七殺星的人，做事會斬釘截鐵，性格剛直，心智並不特別聰明，口才也不算好，凡事會經過內心的琢磨才下決定，在吵架爭論上有時會慢半拍，好像有點笨拙的樣子，但是經過深思熟慮之後，他們會理出頭緒出來，便會侃侃而談內心所理出頭緒的道理出來，也會堅守自己的理念，不容別人置喙、撻伐，會堅持自己的信念，不容易改變了。因此，夫妻宮有七殺星的人的配偶，也會擁有性格強勢、乾脆爽直、忙碌不停、行動力快速、喜歡打拚、好惡分明、性格豪邁不軟弱、不嚕嗦的人。

武曲坐命的人，最重視人生的價值觀的相同這件事。倘若婚後發現配偶與自己的人生價值觀相去甚遠，便會痛苦了。因此婚姻問題對於武曲坐命的人非常重要，也對於一般人非常重要。

武曲是財星坐命的人，非常重財，若感情生活不順利，也會財少，財受到刑剋。感情的流暢也是『生命的財』中的一種。

※夫妻宮有『殺、破、狼』的人，同時也就是『夫、遷、福』有『殺、破、狼』的人。這表示是一種精神上，環境上，內心感情世界的刑剋。倘若夫妻感情還好，找對了配偶，就少了一種刑剋，間接的，環境與精神上的刑剋磨難也會減少，這是你EQ世界（內在情緒世界）得到控制，你的人生就會愉快、奮

發，有光明面，人生成就也會相對提高、增高。

七殺、陀羅在寅、申宮為夫妻宮時，你的命宮是武曲、擎羊，表示你本命是『刑財』格局的人，你會多煩憂、心情較悶，會找到性格強硬，有些笨（比你笨），有時有理也說不清的人來做配偶。你的配偶也會是會蠻幹打拚，頭腦不靈光，或工作上有起伏頓挫，或做較粗的工作的人。最適合是軍警業的人。配偶的性格是性格強，但有事藏心中，悶悶的，不太肯說出來的人。

具有如此夫妻宮的人，同時也表示，在你的心中多是非、強硬、不服輸，也會悶悶的，有事不明說。內心具有較多的灰色層面，凡事容易不往好處想，會往壞處想。為人頑固，內心多糾纏，會有精神上的折磨。凡有此狀況時，就是正應了你的『刑財』格局，因此你多煩惱，心情悶的時候，就是『刑財』的時候，那個月

也會較窮，運氣不好了。

七殺、祿存在寅、申宮為夫妻宮時，你是甲年生，命宮是武曲化科的人。你的配偶是性格強，又保守的人，賺錢十分辛苦，也賺錢不多，但很愛賺錢打拚。你和父母、兄弟都不和，結婚以後的家庭才是你人生的重心。在你的內心中也是性格強硬、保守、小氣、較孤獨的。因為夫妻宮的七殺、祿存，也是『刑祿』格局，你會自有主見而且很頑固，有些錢你愛賺，有些錢你不愛賺，因此也會限制了你在財富上的規格，你會過一般稍富裕的普通人生活，但事業成就並不會太大、太高。

七殺、文昌或七殺、文曲在寅、申宮入夫妻宮時，在寅宮時，文昌、文曲居陷，你的配偶是性格強硬、外表粗獷、不秀氣的人。知識文化程度也不高，他的工作事業也是做較粗重、粗俗的工作。工作會多起伏，或打拚未盡全力，並且計算能力不佳，不夠精明能幹。同時在你的內心中，你也是不重外表，不在乎美醜，醜的、破爛的事物也能接受的人。你會打拚一些較粗俗的工作或事務，你的計算能力也不好，也不夠精明幹練，想事情較笨，或會投機取巧，或打拚一些旁枝末節的事來代替正當與應當做的事，腦子常秀逗了，也覺得無所謂。

在申宮時，文昌、文曲居得地的旺位，你的配偶是性格強硬、自省能力高，外表較斯文，知識文化層次高，外表較美麗，精明幹練，很肯發奮努力，努力有方向，計算能力好，做事有條理，有氣質及知書達理之人。你的配偶在工作上也會較具有成就。會做文職工作，或與計算能力、或高科技，具有文化水準的工作。同時在你的內在感情上，你喜歡美麗、精緻，有高格調的事物，做事認真、

積極，會為好名聲來打拚，凡事精明，也會埋頭苦幹，喜歡文藝類的事務，有文質修養，內心正派，有規矩，做人做事都謹守本份，不越矩。

七殺、左輔或七殺、右弼在寅、申宮入夫妻宮時，你的配偶性格強，但會幫忙使你更忙碌。一種是與你一起打拚工作，和你一同忙碌、打拚賺錢。一種是配偶自己不忙，但會製造很多問題，要你忙碌，增加你的忙碌。另外你的配偶也會讓你內在的性格更強硬、頑固。在你的內心中，自我主義較強，份外頑固不化。凡事以自我為中心，覺得別人都是該來幫你的。因此易有感情糾紛，也易有第三者出現，倘若第三者對你好（比配偶對你還好），你就容易有外遇了。並且在即將結婚的時候，你還是在猶豫不決，該不該結婚。你的內心是某些事頑固有些事又猶豫不決的人。

殺、破、狼
《下冊》

七殺、火星或七殺、鈴星在寅、申宮為夫妻宮時，你的配偶是性格衝動、強硬，做事快速，有些蠻幹，雖有特殊聰明，但思慮不周，不太會多想的人。而且他會做事忽快忽慢，有時很忙，有時沒工作，工作很辛苦，得財卻不多或存不住錢財的人，耗財凶。同時在你的內心中，也是喜歡性格強勢、乾脆、動作快，速度快的人，不喜歡拖拖拉拉，慢吞吞的人。你也會做事有瑕疵，常有損失、耗敗，常有後悔的事。亦會一時興起而打拚，一會兒又會停下來不想動了。配偶也易與黑道有關，不為善類。

七殺、天空或七殺、地劫在寅、申宮為夫妻宮時，你會晚婚或不一定結婚，你也會做事起起伏伏，好像少了一根筋，做事不實際，常無結果，做事抓不住要領，也不知要如何去做，亦會懶洋洋沒勁，因為你的官祿宮也會有另一顆地劫或天空星和紫府同宮相照夫妻宮。你要早一點結婚，凡事可有人商量。有配偶的扶持、幫助拿主意，找方向、目標，你就能在工作上有成就、也多賺錢了。

凡有此夫妻宮的人，內心常茫然，打拚的著力點沒有重心，無法正中目標，容易打拚成空，好高騖遠，或空有動作，實際沒結果，在你的內心中常提不起勁來打拚，會得過且過，又內心煩亂。你更會在外瞎忙一陣子，白白浪費光陰，因此也不容易賺到錢，工作也常更換，亦容易改行，做做停停，工作不長久。結婚後，有人盯著你、幫助你，你的問題就會改善了。

七殺在辰、戌宮為夫妻宮時，你是紫微坐命子宮或午宮的人。你的配偶是性格堅強，略有財富能力的中產階級，也是凡事靠自己打拚，工作努力的人。你不喜歡懦弱依賴性強的人，而喜歡有自己的判斷力與果斷力，能獨立自主，又會照顧自己和別人的人。你對

配偶的要求其實並不高，只希望他是做事認真、負責、肯努力打拚，有小康環境者皆可。所以在你的內在感情中其實也是有主見，做事不拖泥帶水，乾脆直爽，好惡分明，凡事靠自己，不喜麻煩別人，不喜歡軟弱、矯飾，凡事清清楚楚，肯負責任，不喜歡做假，或感情模糊不清的關係。但你仍會喜歡具有人緣、關係圓通及帶點小氣、自私，胳臂肘往內彎的配偶，因為你認為感情還是帶有一點自私、小氣的成份，才算是真愛，真感情的。所以你的配偶也會有這些特質存在。你只要選對人，就會有愉快的夫妻生活。

七殺、擎羊在辰、戌宮為夫妻宮時，七殺、擎羊雙星皆居廟。**在辰宮**是己年生的人，**在戌宮**是辛年生的人。七殺、擎羊五行皆屬火金，在戌宮更為強勢。有此夫妻宮的人表示你的配偶份外強悍，會和你有刑剋不合的狀況。他也會內心多計謀，凡事以自我為中心，

不太在意別人的感受，為人較自私，容易強取豪奪，做事頑固，自以為是，性格強硬，相愛的時候愛得要死，不愛的時候，視若仇敵，做人做事都很尖銳，常有內心不平衡的想法。而你自己在內在感情世界中也會有這樣相同的狀況。倘若你的配偶是身體弱的，容易早亡夭折。倘若你的配偶身體強壯，則夫妻不合，各分東西。有此夫妻宮的人，容易有生離死別之配偶運。同時自己的命格中也具有『廉殺羊』的格局，你在流年逢辰年、戌年時要小心車禍血光的問題。大運、流年、流月三重逢合時有死亡之災。

七殺、陀羅在辰、戌宮為夫妻宮時，七殺、陀羅雙星居廟，**在辰宮是丙年生的人**，此人的官祿宮有廉貞化忌、天府相照夫妻宮，你是紫微、擎羊坐命午宮的人。表示你的本命是帝王受到挾持的命格，因此會懦弱、陰險、無福，有自我刑剋，內心是一種愚笨頑固、頭腦不清、放不開，思慮像線圈糾纏在一起，很難解得開。你會找到一個又粗又笨的配偶。他會用體力血汗頑固的賺一些小錢，和你的關係也不好。而你也會事業多起伏，常換工作，做一些不必用大腦的工作來糊口。

七殺、文昌或七殺、文曲在辰、戌宮為夫妻宮時，在辰宮，你會有精明幹練，長相斯文，氣質還不錯的配偶。他也會好動，喜求上進，肯打拚努力，計算能力不錯，善於理財，且具有文化水準，知識程度高。並且在你的內心感情中，你會有自己的主張，也很精明，做事負責任，喜歡具有文化水準、精緻的生活。你也會對自己和配偶的要求高，你會有才華，做人做事會高人一等而有成就。**在戌宮**，昌曲居陷，故你會有外表長相粗俗、粗獷，言行舉止像鄉下人的配偶，他的文化水準和學歷都不高，計算能力不佳，做人也不精明，打拚能力也不算太好，只是蠻幹而已。在你的內心中，也是強悍、不太用腦筋，計算能力也不佳，做人做事會草率馬虎，對你自己的內在和外表也都不重視。

七殺、左輔或七殺、右弼在辰、戌宮為夫妻宮時，在你的官祿宮會有另一顆右弼星或左輔星和廉府同宮。表示你的配偶很凶悍，又肯幫忙你打拚，也會逼著你打拚。因此你會在工作上有人幫忙賺錢，在家中也會有人、有配偶或情人幫你花錢。你必需賺很多錢才能夠用。在你的心中原本是想找人來幫忙一同打拚努力的，但不一定會找對人，有時會找到用和你作對來激勵你的人。因此婚姻是不一定會和諧的。

七殺、火星或七殺、鈴星在辰、戌宮為夫妻宮時，在戌宮，你的配偶會急躁、火爆、脾氣壞，常和你衝突，他的聰明度高，聰明的古怪，但有時會合你的胃口，你還挺喜歡這種辣椒性格，覺得乾脆爽快。你本身也是個內在火爆、急躁、做事快速，慢不下來的人。兩人會時有衝突。**在辰宮**，你的配偶是性急、火爆、脾氣壞，又有些陰險的人，做正事時，聰明度不見得高，陰險使壞的部份較多，會有意想不到的古怪聰明。你和配偶的衝突較嚴重，也可能離婚。你的內心中常有陰暗火爆的層面，這也會在你的人生中產生一些負面影響，使你的工作不順利或多耗損，不易聚財。

七殺、天空或七殺、地劫在辰、戌宮為夫妻宮時，在你的命宮會有另一顆地劫或天空星和紫微同宮。所以你本命是『官空』的人，也會吉福減少，或趨吉避凶的力量成空。你會晚婚或不想結婚，或是找到一個同樣是思想不實際、打拚能力不足，工作易起伏多端，賺錢也不多的配偶。在你的內心中是很不實際的，容易說的和做的不一樣，也容易頭腦想的多，像是有絕頂的聰明，但流於空談。你內心中的奮鬥力量也是不強的。

紫殺在夫妻宮

當紫微、七殺在夫妻宮時，你是空宮坐命丑宮或未宮，有武貪相照的人。你的配偶是長相氣派，性格剛直強硬，做事積極、忙碌，肯負責任，肯打拚，愛掌權，喜歡管人，不願被管，愛做老闆、喜創業，事業心強的人。同時在你的內心中，也是喜歡忙碌做大事，大生意，好大喜功，喜歡創立很多新事業，以做大事業、大生意為一生成功的標記，但因為七殺居平、紫微居旺，又居於巳、亥宮，你雖會忙碌，又愛享福，一面做一面享受，因此不一定會達到你心目中成功的目標，同時你的內心感情也是自命高尚、用情少的。

凡有紫殺在夫妻宮的人，你的財帛宮是天相陷落，福德宮一定是廉貞、破軍，表示無福可享，一生勞碌，還容易常想些事情來破耗。倘若還有文昌、文曲在財、福二宮出現，表示一生本命窮又小氣，縱使有『武貪格』暴發運，你一生也常在窮困的日子之中打轉，富裕的時候也不多。

紫微化權、七殺在巳宮為夫妻宮時，你是壬年生，命宮在未宮為空宮的人，你的遷移宮中有武曲化忌、貪狼，表示你是頭腦不清、有錢財問題的人。而你的配偶是性格強悍霸道，但能為你解憂，幫助你平復錢財問題的貴人。他會管你很凶，但也會照顧你。若你還是頭腦不清，配偶會壓制你，彼此就會有衝突。若你還有一點聰明，就會臣服於他，藉配偶之力，過舒服的日子。配偶會是有

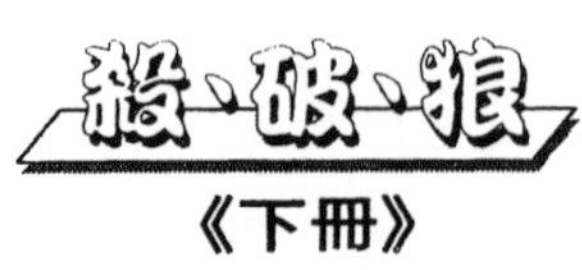

權力，肯打拚，但脾氣硬，又高高在上的人。在你的心中也是有這種高高在上，好管事，但又管不好，常會自己製造麻煩的心態。

紫微化權、七殺、祿存在亥宮為夫妻宮時，你是壬年生，命宮在丑宮為空宮的人，你的遷移宮有武曲化忌、貪狼，表示你的配偶是外表莊重、體面，性格強悍、高高在上，霸道，又保守、小氣的人，在工作上會有一點財祿，但事業不大，賺錢也不會太多，有衣食溫飽的生活。在你的心中也是這種既自以為高尚，但脾氣硬、保守、小氣、又放不開的想法，你也會常被錢財所困，多錢財是非，希望有配偶來幫忙擺平的想法。

紫微化科、七殺在夫妻宮時，你是乙年生的人，你的配偶會外表長相氣派、稍有氣質，但性格強悍，會很有方法來做事，使一切平順。你們夫妻間的感情也會處理得很好，彼此很講道理，做人做事都會有法則，守規矩。在你的內心中，也是這樣講道理、守規矩法則，又肯努力做事的心態。

紫殺、陀羅在夫妻宮時，你是丁年或己年及丑年生的人，你的命宮是擎羊坐命。你們都會具有愛做事，又有些笨的配偶，他的外表和性格是強悍，又有些粗俗的，亦會是非多、不合，有爭執，配偶內心多是非、多想，又悶在心中，不肯說出來，懷疑東又懷疑西的，也會有時與你作對，來反對你，也會故意做事拖拖拉拉，為你增添一些麻煩。同時，在你的心中想法也是不夠聰明的，你會煩惱多，也會處處懷疑人，疑心病重，內心很想打拚，但做事方法笨，想得多，頭腦中問題糾結在一起，以至於表現出來的做事方法，是對於自己有利益的事會拖拖拉拉，顧慮不周全，對於自己無利的事，反而快刀似行動，自然在人生總結的成果利益上是得到的較少的。

有此夫妻宮的人，其福德宮一定是廉破，若有文昌、文曲在財、福二宮出現的人，為一生辛勞，仍為窮困之人，且多身體上的病痛，雖有暴發運也難享用富貴。

紫殺、祿存在夫妻宮時，你是丙年、戊年或癸年生的人。表示你的配偶看起來是表面堅強、保守、性格小氣、會愛打拚、愛做事，但只會打拚一點點，做事的範圍很小，只賺一點夠衣食之財祿的人。因為祿存逢七殺為『祿逢沖破』之故，紫微是來幫助平順的，故只有衣食溫飽而已，成就不高。而你自己本身的內在感情也是堅強、頑固、保守、小氣的，也不會做太多的打拚，認為錢賺夠用就可以了，但也會一生操勞為生活奔波。

紫殺、文昌或紫殺、文曲在夫妻宮時，在巳宮，你的配偶性格堅強、強硬，外表美麗、斯文，有氣質，也精明幹練，計算能力好，也有才華，在生活上會對你略有幫助。在你的內在感情中，你喜歡美麗、精緻、高尚的事物，而且態度堅決，對於粗俗的事物和人有煩感。你也會為有格調之事來忙碌。在生活上你也能擺平，能有小康之生活境遇舒適。**在亥宮**，文昌居平，文曲居旺，有紫殺、文昌的人，你也喜歡有氣質的人，但你所謂的有氣質會水準平平、不高，有形無質。你的配偶也長相普通，打拚能力也普通，在感情上你雖自我要求高，但不能貫徹始終。有紫微、文曲的人，表示你的配偶口才好，愛講話，有運動、韻律、音律方面的才華，桃花多。你自己本人的內心也是喜愛桃花，好動，有口才上特殊才能，但打拚能力是不算很強的。

紫殺、左輔或紫殺、右弼在夫妻宮時，表示你的配偶會幫你打拚，也會幫你花錢，也會幫你平撫債務，幫你平順的。這是一半好，一半壞的夫妻運。左輔、右弼是助善也助惡的，故助七殺的刑剋特質，也助紫微趨吉避凶的特質。因此你和配偶時有爭執、刑剋，但表面上他又能幫你打拚努力，好像有一起奮鬥的向心力。他也會幫你耗財或情薄。在你的內心中，你很想打拚努力，但一直像是有無底洞，賺也賺不夠，常鬧窮，財運始終起伏，做的很辛苦，配偶也會一直嘮叨你，要你賺錢，你會很煩惱，心中東想西想，最後是心忙。身體未必忙的。

紫殺、火星或紫殺、鈴星在夫妻宮時，表示你的配偶性格強硬、衝動，頭腦中又有怪怪的聰明。你和配偶間常有是非衝突，講不清楚，感情起伏大，突發事件也多，配偶也易發生意外傷災事件。在你的內心中是一個急性子的人，你本身也有怪怪的聰明，會為一些奇怪的事來打拚，在做正事和賺錢上的熱衷並不一定強。你本身的想法也會和常人不一樣。如果夫妻間有衝突，會有火爆場面出現，易引起家庭暴力事件。你們夫妻雙方皆宜多接近宗教，有宗教信仰為佳。你也會偶而喜歡美麗高尚的事物，但不常久，在心態上仍是較粗俗的人。

紫殺、天空、地劫在夫妻宮時，你可能會不結婚，亦可能結婚後離婚獨處。在你內心中根本不想打拚，內心空茫也不想做什麼。你會對人感情不深，亦容易接近宗教，四大皆空，或在宗教業中打拚，能有成就。你一生都是較孤獨的人。

武殺在夫妻宮

當武曲、七殺在夫妻宮時，你是空宮坐命，有廉貪相照的人。

你一生的環境差，不討人喜歡，更有些惹人討厭，別人對待你的態度都很惡劣，少有人對你好的，因此在你的內心中容易對人怨恨，用情也少，也不太懂得如何去愛人。你會找到性格剛直、財少較窮的配偶。倘若配偶是做軍警業或與刀劍有關的行業的人，反倒能相處平順。因為夫妻倆直來直往的很乾脆，夫妻倆又都很忙著賺錢，少見面，吵架的機會也少了。夫妻宮有武曲、七殺時，是『因財被劫』的格局，會因為錢財問題，夫妻間吵架、打架有爭執，也會因為窮的關係和小氣的關係，夫妻間有爭執，夫妻感情是不佳的，也會冷淡、冷戰，容易離婚。並且在離婚後還有爭執是非不斷的狀況。在你的內心中，也是感情少的，唯利是圖的，會因錢財起糾紛的。你也會性格強硬，不圓滑，EQ不好，做事也不算聰明，尤其在感情方面，常會蠻幹，讓人不敢苟同。

武曲化權、七殺在夫妻宮時，你是庚年生的人，**在卯宮**，你的配偶是財不多，又喜歡掌財權的人。他很喜歡也希望賺大錢，但不一定賺得到或管得到。配偶最好是做軍警業的人，配偶較會在職務升遷上用心，會夫妻感情順利一些。否則易夫妻相處不和睦，常有衝突。因為在你的內心中也是喜歡管錢，掌財權，而財又不多，可管的不多，感情剛硬，不圓通的狀況，因此會夫妻衝突多，為錢財多衝突。

在酉宮，有武曲化權、七殺、擎羊在夫妻宮中，你的配偶是喜好掌握財權，但又不一定掌握得到的人。對於錢財也是好管也管不好的人，常沒錢，煩惱多，亦會為錢財夫妻反目成仇，易離婚。在你的內心中也是愛管錢又管不好，沒法子存錢的人，一生為錢財煩惱痛苦。

武曲化祿、七殺為夫妻宮時，你是己年生的人，你是空宮坐命巳、亥宮，你的遷移宮中有廉貞、貪狼化權，表示你的配偶雖賺錢不多，又辛苦，但略有一點財祿，夫妻感情會冷淡，但偶而會因錢財問題而彼此互利一點。你天生喜歡管事，掌權，但不一定管得到，你也會有時為多得一點錢財，而做人圓滑一些。

武曲化忌、七殺為夫妻宮時，你是壬年生的人，你的配偶是有錢財是非，或工作能力不佳的人。配偶窮，你本身也是理財能力不佳，內心多是非，利益算不清楚的人。因此，你心中財少，對人苛刻，夫妻感情不佳，常因錢財是非吵架、打架。

當武殺、擎羊在夫妻宮時，你是甲年或庚年生的人。表示你的配偶是陰險又強悍，以及錢財不順利，有錢財是非及債務的人。夫妻間有刑剋，常是因錢財而起的爭執，好一點的時候，只是吵架、

鬧架而已，夫妻容易離婚，有多次婚姻，再嫁娶的仍是開始還好，慢慢就顯露出破耗、窮困及有債務的狀況，最終以為錢財爭執而收場。倘若夫妻感情狀況凶惡的，你們夫妻間會上演持刀相向，殺妻、殺夫的情節。這些也都是為了錢財而發生的事。

當你的夫妻宮是武殺羊時，表示你自己的內心常是窮凶極惡的，又常懦弱不堪，做事賺錢你不行，但想些陰險不好、不善的事，歪七扭八的事你很在行，你會內心多計較錢財，有錢時很快樂，無錢時很痛苦，你亦會在利害重要時刻，犧牲你最心愛的人。當你運氣不好的時候，你會安於現狀，找一個貴人來幫你渡過，這是懦弱的象徵。你內心的打拚力量不強，做事常斷斷續續做不長，也會常四肢無力不想做事，這是命中及內心刑剋很強的命格。要小心你也會找到不良及財窮的配偶，容易夫妻相互剋害。命格八字弱的人，容易被配偶害死。命格八字沖剋多、凶悍、剛硬或陰險凶煞的人，會殺害配偶。命格中等，只是無財及溫和的人，會夫妻因錢財之事冷淡，彼此溝通不良，相互拖累，倒不一定會離婚，也只是生活不愉快而已，但中老年時都是孤獨的人。

在流年、流月逢武殺羊的夫妻宮時，要小心車禍，或因錢財問題被殺或情緒衝動而殺人。

武殺、祿存在夫妻宮時，你是乙年或辛年生的人，夫妻宮也是財少、『祿逢沖破』的格局。配偶是外表剛強、保守、小氣、賺錢不多，是薪水族或做辛苦行業的人，也能有衣食溫飽，但不容易存很多錢。在你的內心中也是保守、小氣的，打拚能力只有一點點，不想花大力氣去努力。賺一點就花一點，有時也想存錢，但總是存不住，這是『祿逢沖破』的關係，你也會性格強悍又有些自私，雖有穩定的工作，但得過且過。有時也會為賺錢的事努力，但終不長久，還是待在自己穩定的行業中，你才會心安。你的內心是財窮不富裕的。

武殺、文昌或武殺、文曲在夫妻宮時，**在卯宮**，文昌居平，文曲居旺，因此**有武殺、文昌時**，你的配偶是性格剛直，外表溫和的人，計算能力不算好，但會喜歡做文職的事務。你的內心中也是剛強、稍具文質氣息，但計算利益的能力仍是不好的，常有糊塗之事發生。**有武殺、文曲時**，你的配偶是性格剛強，口才好，言語犀利的人，容易在言語上和人起衝突，愛佔嘴巴上便宜的人。在你的內心中，也是性格強勢，自以為有才華，能有好口才來打拚事業的人。**在酉宮**，文曲、文昌皆居廟位。你的配偶是性格強悍、精明能幹，善於打拚，外表較斯文，或較美麗，但仍然是中等格局，賺錢不太多，但計算利益的能力強，會有衣食之祿，能過簡單、樸實的日子的人。同時在你的內心中，也是愛打拚、肯努力，具有文質的修養，會在文職工作上努力，會精明強幹，做事稍認真的人。有此夫妻宮時，夫妻間的關係平常。

武殺、左輔或武殺、右弼在夫妻宮時，表示夫妻間的爭吵，爭執很凶，會有很多事來增加你們的爭吵。你的配偶是性格特別剛直，強悍，會吹毛求疵的人。外表看起來很會打拚努力，實際上仍賺錢少，花得凶，有入不敷出的現象。在你的內心中也仍然是較窮，又有很多事情使你心窮，你會一方面想打拚，一方面又放棄，做事並不算認真，卻很想有人來幫你的忙，使你有錢，你就不用做了。你們夫妻間會有外來事務的影響而不和、衝突多，也易離婚。配偶能幫助你的很少。

武殺、火星或武殺、鈴星在夫妻宮時，表示夫妻感情刑剋重，常火爆，有衝突，亦會有家庭暴力事件產生。你的配偶是性格衝動、火爆、凶悍的人，並且具有古怪的聰明。在家暴事件中也會用古怪的方法來施展家庭暴力，例如說，他並不打人，都是用精神折磨來對待你。在你的心中也是具有衝動、火爆、剛硬、不穩定的性格，有時你也是挑起衝突的人。你的內心中也是有怪怪的聰明，想壓制對方。你的配偶也會是工作不穩定，有一票沒一票在賺錢，錢財不穩定，也無法留存，財流失很快的人，配偶也易和黑道有關。同時你也是內心財少，情緒不穩定的人。

武殺、天空或武殺、地劫在夫妻宮時，表示你會晚婚，或是結了婚卻找到一個性格不合，性格剛硬，對你冷淡情份少，感情不深，頭腦中有怪想法、不實際，也不想好好過日子的配偶。配偶的工作能力也不強，賺錢少，或根本與你沒有錢財利益上的瓜葛。同時在你的內心中，也常是思想不實際，有奇怪聰明的想法，多幻想，或易受外來影響，不想打拚努力，內心財窮的人。因為你的福德宮有另一個地劫或天空星和紫破同宮，因此你是既不想賺錢又耗財凶的人。即使有配偶，配偶也容易離開或離婚，你一生是福不全，容易有孤獨現象的。

廉殺入夫妻宮

當廉貞、七殺入夫妻宮時，你是空宮坐命卯宮或酉宮，對宮有紫貪相照的人。你的配偶是聰明度不高，只會蠻幹努力形態的人。他的個性是既頑固，又小氣、保守、有些笨，但知道努力打拚，他的智慧不高，企劃能力不好，人緣也不見得佳，但會謹守崗位。在你的內心中，你也是只為某一些事物認真，也是用腦不多，企劃智謀能力不佳，常希望能得到別人的建議，但又不知要如何才能找到正確方向的人。你也會小氣、保守，做一些能賺衣食生活的錢財，是故會做薪水族來謀生。夫妻間的感情很平淡，更容易冷淡，不說話，冷戰，時間一久，就易離婚。也有人不離婚的，同住於一個屋簷下，但形同陌路，彼此不關心。

當廉貞化祿、七殺在夫妻宮時是在未宮，你是甲年出生的人，命宮是空宮坐命酉宮，有紫貪、擎羊相照的人。你的配偶略會賺一點點錢，會做薪水族或公務員，人緣較好，桃花多，容易有外遇事件，你們夫妻的感情略為親密一點，但易有第三者出現，還是婚姻不保。在你的心中，也是和配偶一樣喜歡享受愛情，但自己又不肯多付出感情，或是以為性關係就是愛情，你們都是對愛情、婚姻無法真正瞭解其意義內涵的人。

當廉貞化祿、七殺、陀羅在丑宮為夫妻宮時，你是擎羊坐命卯宮，對宮有紫貪相照的人。表示你的配偶表面上，看起來略有桃花和人緣，也能賺一點財祿，但實際內心笨又頑固，在感情上也不懂得付出，你們會因一時的男女之歡而結合，但也容易分開。配偶和你都是容易有外遇及感情走私狀況的人，婚姻不美，你們也會因小事而分手。沒有離婚的人，也會和配偶彼此感情冷淡，雙方都會另找其他的慰藉。

當廉貞化忌、七殺在夫妻宮時，你是丙年生的人。你的配偶和你都是頭腦不清的人，智慧不高，卻很頑固。你也容易擁有多官非，或會坐牢及做非法事件的配偶。夫妻間因此而不合，多衝突，很容易離婚，不離婚的人，也會夫妻感情冷淡，彼此怨恨，相互剋害。在你的內心中常頭腦不清，對於自己心中想要的東西，常不計後果想要得到，得到之後又不珍惜。你的感情古怪，會不婚，或結沒有感情的婚姻，又不好好過日子。你內心中的是非多，內心自我爭鬥多，容易失眠，精神狀況不佳。

廉貞、七殺、擎羊在夫妻宮時，易不婚。若能結婚，你的配偶是性格強悍，多智謀，也有些陰險的人。配偶做軍警業，或與刀劍、血光有關的行業較好，夫妻間的刑剋會少一點，否則夫妻感情易有衝突。你的配偶性格有些古怪，凡事細心、多疑、多計較，有時也會頭腦不清，胡攪蠻纏，夫妻間會有生離死別的情形。在你的內心中，會對某些事情特別計較。你和你的配偶都是表面看起來並不聰明、智慧不高，但是內心多計謀的人。

廉貞、七殺、陀羅在未宮為夫妻宮時，你是庚年生、擎羊坐命酉宮，對宮有紫貪相照的人。你的配偶智慧不高，喜歡蠻幹，做事很努力，不見得有好的成果與發展。他時常心裡悶悶的，像陀螺一樣原地打轉，脾氣頑固不化，做事也會拖拖拉拉做不長。你們夫妻的感情也是悶悶的，說不清楚，快樂的時間少之又少，辛苦的時間長。你想得太多，太煩惱時會離婚。在你的心中，你就是處理感情問題很笨拙的人，你常多想、煩惱多，但做事沒方法，只會自己內心煩悶打轉而不說出來，同樣，你的配偶也是個性格強硬的悶葫蘆，兩人容易冷戰而婚姻不美滿。

廉殺、文昌、文曲四星同宮在夫妻宮時，在丑宮，昌曲居廟，你的配偶長相老實，口才好，還很斯文、美麗，但桃花多，常有不由自主的桃花，有別人會來追求。你的配偶表面上看起來乖巧老實，但內在對錢財很精明，你必須能力好，財力旺，否則夫妻也會分手。在你的心裡，也會是計算利益的能力很好，喜歡美麗、精緻、高尚的東西，在錢財上很精明，但其他的智慧並不一定高。你的內心也常為意外而出現的桃花心動，也會有婚外情，或是不想結婚被綁，而自由自在的享受男女情愛關係。

在未宮，文昌居平，文曲居旺，你的配偶長相還不錯，較普通，口才好，也有桃花，但沒那麼強，對錢財的精明度也不太高，看起來是性格堅強的老實人。夫妻感情還好。在你的內心中仍然是喜愛桃花，在對於美麗、精緻、高尚的物品沒那麼挑剔。你和你的配偶在婚外情方面是隨緣而定，有機會就碰碰。

廉殺、左輔、右弼四星同宮在夫妻宮時，表示你的配偶多半是別人介紹的，而且他具有保守、頑固、內斂、內心強悍，外表溫和的特質，笨的時候很笨，聰明的時候也很能打拼，會為家庭付出。

你和他感情好的時候，他會幫助你事業、家庭平和順利。你和他感情不好時，他會頑固、凶悍的抵制你。你的配偶有自私心態，只照顧自己喜歡照顧的人，也只為自己喜歡的人工作。倘若有第三者出現，他也會對你很凶悍的來保衛其他的家人，獨獨和你作對。在你的心中也是這種具有自私傾向的感情，但感情上常有第三者出現，第三者並不一定是其他的戀人，也可能是與你相處不佳的岳母或妻子的姐妹、朋友與妻子沆瀣一氣，使你氣憤、內心痛苦。

廉殺、火星或廉殺、鈴星在夫妻宮時，表示你的配偶是脾氣壞、長相粗、性格衝動、又凶悍的人。你們夫妻間容易多爭鬥，不合。你的配偶也會具有怪怪的聰明，但不一定是有用的聰明，他的工作也會做不長久，並且他也易發生突發的災禍及傷災，也容易和黑道有關，容易有坐牢之事。同時表示在你的內心中也是急躁、衝動、用腦不多，喜蠻幹，又有怪怪聰明，喜歡新奇的事物，而不考慮道德標準的。你也容易接近突發的災禍與傷災事故，因此要小心。夫妻容易生離死別。

廉殺、天空或廉殺、地劫在夫妻宮時，表示你易不婚，或結了婚又離婚，你的內心較孤獨，頭腦不實際，會傾向佛道宗教。你的桃花少，頭腦頑固又空空，對工作打拚的事想的不多，也會多其他幻想，例如對修行有幻想。在你的遷移宮中有另一顆地劫或天空星和紫貪同宮，因此桃花、運氣都被劫空，而在宗教中安身，能得到心靈的平靜。

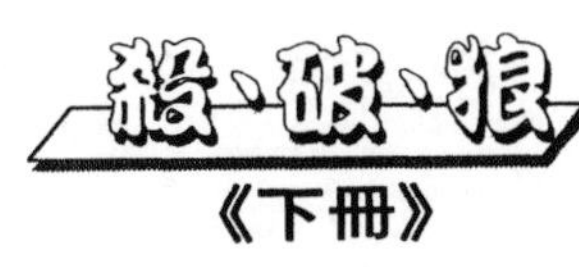

破軍在夫妻宮

破軍入夫妻宮

當夫妻宮有破軍星時，表示你會擁有和你思想、性格不一樣的配偶。你是命宮中有一顆天府星的人。你自己是性格保守、計較、對錢財小氣，喜愛存錢的人，但喜歡別人對你大方。又因為你自己是保守、放不開的人，想嚐試不同的人生，因此喜歡行為開放、爽朗有趣的人，所以會找一個和自己性格、思想不一樣做配偶，生活會有情趣。但常常找到性格古怪，或有古怪聰明，性格強勢，又強勢要耗財，破財，價值觀不一樣的人做配偶。因此，夫妻間常有不和現象，嚴重時會離婚。但只要你能忍耐，也不一定會離婚。

當夫妻宮有破軍星時，表示你不在乎有再婚經驗的人做配偶，因此命宮有天府星的女子，做人後母的機率很高，也易與結過婚的人結婚，或做別人婚姻的第三者。命宮有天府星的男子，也易娶再婚的女性，不計較其過去的戀情。

當夫妻宮有破軍星時，表示配偶喜打拚，好爭戰，富有行動力。當破軍居旺時，配偶的工作能力強，賺錢還多，性能力也會強。當破軍居平陷時，配偶的工作能力較差，品行不佳，賺錢少，耗財更多，性能力也會差。

當夫妻宮有破軍星時，表示你自己本身也是在內在感情上會較放任，內心會有較多的性幻想或脫離傳統道德規範的思想。倘若八字清亮，剛正的人，你內在的感情思想與幻想會放在正當的方面，如工作、學術、文學方面，倘若八字不美，刑剋多，則會偏向邪淫桃花及不法的事物上。因此命格中有天府星的人，有清正、守本份，財多的人，也有婚姻不美，爛桃花多，唯利是圖，財又不豐的人。這完全要看八字的格局來定了。

破軍代表不規則、不整齊、不在道德規範之內的，不在正常管道上運行的，桀傲不遜，突出不諧調，破破爛爛，言行誇張，對於自己想攫取的東西會用盡一切方法，包括卑劣手段去攫取的。破軍也有打拚奮鬥的力量，也會用不惜一切代價，那怕是破耗殆盡，只要爭取到，也會去打拚、去搶取，而且有極強的決斷力。當人的夫妻宮有這樣的特性時，也就是說其內在性格思想中，有這樣不顧一切感情因素，自然容易婚姻不美了。再加上命宮有天府星的人，本性好計較利益、錢財，又喜歡自我的物質享受，很容易將感情物化（將感情批上價錢），用金錢來衡量感情，或是用金錢來表達感情，當然，這是和一般人以為感情和金錢是兩碼事是不一樣的狀況了。自然和配偶的價值觀不一樣了，也容易有出軌的現象了。凡是命格上有瑕疵的人，財少的人，容易有婚外情、做別人的第三者，做小、靠人生活。

破軍在子、午宮為夫妻宮時，你是紫府坐命寅宮或申宮的人。你的配偶性格強勢，開朗，爽直，衝動，但和你的價值觀不一樣，他在工作上也會愛做時很打拚，不愛做時就不做。人生多起伏，而且他的運氣沒你好，波折多，事業上總有不順、失敗、破耗的時候或早逝。你會為配偶破耗多，你也容易離婚再婚。你容易很年輕時就結婚，經過多次的感情波折，但仍不一定能找到你合適婚姻的對象。在你的內心中，你始終對感情的問題並不是放在最重要的位置，你也會對感情太天真，總是容易找到性格和價值觀不同的配偶，在感情方面，你始終會最愛的得不到，得到的又不是最愛的，有一些痛苦，夫妻間易有刑剋。

破軍、擎羊在子、午宮為夫妻宮時，你會不容易結婚，即使結了婚也容易不長久，會有離婚現象或配偶早逝的現象，這是配偶有刑剋現象的夫妻運。你的配偶也有可能會有身體傷殘的狀況。你們夫妻間會感情不和，爭鬥多，配偶也會讓你耗損錢財。配偶的長相是臉尖略長，頭臉有破相，性格有時軟弱，有時強硬，多陰險計謀、計較的人。而你的內心也是有感情上的刑剋，容易有創傷，對事情會計較，用心很多。但用心用不對地方，內心多煩惱、疑心病重，錢財不順，有財務問題。你的命宮是紫微化權、天府，你的財帛宮有武曲化忌、陀羅。因此你不結婚反而沒有太多的負擔、拖累，結了婚反而有災，無法脫離困境。

破軍、祿存在子、午宮為夫妻宮時，在子宮是癸年生的人，**有破軍化祿、祿存在夫妻宮**，你的配偶是心態小氣、保守，只能賺一點小錢，做薪水族較好，但會為自己喜歡的事物來破耗找錢，不適合做生意，會拖累你。他為人較自私也多是非，也多桃花事件來讓你煩心。你自己本身也是頭腦不清，保守，小氣，但又有另類思想的人。你也會為了自己的喜好而孤注一擲，亦會有多次婚姻，雖小氣但會為桃花破財。**在午宮**，是丁年或己年生的人，夫妻宮是破軍、祿存，是『祿逢沖破』，配偶是保守、小氣、吝嗇。事業有起伏的人，做薪水族較好，打拚的格局也很小，不適合做生意，會虧錢，也易連累你。夫妻感情是有錢的時候還好，沒錢的時候，彼此衝突多，易離婚。你自己內心也是保守、小氣、有另類思想、多疑、情緒不定，容易為感情破耗錢財，最後又會因小氣、吝嗇而終結感情，不一定會離婚，容易各過各的日子。

破軍、文昌或破軍、文曲在子、午宮為夫妻宮時，為『窮』的格局，配偶會窮，不富裕，你也會心窮，而找上窮配偶。**破軍、文昌在子宮時**，配偶是外表長相還有氣質，有文質內涵的人，或做文職工作，賺錢不多，性格堅定，為寒儒色彩的人，思想也會和你略有不同。你的內心也是有窮思想，對錢財不實際，也不計較，內心較清高。常自以為是，自命清高，注重面子問題，也不希望配偶是粗俗的人。**在午宮**，配偶是外形粗，氣質不佳又窮的人，會做粗重型的工作，工作多起伏，做不長而窮困，在你的內心中也是心窮又粗俗的人，不過你很實在，會說出來，表現的方法很難看，會引發夫妻間的糾紛。

破軍、文曲在子宮為夫妻宮時，配偶是口才好，略有才藝和桃花的人，但財窮。你自己內心也是口才好、心窮的人，會以賺小錢而樂，心態小氣，計算利益的能力不佳。

在午宮時，配偶是口才不佳，也無才藝的人，又很窮。你自己也是口才不好，又心窮，不知如何來多賺錢，才華缺缺的人。

破軍、左輔或破軍、右弼在子、午宮為夫妻宮時，表示你的感情或婚姻容易出現第三者。你也容易成為別人婚姻的第三者。有此夫妻宮時，離婚率頗高，或結不成婚，易和人同居而有婚姻之實，卻無婚姻上的名份。你的情人或配偶會有另類思想，這是有人或有事情來幫助你婚姻破局，因此是婚姻不美的格局。在你的內心中，你總是有很多原因來促成不正常的感情或婚姻關係。你下意識中就會把婚姻搞砸，或是下意識中就喜歡做第三者，會看上別人的配偶。因此你的感情就是破破的，不正常的。在你的命宮會有另一顆右弼或左輔和紫府同宮，表示你天生就會換人生跑道，或找人來幫忙你生財，因此在感情上你也不反對和人分享愛情。

破軍、火星或破軍、鈴星在子、午宮為夫妻宮時，表示夫妻間多爭鬥、不和，配偶是凶悍，有古怪聰明，脾氣古怪，火爆，衝動，內心多奸詐之人，品行不佳，易和黑道有關，也易有家暴事件。在你的內在性格中也是急躁、衝動，脾氣不好，易引發是非，好爭、好鬥之人。因此夫妻間易有突發的戰鬥，易離婚，有生離死別之事。

破軍、天空或破軍、地劫在子、午宮為夫妻宮時，表示你易不婚或婚姻不長久。你即使結婚，會擁有頭腦不實際，或感情冷淡不和，或不能溝通的配偶，你們容易分開或分隔兩地，各自生活。在你的內心中有不同於一般人的另類思想，你會對感情之事看得淡，或有古怪不實際的想法，保有婚姻關係不長久。有此夫妻宮的人，會有另一顆地劫或天空星在你的財帛宮中和武曲同宮，因此你在錢財上也有不實際的問題，暴發運不發，或有些錢財你不賺，在錢財方面雖能過得去，但也比同命格的人，得財較少。

破軍在寅、申宮為夫妻宮時，你是廉府坐命辰、戌宮的人。你的配偶是和你思想不一樣的人，他會比你賺錢少，而比你耗財多。你們夫妻的價值觀不一樣，易有衝突，但相處時間久一點，彼此瞭解多一點，也能勉強相處不離婚。你的配偶易耗財的問題，也能激發你在事業上多賺錢。在你的內心中，你原本就是要找一個和你性格不一樣的人來做配偶的，所以你也沒什麼好報怨的了。不過你永遠想嚐試一下不同的戀情，這也容易是你婚姻上的致命傷。

破軍、陀羅在寅、申宮為夫妻宮時，你是乙年或辛年生的人。

你的配偶長相較粗、較醜、不美麗，頭腦也不好，較笨，多是非，做事多波折、不順利。會做粗重、粗俗的工作，本身多破耗，也容易耗財或失業、不工作。在你的內心中也是常有不好的想法，多是非，易和配偶有爭執、不合。也易離婚。配偶易在錢財或身體上有損耗、傷殘。

破軍、祿存在寅、申宮為夫妻宮時，你是甲年或庚年生的人。甲年生的人，夫妻宮是破軍化權在得地之位、祿存，表示是『祿逢沖破』，配偶是愛打拚、保守、小氣，賺錢不多，是愛管事又強力愛破耗的人，性格頑固，有些難相處。而你自己的內心中也是只有一點點財，但喜愛打拚，會不顧一切損失，也要奮力做下去，很喜歡管事，但又管不好，思想偏激，會為自己的享受而犧牲賺大錢之機會的性格，因此你的人生是容易起伏多端的。

破軍、文昌或破軍、文曲在寅、申宮為夫妻宮時，是『窮』的格局，你的配偶會窮，而你自己會心窮。**在寅宮時**，文昌、文曲居陷，你的配偶是外表粗俗，不美麗，氣質不佳，又不富裕，能力也不佳的人。你自己本身也會心窮，智慧不高，做事的方法不好，能力不強。在人緣關係上也不太會應用。**在申宮時**，你的配偶雖不富裕，但外表斯文，會有才藝或口才，會做文職工作，會有內涵，為寒儒色彩的人。你自己的內在也會是喜歡美麗、高尚事物，但思想清高，略有不實際、不重利益的狀況。

破軍、左輔或破軍、右弼在寅、申宮為夫妻宮時，你的財帛宮會有另一顆右弼星或左輔星和紫微同宮。表示你的配偶或愛人會幫你破耗花錢，但也能激勵你去賺錢。你在感情上多是非、糾葛，容易有第三者出現或有再次婚姻。你的配偶會一面協助你打拚，也一面幫你花錢、消耗。在你的內心中，很希望找到真正能幫助你一同打拚的賢內助，但也容易希望太高、失望也太大。最後還是找到一個耗財能力較強，而工作能力並不真正強的人來做配偶。你在感情上容易容納多種不受社會規範限制的感情。某些此命格的女子也容易接受別人金錢而做小老婆。某些此命格的男子也會吃軟飯。

破軍、火星或破軍、鈴星在寅、申宮為夫妻宮時，夫妻運不佳，配偶是性格凶悍，火爆，有古怪聰明，易為黑道中人，或有家庭暴力傾向的人。夫妻感情不和睦。你本身的性格也是多疑、衝動、火爆、急躁、性緒不穩定的，因此易離婚，或有意外生離死別之事易發生。

破軍、天空或破軍、地劫在寅、申宮為夫妻宮時，你的官祿宮也會有另一顆地劫星或天空星和武相同宮。表示你會晚婚或不一定會結婚，也表示你的事業和婚姻綁在一起，婚姻不美，工作也會多起伏不順。你的內心多空茫，或有特別的另類思想及聰明，為人會不實際，以致於在工作賺錢上也不用心。有配偶及結婚後，有人盯著你，你較會努力工作，也會有人給你出主意。有此夫妻宮的人，也容易接近宗教，或抱獨身主義。

破軍在辰、戌宮入夫妻宮時，你是武府坐命子、午宮的人。你本身是性格剛直、小氣、計較、保守、重視個人利益的人。你對人的感情是直來直往，有交換利益形態的感情。因此你內在的感情思想是和別人不一樣的。你會找到思路方式和價值觀都和你不一樣的配偶。你的配偶從來不會聽你的話，性格比你更強硬，自有主張，常和你唱反調，讓你頭痛扼腕。同樣的，你也不瞭解配偶的內心想法，也固執的用自己的想法在自己的感情世界裡打轉。你雖結了婚，但會常有遺憾的感覺，總是沒有找對對象。也總是想自己條件這麼好，怎麼這麼倒霉結了這個婚，下一個對象會更好。尤其當你知道自己是財星和財庫星雙星坐命時，你更是覺得如此。也尤其在你中年錢財順利，略有積蓄之後，也更容易對配偶挑剔、不滿而離婚。這是你自己自視太高，自己覺得自己命格高，但又不瞭解自己的人生方向之故，你們很喜歡錢，容易把感情物化。其實有什麼樣人生規格的人，就會擁有什麼樣的配偶。有什麼樣事業、財富的層次，也會擁有什麼樣的配偶，因此你想高攀或低就都不容易。武府坐命的人，也容易在感情上天真或有精神出軌的戀情。總之，用旁觀者的角度來比較武府坐命者的感情脈落，總是比較笨的情感思緒，也是對其人之人生最大的人生阻礙之一了。武府坐命的人，人生一破，破在感情。表示他根本不知道自己要的是什麼樣的感情，倘若將心力投注於其他事業、錢財方面的努力，則人生會有成就。若將心力投注於感情方面，或想另換配偶，其人就是把人生賭注下到了自己生命中最弱的一環。因此一生也只會是個普通命格不高，只有衣食溫飽之徒了。

破軍、擎羊在辰、戌宮入夫妻宮時，你是乙年或辛年生的人，你會擁有性格強悍、多疑、多謀略的配偶，你也容易不婚或晚婚。你的婚姻是不美的，也容易找到身體有傷殘現象（包括不孕）的配偶，夫妻不和，常有爭執、爭鬥。或冷戰、不來往。你的配偶會比較自私，陰險，有另類思想，讓你想不通他為何會這樣想。夫妻間的溝通少，一溝通就吵架。在你的內心中也是較自私、強悍，希望別人聽你的，對你偏心，對你主動表示疼愛，一心為你付出，而不要計較太多。當然，你的配偶也是這麼想的。因此你們夫妻倆各自站在自己的觀點，都希望別人多吃虧，對自己好，而自己可以多佔一點便宜。夫妻倆都是計較的人，故而容易有利益上的衝突。當有這種夫妻宮時，你表面上看起來脾氣很硬，但實際上還是吃虧的，常因小失大，最後你還是會軟下來。因為夫妻宮的擎羊，會和官祿宮的紫相形成『刑印』格局，表示你雖內心多計謀，但掌不到權力，你也事業有瑕疵，層次無法提高，以及在家對配偶懦弱，仍是硬不起來。

破軍、陀羅在辰、戌宮入夫妻宮時，你是丙年、戊年及壬年生的人。表示你的配偶長相不美，有些醜和粗俗，體型是粗壯類的，也會較笨，或自做聰明而幹笨事。在你的命宮會有擎羊和武府同宮，是『刑財』格局。**壬年生的人**，命宮還有武曲化忌、天府，仍會有錢財是非，財不順。你常內心多煩惱而刑財，自己內心笨也易招災。因此這也是你自己本身的問題，你也易找到有傷殘現象的配偶。夫妻間有磨難不和，也易離婚，或感情不和而長時間拖拖拉拉相互折磨。

破軍、文昌或破軍、文曲在辰、戌宮入夫妻宮時，這是『窮』的格局，表示配偶是窮的，你自己也有心窮的毛病，而以在戌宮，昌曲居陷為最窮。**在辰宮**，昌曲居得地的位置，配偶雖窮，但仍有才藝，文質氣質，斯文，通文墨，知識水準也高，長相也較美麗一些，脾氣雖古怪，但算是好的。你自己的內心會自命高尚、清高，喜歡優美事物，做人、做事講究格調，為人還精明，只是賺錢不多，是有所為，有所不為的人。**在戌宮**，配偶文化知識水準不高，言行粗魯，做事進退起伏，易人生窮困不順。你自己的內心也是不精明，計算能力不好，有粗俗現象，常懶惰，做事做不好又愚笨的人。

破軍、左輔或破軍、右弼在辰、戌宮為夫妻宮時，在你的官祿宮有另一顆右弼或左輔星和紫相同宮，表示在事業上有貴人幫你平順，增高地位與財富，在婚姻中有人幫你更破耗。你會有領導力，在工作上稱心如意，但在感情問題上多是非、爭鬥、競爭。你會喜歡的人不容易得到，或是太貪心，喜歡多得，而把婚姻及感情問題搞的複雜，因此婚姻不美，易再婚。在你的內心中希望多嚐試不同的感情世界，也希望愛人或配偶只愛你一人，更希望上天能為你定做一個自己屬意的人。你的婚姻中也易有第三者出現來搗亂，因此在你的感情中是更增複雜性的。

破軍、火星或破軍、鈴星在辰、戌宮為夫妻宮時，你的配偶是性格衝動、頑劣、脾氣壞，火爆的人，易為不良份子，也許亦會和黑道有關，他會聰明得古怪，又善變。你會和他剛認識就一拍即合，但婚後會痛苦，容易有家庭暴力產生，他的工作也會不順利，有一票沒一票的做，品行也不佳。在你自己心中也是脾氣壞又急，有古怪聰明，凡事不會多想，常有意外災害發生也毫不在乎的人。夫妻不和，多爭鬥，多是非，會影響自己一生的幸福和安寧，也會減少你命中的財祿。

破軍、地劫或破軍、天空在辰、戌宮為夫妻宮時，你的命宮會有另一顆天空星或地劫星和武府同宮，你本命是『財空』的人，但並不一定空的厲害。你會晚婚或結了婚又離婚，最後容易傾向宗教領域而安身。你會找到耗財多，思想和你不一樣，頭腦不實際，工作能力又不強，幻想多，人生起伏變化大的配偶。最後兩人也會各分東西，難以共同生活，或有生離死別之事。你自己的腦子也常空

空，或有清高思想，不實際，最後會接近宗教，謀求安定的力量。

紫破在夫妻宮

當夫妻宮為紫微、破軍時，你是天府坐命卯宮或酉宮的人。你的配偶是外表長相氣派、性格堅定、強硬，有特殊的聰明，但思想和價值觀會和你不一樣的人。起初，你會被這樣和你有不同價值觀的人吸引，但結婚後會有磨擦。你喜歡長相漂亮、美麗，性格豪爽，帶點潑辣、慧黠，有點壞壞感覺的人來做情人或配偶，你是注重外貌，屬於外貌協會的人。『紫破』是『淫奔大行』的格局，所以容易和人發生婚前的性行為或同居，或與人私奔也沒關係。你自身表面長得很乖巧，老實，做事也謹慎，對錢財謹慎、小氣，但在對感情上你卻會開放、先進，不在乎別人的眼光，敢做敢當，勇敢

大膽的追求自己的所愛。倘若身宮又在夫妻宮的人，會更加倍這些現象。你易追求物質生活，而甘願做小，或有不倫戀情。即使在婚姻狀態下，你也不放棄追求另外的感情。你是內心只對自己忠實，但無法對其他人或配偶忠貞的人。

紫微化權、破軍在夫妻宮時，你是壬年生的人。你的遷移宮有武曲化忌、七殺，表示你終其一生都較窮困，有錢財是非、困擾，你也會頭腦不清，理財能力不好，你的內心強悍，求生的意志強，求好的意志也強，但不容易脫離困境。你容易找到一個你以為是很有能力的配偶，他的個性強悍霸道，凡事愛管，但你們對錢財上的價值觀還是會不一樣，你也容易受配偶管束而覺得不自由。你的配偶長相氣派，在家中具有崇高的地位，你自己的心裡，也是自命高尚，喜愛為昂貴的物質生活來破耗花錢，一生都在為平復債務在努力的狀況。

紫微化科、破軍在夫妻宮時，你是乙年生的人，你的配偶是長相氣派，有氣質，會有一些做事方法，在事業上能打拚，性格強悍中帶有斯文、且具有文化氣質的人。夫妻間仍會有價值觀不盡相同的狀況。你自己幼年父母較窮，你會具有理財概念，能把生活打理好，使生活平順。

紫微、破軍化權在夫妻宮時，你是甲年生的人，你的配偶是外表長相還不錯，很氣派，性格強勢，愛掌權，喜歡打拚，也喜歡做生意，但也是強力要破耗的人，會有人生起伏較大的問題。而你自己的內在感情中，也是喜歡高級、貴的物品，有強力的物質慾念，雖也同樣愛打拚努力，但消耗多，會賺的跟不上花費消耗錢財的數值。

紫微、破軍化祿在夫妻宮時，你是癸年生的人，你的配偶是外表長相還氣派，人緣也好，思想、價值觀和你不一樣，他喜歡高貴、細緻的物品，喜歡花大錢，好大喜功，也喜歡為損耗花錢的事而去找錢來花，因此容易拖累家人。而你的內在思想中，你也容易有為想花錢、買東西、為花大錢而去找錢的想法，你的福德宮有廉貞、貪狼化忌，你是一生頭腦不清，人緣不佳，會為自己找麻煩，讓自己無福消受，辛勞而又所得不多的人。

紫破、擎羊在夫妻宮時，你是丁年、己年或丑年生的人。你的婚姻不美，會晚婚，難結婚，或是配偶是外表長相還好，但性格古怪，陰險，夫妻感情冷淡不佳的人。夫妻間有明爭暗鬥的狀況，因擎羊和你的官祿宮中的天相形成『刑印』格局，因此你有時會懦弱，馬馬虎虎的和你不愛的人結婚，婚後也不愉快。同時你本身也是個內心計較、有心計的人，你也會不顧一切的想去得到你自以為很喜歡的人，但得到手後，才發覺他沒你想的好，也可能為自己造成大麻煩。你和配偶的價值觀不同，而他也是刑剋你，耗你的財最多的人。同時在你的財帛宮有陀羅，福德宮會有廉貪，形成『廉貪陀』格局，你會賺錢笨，或用笨方法去賺色情的錢。

紫破、陀羅在夫妻宮時，你是甲年或庚年生的人。**甲年生的人**，夫妻宮在丑宮，有紫微、破軍化權，陀羅。你的命宮中有天府、擎羊在卯宮，你本身是『刑財』格局的人，因此本命財少，而你的配偶是外表長相粗壯、氣派，性格強悍，愛掌權，性格悶，會有點笨，會強力破耗，人生多起伏的人。而你自己也是容易為財煩惱，錢財留不住，喜歡為貴的、價值高的東西或事物耗財，也是有點笨，及強力要破耗形態的。

庚年生的人，夫妻宮在未宮，只有紫破、陀羅在宮中，你的配偶外形較粗壯，性格有點悶、有點笨，也是破財較多，事業有起伏不順的人。在你的心中也是多是非，想的多，多煩惱，也會常想些笨事而耗財。

凡有紫破、陀羅在夫妻宮的人，婚姻中易有是非，感情不順，也會易離婚，再婚，或有與人同居或拖拖拉拉而結不成婚的狀況。你的感情也易有拖拖拉拉無法有結果的問題。

紫破、文昌、文曲四星同宮在夫妻宮時，你的配偶或情人是不富裕、會窮，但桃花多，漂亮，外型美麗的人。**在丑宮**，昌曲居廟，配偶是長相美麗，有氣質，口才好，也有文化水準、是很精明、亮麗的人。**在未宮**，美麗、漂亮的程度會略減，但仍算是不錯的，其人的口才好，精明度也沒有在丑宮的人高。同時在你的內心

中，都是自命高尚，喜歡美麗，高尚的事物，桃花多，重男女情慾，也喜歡享福。你和你的配偶一樣，一般辛勞或名聲及樣子不好看的事，你們不喜歡做，喜歡做些輕鬆、好看的工作，自然會賺不到太多的錢。而你們的花費大，又喜買貴的、精緻的東西，過精緻的生活，因此容易靠人吃飯，做別人的附屬品來享受物質生活。倘若情人或配偶的財務有問題，便會分手。

紫破、左輔、右弼四星同宮在夫妻宮時，你在感情上是會腳踏數條船的人。紫破是『淫奔大行』的格局，再有左輔、右弼，自然是會有很多的人、事、時空來幫助你在不正常的感情上進進退退。表面看起來你有齊人之福，桃花多，也會常有人介紹異性給你，但你的腦袋有另類思想，並不一定結得成婚，容易同居一段時間，而感情無疾而終。反而你對他沒有感情的人，倒可以結婚相守在一起。你的配偶是別人介紹的，剛開始是沒有感情的，你的心理會同時具有數個戀人，但配偶不在其中。你也容易再婚，或有其他的男女關係。你一生在感情上不穩定，常覺得過去的，得不到的，都是好的。

紫破、文昌、文曲、左輔、右弼六星同宮時，你會找到的配偶是外表長相美麗，但窮，桃花又多，又喜腳踏數隻船的人。你會藉由多種管道認識這種人。在你自己的感情世界中，也有很多不正常的感情，你真正喜歡的人是長相俊美、但窮，又桃花不斷，未必對你真心的人，而真正對你好，會給你錢花的人，可能是長相醜或老，卻有些錢的人。因此你會有數個男女關係在同時進行。倘若你一時高興結了婚，也不想就此放棄其他的男女關係，你也可能為了保有這些眾多的關係而不想結婚。

紫破、火星或紫破、鈴星在夫妻宮時，你的配偶於外表長相還好，但性格急躁、火爆，有特別古怪的聰明。夫妻間常有火爆場面出現，小心易有家庭暴力事件產生。在你的心中，也是急躁、不穩定、衝動，有古怪思想和聰明，易引起夫妻間衝突，愛的時候愛的要死，但時間短，不愛的時候斷的很快，易離婚換人。夫妻聚少離多，會維持婚姻，配偶也易與黑道有關。

紫破、天空或紫破、地劫在夫妻宮時，在你的遷移宮中會有另一顆地劫星或天空星和武殺同宮，表示你容易晚婚、結不成婚，或容易找到財少又破耗凶的配偶。他也許只是外型稍好，但卻沒有什麼優點的人。在你的心中常有奇怪的聰明或眼光，你有時會找不到可相愛的人，有時是在婚前覺得這個交往的人不錯，但婚後卻對他有相反的看法，因此易離婚。離婚後就未必會再結婚了。

武破在夫妻宮

當武曲、破軍在夫妻宮時，代表配偶窮，不富裕，性格剛直、小氣、脾氣沖，強硬，配偶是做軍警業的較好，較會薪水穩定，生活無虞，能相安無事。你是天府坐命丑、未宮的人。你比你的配偶會存錢、賺錢，配偶較耗財多，理財能力很差，而且脾氣不好，自以為是，配偶也會是個難相處的人。在你的內心中，其實也是份外小氣、吝嗇，在感情上也吝嗇，性格是直來直往，毫無羅曼蒂克的氣氛，喜歡乾脆，又愛計較錢，處處以金錢較量，與配偶或家人的價值觀不相同，因此容易引起紛爭、爭執的性格。但夫妻宮是武破時，不一定會離婚，只是你一直在抱怨配偶的錢太少，太愛花錢或不太會理財。可是這是你當初欣賞此人會節儉，或對你還算很大方等等的優點，才選擇他做你的配偶的，否則夫妻間容易常起勃谿，反目成仇，你會對人付出的感情少。

武曲化權、破軍在夫妻宮時，表示你的配偶雖賺錢不多，但喜歡管錢和掌握財權。倘若你的配偶在軍警業或政治圈中工作，會管財務，錢財也會較多一些。

若在普通的機構工作，則不一定會管到錢，但他肯定會管到你們家庭中的財務問題。他看起來也是會理財之人，但仍是容易錢愈管愈少，容易入不敷出，常為金錢煩惱，但還是愛管、要管。你的配偶性格特別剛硬、強悍，受人尊敬、敬畏，你也會對他有某方面的畏懼與尊敬。在你的心中，你也是對錢財特別在意，喜歡掌握錢財的人。你是外表溫和、內心特別強硬的人。和配偶的價值觀和計算錢財的方法略有不同，錢交給你管，比較會有剩餘及存款，但你

忸不過配偶。你會有穩定的工作來賺錢，也會做管錢的工作，你容易是個要錢不要命的人。

武曲化祿、破軍在夫妻宮時，你是己年生的人，你的福德宮會有紫微、貪狼化權，你的配偶是普通薪水族，不算太富裕，但薪水多一些，生活過得去的人。他也會有很多機會賺一些小錢。他也會圓滑一些，雖小氣，但有方法掩飾。但他也是會耗財，不見得能存得住錢的人，但很喜歡賺錢。在你的心中你也是對錢財略有敏感力，也會掩飾你的小氣，夫妻倆有相同的興趣，會把賺錢、花錢都記帳來當做興趣。你會是個比較貪心的人，會由你來主掌財務。

武曲化科、破軍化權在夫妻宮時，你是甲年生的人，你的配偶會有一些賺錢方法，和理財方法，但是卻是強力在主導破耗的人。他在花錢方面也講究格調，會買漂亮美麗和他自以為具有高價值的東西。他的性格強硬，不容別人反對，要花的錢，要買的東西，一定要他來做主。他也會在工作上努力打拚，但是有愈打拚愈窮的狀況。這也是理財能力不好的實際狀況，但是他不會接受別人意見，會一意孤行。你們夫妻倆常會因財務問題有爭執、不合，但不一定會離婚。財務狀況好時，夫妻感情好，家庭財務狀況不好時，夫妻感情差，易離婚。你容易替配偶收拾爛攤子和債務。配偶做薪水族，勿做生意，你們會有較平靜的生活。

武曲化忌、破軍在夫妻宮時，你是壬年生的人，你的配偶是有錢財是非、債務問題，工作起伏大，工作不順或不工作，又耗財多，常為你找來大堆麻煩的人。在你的心中，你也是理財能力不好，頭腦糊塗，會找上錢財有麻煩的人來做配偶或情人的人。你和你的配偶都容易窮，有債務問題。更會因債務問題相互拖累或反目成仇。你應獨力出來賺錢，眼睛看清楚，要先確實瞭解對方的財務問題再結婚。不過，你心中有盲點，百密一疏，總是會找到有錢財問題的配偶。你的福德宮有紫微化權、貪狼，表示你天生有平復災厄的本能，因此你可能就是配偶的貴人、吉星，這輩子是來挽救他於水火之中的人吧！你也可能會找到會坐牢、行為不檢點的配偶。

武曲、破軍化祿在夫妻宮時，你是癸年生的人，你的配偶是財窮，又會為花錢的事去找錢來花的人，因此債務很多，總是靠周轉過日子。也會為不實際、不正當的事去借錢投資，而負債。他是個口才好，但沒有責任感的人，內心小氣，但會為自己的享受而去借錢負債。在你的內心中也是同意他這麼做，助長他借錢周轉的人。你的福德宮有紫微、貪狼化忌，你的頭腦不清，為人保守，人緣沒配偶好，你會覺得他能借到錢是他的本領。因此你會窮困幫他背債，過日子辛苦，自己也有責任。

武曲、破軍、陀羅在夫妻宮時，在巳宮，表示配偶較笨，較窮。你的命宮有天府、擎羊，是『刑財』格局，你本身就是內心想的多，有些陰險，煩腦多，理財能力有瑕疵的人。你喜歡笨一點、做事能力不強，好被你控制的配偶，但是他又笨，又不會賺錢，只會花錢，也讓你煩惱。你的錢財還是比他多一些。配偶就是來刑剋你錢財的人，刑剋你太多了，你就會拋棄他，但他會是窮凶極惡，行為不善的人，會與你糾纏不清。倘若你不在乎配偶的無能，倒是能相安無事，婚姻順利。

在亥宮，夫妻宮有武曲、破軍化祿、陀羅，表示配偶是又窮、又笨、又喜歡搞錢，為破耗而找錢花，會弄出一大堆債務的人。你的命宮也是『刑財』格局，你會頭腦不清，但又陰險，有利用價值時，讓配偶去借錢，沒利用價值時，就抱怨配偶的愚笨。你也會偷雞不著蝕把米，要為配偶揹債。

武破、祿存在夫妻宮時，你是丙年、戊年、壬年生的人。你的配偶會小氣、吝嗇、賺錢少，但有衣食之祿，勉強能生活。**丙年生的人**，你的遷移宮中有廉貞化忌、七殺，你會常有官非，工作不力，頭腦不清，生活水準低，及身體有病或傷災成疾，一生精神不愉快。**戊年生的人**，你本身也是家貧不富裕，自己賺錢也不多的人。**壬年生的人**，夫妻宮有武曲化忌、破軍、祿存，是『祿逢沖破』，配偶小氣、吝嗇、窮，又有錢財是非和債務，你自己的財帛宮是天同、陀羅、賺錢也少，會拖拖拉拉、工作會不順。你自己也容易為配偶揹債，生活會窮困。

武破、文昌或武破、文曲在夫妻宮時，你的配偶很窮。**在巳**

宮，你的配偶會外表長相清秀、瘦高、較斯文、美麗，計算能力好，精明，有氣質，但不富裕。他會做一些賺錢不多的文職工作。在你的心中也是自命清高，具有文化氣質，喜歡高尚、美麗的事物，寧願窮也不做粗俗、粗重工作的人。**在亥宮**，你的配偶外表普通、瘦型、較窮、又易破耗多，不精明，口才好，也易做文職工作。在你的心中也是心窮的人，但你的桃花會多一些，你也會有獨特清高思想，有些錢你不愛賺。

武破、左輔或武破、右弼在夫妻宮時，你的配偶是窮的人，而且有人在幫他窮。配偶也會幫你窮，你也會幫助配偶窮，夫妻間是相互拖累的狀況。你容易有再次婚姻，也容易和再婚的人結緣。你很難脫離窮困的環境，因為在你的心裡就是有很多觀念讓你致窮的關鑑。

武破、火星或武破、鈴星在夫妻宮時，配偶是窮又脾氣壞，性格衝動、火爆的人。配偶也易為黑道人士。配偶做軍警業，聚少離多較好。夫妻易不合，常有爭鬥或突發的火拚。在你的心中，感情只是突發的小火苗，很快的就息滅了，你的性格剛硬、衝動，你不一定會結婚，高興時，同居會更合你的需要，不合就分手，很快很乾脆，也免除婚姻的束縛和辛苦。

武破、天空、地劫在夫妻宮時，你常有灰色思想，不想結婚。你會偏向宗教，寄身宗教，內心感情少，易獨居不婚或做僧道空門人士。

廉破在夫妻宮

當廉貞、破軍在夫妻宮時，表示你的配偶是外表長相不美，較醜，較窮，頭腦不聰明，智慧和知識都不高，行為粗魯，氣質差，品行不佳，脾氣桀傲不馴，人緣不好，私生活不檢點，配偶運不好的人。你的配偶會有上述缺點中的幾項，有些是爛桃花多，有些是酒色財氣都沾，有些只是脾氣怪，或工作職位低或賺雜亂、骯髒、工作粗重，工作不高尚帶血光的錢。你和他的價值觀極端的不同。你也容易與人同居而不結婚。在你的內心也是複雜的，常有不好的、寬容度大的、能容忍對方有不善行為的思想。自然你也容易離婚。你的婚姻狀況是破爛、不建全的，也全是古怪、複雜、爭鬥性強的。倘若你的配偶是軍警、政治人物會較好。倒不一定會離婚，你會為某些原因而留住。你自己本身也易有不倫的戀情或婚外情。你的心中也會有些爛計謀在處理事情。

廉貞化祿、破軍化權在夫妻宮時，你是甲年生的人。你會找到桃花強、性能力好，有強勢性格的配偶。**在卯宮**，有擎羊同宮，配偶會較自私，會為自己的享受喜歡而有外遇。你自己也會淪為不倫之戀而痛苦。你和配偶都是會沈湎於爛桃花的人，且會被爛桃花所刑剋傷害的人。**在酉宮**，你的工作能力不佳，你會用桃花、男女關係來討生活。其實，不論是夫妻宮在卯宮或在酉宮的人，皆會以靠男女情色關係來賺錢討生活，或有養小白臉、包二奶之類的感情生活，你以為這樣才是富裕的人生。

廉貞、破軍化祿在夫妻宮時，你會擁有窮又油滑不實的配偶，他會口才好，人緣好，好像很吃得開，但容易破耗、愛花錢，也會為花錢而到處找錢來花，而帶給你債務問題。你本身是人緣不太好的人，下意識中很喜歡這種吃得開的人，但他會很多事不負責任，而讓你辛苦不已。你自己的內心中也容易有投機取巧的心態，也會任性的愛花錢，也易做小或吃軟飯。

廉破、擎羊在夫妻宮時，你是甲年生的人，夫妻宮在卯宮，就是廉貞化祿、破軍化權、擎羊，前面已說過了。**你若是庚年生的人，夫妻宮在酉宮**，就是有廉破、擎羊，你不容易結婚，或是擁有傷殘的配偶，或是婚姻易破碎，易離婚。你若擁有配偶，他也是性格古怪、脾氣壞、行為乖佞，較窮，和你有刑剋、不合，夫妻間爭鬥多，內在陰險，對你不好的人，夫妻間易有生離死別之事。同時在你的內心中也有些殘缺不全，凡事想得壞，內心有太多陰暗不好的事。在你的財帛宮有陀羅獨坐，表示你這種心態也會造成你錢財上的不順，拖拖拉拉，也耗財凶，手中常沒錢。

廉破、祿存在夫妻宮時，你是乙年或辛年生的人，你的配偶是小氣、吝嗇、脾氣古怪的人，為人孤寒。夫妻宮也是『祿逢沖破』

的格局，因此配偶也是窮的、不富裕的，但有衣食而已。他會做賺錢不多，職位也不高的工作，也會做破爛、複雜、粗重的工作。在你的內心中，也是常複雜、想的多，保守，小氣、放不開的人。

廉破、文昌或廉破、文曲在夫妻宮時，**在酉宮**，你的配偶會長相具有西洋美，長相不錯，也會有氣質，有桃花，口才好，但較窮。你自己的內心中也是清高，會為自己喜歡的事物破財，性格固執，而與一般人的價值觀不同。你會內心較窮、小氣，卻自命清高，有些錢你不賺，但仍算是精明和計算能力好的。**在卯宮**，你的配偶長相普通，性格怪，氣質也不算好，是財窮的人。你自己的內心中是清高、不實際、耗財凶，存不住錢的人，你不算精明，計算能力也差，內心小氣，也會較笨。

廉破、左輔或廉破、右弼在夫妻宮時，你的夫妻運不好，婚姻易破碎，或感情易分手，也會有一堆破爛的人或事，來幫助你的婚姻或戀情分散、破碎。你會和人分享不完整的感情，一種是婚姻容易有第三者侵入而不健全或離婚，一種是自己不易結婚，會和人同居，做別人的第三者。而且你的戀情容易短暫，相似的狀況又容易重複出現，但都不容易是美滿結局。你易有多次婚姻或多次戀情。

廉破、火星或廉破、鈴星在夫妻宮時，你的配偶性情火爆、急躁、脾氣壞，性格古怪，他也易是黑道不良份子。夫妻間常有爭鬥不合，也容易有生離死別的事情發生。你的配偶有古怪的聰明，但會叛經離道，你自己的內在思想也是古怪，不合常理的。你也脾氣壞，速度快，夫妻倆皆是耗財速度快，很難富裕的人。

廉破、天空或廉破、地劫在夫妻宮時，你常不想結婚。你的內心有特別奇特的思想，容易抱獨身主義，也對戀愛和感情的事不關心。同時你的福德宮也會有另一顆地劫、天空存在，你容易接近宗教，心無雜念、順其自然，順運氣的浮動，走到有桃花的年份可能會結婚，走到桃花少的年份，則沒有結婚的機會，因此你容易錯過結婚的時機。在你內心的感情，也是易空洞，或有特殊不實際、空茫的想法，你一生也容易做事沒有結果。

貪狼在夫妻宮

貪狼在夫妻宮

當貪狼在夫妻宮時，表示你對情人或配偶是不瞭解，也溝通不好的。表示你的配偶是好動的，強悍的，貪心的，貪狼居旺時，配

偶人緣是好的，桃花多的，喜掌權，好管人的。你和配偶的感情是偶而能溝通時，會幫助配偶攫取他心中的貪念，能讓他得到他想要的東西，能滿足他的貪心時，則你和配偶相安無事，算是合諧親密。若不能滿足配偶的貪念和心意時，則夫妻會有口角和抱怨，嚴重時也會夫妻反目，或離婚。有這種夫妻宮的人，常是配偶很強悍，吵著要離婚，但你並不知道自己有那裡做錯了，會這麼嚴重。

當夫妻宮有一顆貪狼星的人，就是命宮有一顆天相星的人。例如紫相、武相、廉相坐命的人，夫妻宮是貪狼獨坐。而夫妻宮是紫貪、武貪、廉貪雙星的人，其人的命宮則是天相獨坐。因此命宮凡是有天相坐命的人，始終是搞不清楚情人和配偶的內心是在想什麼的。他們也會對自己的愛情進展到那一步也不瞭解，矇矇懂懂，會一時興起就主動提結婚，此命格的男性、女性都一樣，他們很容易從外型就是判斷一個人，或只是從表面看對象的條件，又認識人的深度不夠，以致於在結婚後常發生性格不合，或是對此人有過多的希望，而婚後才慢慢瞭解而覺醒。

夫妻宮有貪狼星，居旺時，你會擁有身材好，或家世好，或家庭較富裕的配偶。你也會因為艷羨情人或配偶的運氣好而與之交往結婚。因此你會因貪色（貪其人外表美麗）貪財、貪權力、貪富貴、貪運氣而結婚。但這並不一定保證會為你帶來美滿的姻緣。因夫妻所追求的人生目標和價值觀不一定會相同，你的配偶也是一個喜歡貪的人。而你們也不一定會離婚，因為你是有天相在命宮的人，你很會忍耐，忍耐工夫一流，只要你們想貪的東西類別大致一樣，也能相安無事，大家共同努力。不過配偶若也是貪色的人，則配偶易有外遇，則較容易離婚。

夫妻宮的貪狼居陷時，配偶是行為乖佞、品行不佳的人，你的內心容忍度高，你也會有不好的心態，因此容易接近這些品行不佳的人。這也表示在你的感情智商是低落的，你的脾氣不好，有時又懦弱，內心愚笨，不會處理自己的感情問題，也容易沒有自信心。你的配偶容易是酒色財氣都愛沾，脾氣壞，又能力不好，工作不長久，會失業，又好貪一些非法或沒有道德觀念的東西。而你個人也會常佔小便宜，有僥倖心理的人，但最後吃虧的還是你自己。

夫妻宮有貪狼星時，你容易晚婚，因為漂亮合格的人沒出現或錯過了。你也容易和人有夫妻之實，但拖拖拉拉不結婚，因為對方很油滑，你又不懂掌握時機來抓住他。你的愛人很聰明，喜歡閃躲結婚的事，你的愛人同樣是喜歡貪更好的對象的人，因此他容易在猶豫狀態中。

當夫妻宮有貪狼星時，你對於感情的問題是不甚瞭解的，也就是說你根本不太懂戀愛技巧和用情也不深的，雖然你的異性緣還不錯，但你會用一種極浮淺的，類似兄妹或家人之情的感情來對待情人或配偶，無法真正體會愛情的奧秘。因此在要步上紅毯的時間會拖的比較長。結婚後，會提出離婚的，也容易是配偶先提出的。

貪狼在子、午宮獨坐為夫妻宮時，你是武相坐命寅宮或申宮的人，貪狼是居旺的，你的情人或配偶是外表俊俏、美麗、身材好，體型高瘦，性格上較圓滑，與人表面上人緣好，實際與人會保持距離，不太關心別人，也不會與人太親密，每日很忙碌，喜歡追求自己的運氣的人。你根本不瞭解你的配偶，從無法真正理解他，不知道他心中在想些什麼，因此你們夫妻間的關係很普通，你們只是時間點碰上了而結的婚。你容易晚婚，或拖拖拉拉很久才結婚，婚後也容易各忙各的，雖是一家人，但也很少見面及聊天。因此配偶對你的家庭貢獻較少，他容易像是客人一樣到你家坐坐的人。在你的心中，你喜歡外表美麗、氣質好的人，你貪的是表相的東西，因此你只要得到了，擁有了便滿足了，並不需要得到深一層的精神層面的感情。因此你的感情也是浮面的東西。當你的命宮，福德宮有羊陀、火鈴、劫空、化忌進入時，你容易離婚。因你會頭腦不清，看的人太差了，而對方也會挑剔你，夫妻相互感情冷淡，會平靜的提出分手。倘若你命格好，看人還不算太差，配偶的工作、事業都穩定，則你不一定會離婚，也能相安無事，白頭到老。

貪狼、擎羊在子、午宮為夫妻宮時，你會晚婚或不婚。你的財帛宮有陀羅和廉府同宮，表示你的婚姻不順利，錢財也易少，耗財多。夫妻宮是『刑運』的格局，故戀愛機會也少。你會是心態保守的人，內心多煩惱，內心放不開，易東想西想，錯過婚姻。**丙年生的人**，夫妻宮在午宮時，你的財帛宮有廉貞化忌、天府、陀羅，表示你的理財能力差，會有金錢是非和官非，結婚更是不易。

有此夫妻宮的人，都會心態小氣、吝嗇，想要的得不到，得到時，又覺得得到的東西不太好而不珍惜，反而連一丁點的好運都沒有了。

有此夫妻宮的人，即使結了婚，也會遇到在工作上或人生中有問題的配偶。你們夫妻倆彼此也會有感情上的問題。你在感情上始終用情不深，對人較冷淡，也怕麻煩。

貪狼、祿存在子、午宮為夫妻宮時，你會晚婚或超過結婚年齡而不易結婚。你的心態保守，怕東怕西的，也會小氣吝嗇，嫌東嫌西的。因為有羊、陀在兄弟宮及子女宮，你在家裡可能是獨生子或獨生女，有父母細心呵護，日子過得舒服，你也可能並不急於結婚而逍遙自在的過日子。若你還是記得結婚，你會遇到的配偶可能如下狀況：**在子宮，是癸年生的人，夫妻宮有貪狼化忌、祿存**，表示更不容易結婚，若結婚就會擁有脾氣古怪、內向，比你更保守的人，他也話少，喜獨來獨往，很神秘，更小氣，為人孤獨的人。你若能跟他一起過孤寂無聊的日子，並照顧他的生活，便能白頭到老。其實你自己的內心也是有孤寂、保守的心態。武相坐命的人，大多愛說話，愛和別人交往，此命格的武相坐命者則話少，內心有古怪現象，容易和別人（朋友）有紛爭。**在午宮時，己年生的人，有貪狼化權、祿存在夫妻宮**，表示配偶是既強勢好掌權管事，又保守小氣的人，但所管的事也會是問題不大的事情。配偶會有穩定的收入和地位，但較自私，不一定會把錢交給你來花用，他也不一定會養家。

而你自己本身也會喜歡管事，愛照顧自家人，所以你會負擔起養家重擔，你也會賺錢較多，又會存錢，但小氣。你會在某些事情上打拚積極，又在某些事情上裹足不前。

丁年生的人，夫妻宮是貪狼、祿存，你是心態保守，人緣也較保守，不算太好的人。即便結婚，也會遇到心態和你一樣保守，凡事小心，在工作上發展不大的人。你們夫妻倆相互也不太瞭解，少溝通，會成為平凡、感情較冷淡，彼此也不太會表現出來的夫妻模式。

貪狼、文昌或貪狼、文曲在子、午宮為夫妻宮時，你和你的配偶都會有頭腦不清，政事顛倒的狀況。**在子宮**，你的配偶還美麗，氣質好、長相好、身材好，為人斯文，有文化氣質，桃花多，做事精明幹練，但有些事會頭腦糊塗。你自己本身也是個喜歡美麗事物，內心有文化水準，貪求高尚，精緻精神生活層面的人。本身的才華也很多，你們夫妻倆會因外緣交際應酬多，而少溝通，相互瞭解不深。**在午宮**，昌曲居陷，你的配偶是外表長相較粗、或較醜，不斯文的人，也會身材是瘦型、矮小的人。你的配偶不精明，計算能力不好，文化水準低，在工作上也會多起伏，常頭腦糊塗，政事顛倒的厲害。有桃花，但是粗俗邪淫的桃花。你自己本身也是個內心氣質差，想貪的東西，不易貪得到的人。也會貪些沒氣質、沒文化、粗俗的東西。

貪狼、左輔或貪狼、右弼在子、午宮為夫妻宮時，在你的命宮會有另一顆右弼星或左輔星和武相同宮，表示你的婚姻會由別人幫忙介紹拉攏而成。你的配偶也會幫助你貪求更多的東西，但這不一定是好的，也許配偶會使你更累。另一方面，有此夫妻宮時，會配偶桃花更多，配偶更容易不負責任，夫妻間的感情更容易冷淡，見面機會少，相互不瞭解，也容易遇人不淑，使自己有負累。在你自身的心態上，會有很多事物讓你忙碌，你會凡事都沾一點管一點，想得到的東西多，做事更馬虎，但也天生有貴人相助，使你的大多數事情都能逢凶化吉而順利，但唯獨在感情方面有第三者幫忙時，會愈幫愈忙，也容易莫名其妙就離婚了，而你也很難明瞭，也不想明瞭其中的原因。

貪狼、火星或貪狼、鈴星在子、午宮為夫妻宮時，你的配偶是行動迅速，脾氣怪，急躁，人生有大起大落形式，忽好忽壞，他的桃花時間很短暫，也不見得喜歡男女情愛關係，所以不見得會拈花惹草了。你自己在流年、流月行經夫妻宮時會有暴發運，能暴發財富。你自身的個性也會古怪，有奇怪的思想，想得到的東西也很古怪，你也會為自己創造略為古怪的人生，人生也會有大起大落的型式。你個人對於周遭的人、事、物，也會有馬虎、速度快、不經意、用心不多，用心不夠的狀況，更會常做事恍惚，性急，花錢多，耗財凶，想到什麼就去做，虎頭蛇尾，對結果卻不關心的狀況。

貪狼、地劫或貪狼、天空在子、午宮為夫妻宮時，在你的財帛宮會有另一個天空或地劫星和廉府同宮。你常會心態有特殊的，怪異的，清高的聰明，思想靈活，富有哲學思緒，你想要貪的貪念反而不貪了。你的夫妻宮是『劫運』、『運空』型式，故你會晚婚、不婚。有時候時間點碰到好運時，也能結婚，你的配偶也同樣是對人用情不深，也不想貪什麼，事業不積極，好運不多的人。而你自己本身也是做事不積極，對好運的要求不高，對周圍的人也要求不高，用情冷淡，似有若無，也不特別用心保護婚姻。太冷淡了，容易離婚，你一點都不想瞭解配偶，順其自然，配偶離開了，或少回家，你也並不在意。同樣的，你在金錢上也會不積極，你要想賺就有得賺，不想賺就無錢可賺，全憑你心理狀況而定。

貪狼在寅、申宮為夫妻宮時，你是紫相坐命辰、戌宮的人。貪狼居平，故你喜歡的人，是性格略微強悍，能照顧自己，性格外向，有一點好運，但好運不多，外表也算略為體面或美麗的人。事實上，你要求的條件並不高，是普通的狀況就好了，你不瞭解你的配偶或情人，實際上，也常看錯人。有時候你會以為對方是溫和、美麗、能力強的人，實際上他卻是又凶、長相普通，要靠人生活或幫助的人，脾氣不好，又愛管你。要錢很會要，但生活上對你的照顧卻不好。你和配偶的感情起起伏伏，爭執多。因為你的脾氣看起來較好，易受配偶欺負、控制。你本身也會忙碌於自己的事，而對人、對家人關心不多，用情不深。你也會容易淪為替別人擦屁股，解決後端事務的人。你也容易離婚、晚婚、或婚姻不順會拖拖拉拉，有長時間的心理陰鬱。你更容易是想得到的東西或感情，卻無法得到的人，或是有慾念無法滿足的人。

貪狼、祿存在寅、申宮為夫妻宮時，在寅宮，是甲年生的人，官祿宮有廉貞化祿相照，遷移宮有破軍化權相照命宮。表示你是性格堅強，事業有成，心態保守，注重情趣的人。你會有自己特殊的興趣來生活，會擁有性格保守，人緣關係較簡單貪求不多，較節儉的配偶。你雖也不是太瞭解配偶，但會生活順利，配偶也要求不多，相安無事的過日子。**在申宮**，你的配偶依然是保守、貪求不多，較節儉的人。但你的財帛宮有武曲化權、天府，所以你喜愛賺錢和管錢，你的心態保守，凡事小心，在感情上不會放太多的心力。若是配偶對你在家庭、事業上有幫助，你也不太會變心。

貪狼、陀羅在寅、申宮為夫妻宮時，你的配偶是外型醜，又性格悶、較笨的人。他在事業上的能力也很差，工作多起伏不順。你是乙年或辛年生的人。你的夫、官二宮形成『廉貪陀』、『風流彩杖』格，你自己本身也會笨，會貪求很笨的事物，你會在寅、申年有邪淫桃花，和誹聞事件會影響你的事業及家庭，也會對你的一生有打擊現象。這也表示你的內心是笨的，你的命宮會有擎羊和紫相同宮，本命是『刑印』格局，因此你會懦弱、怕事，容易被人欺負，但又多是非。切記，不能貪不義的東西，少與邪淫不善的人交往，則能避災。

貪狼、文昌或貪狼、文曲在寅、申宮為夫妻宮時，你的配偶是

頭腦不清，政事顛倒的人，性格油滑不實。**在寅宮**，昌曲居陷，表示你的配偶是外表不算美麗，形粗，油嘴滑舌，或口才不好，有些惹人討厭的人，也會有邪淫桃花，行為不佳的現象。而你自己本身也會好貪一些不好的東西，你也會做人不實在、不精明，或口才不好，多是非，多貪對自己不利的東西，頭腦不清楚的狀況較明顯。**在申宮**，因昌、曲居得地之位，你的配偶外形較美麗一點，文化素質也高一點，較斯文，精明，計算能力好，桃花略多，也會口才好，才藝多，性格雖油滑，但不惹人厭，也易做人略不實在。而你自己本身也是喜歡美麗、高尚格調，某些事務較精明，對錢財計算能力好，喜歡表現自己優美一面的人。

貪狼、左輔或貪狼、右弼在寅、申宮為夫妻宮時，表示你的配偶易由朋友或家人介紹的，其實你的內心容易有另一個愛人存在，因此你容易與配偶保持若即若離的心態。在你的財帛宮會有另一顆右弼星或左輔星和武府同宮，在你的內心也常希望有別人來幫助你在錢財的獲得上有好運，可多得，因此你也希望配偶能為你帶來好運和幫助，但這是可遇而不可求的事。你會貪念多，但不一定達的成，你也會在感情上易有第三者介入，也可能會有再次婚姻。**當你是男性**，夫妻宮有貪狼、左輔時，影響你夫妻感情的是男性同輩的人，幫你拿不定主意的，也是男性的人。當夫妻宮是貪狼、右弼時，造成你感情困擾的是女性，你也可能外遇或有第三者擾亂婚姻。**當你是女性時**，夫妻宮有貪狼、左輔時，擾亂你婚姻問題的是男性，易有外遇或家人介入婚姻關係。當夫妻宮有貪狼、右弼時，易有第三者來加入你們夫妻間的關係，你也易有霸道、感情冷淡的趨勢，自己也會成為婚姻的殺手。

※當夫妻宮有貪狼、左輔或貪狼、右弼時，你晚婚的狀況會拖延很久，也容易不婚，或談戀愛，同時有數個戀人，但都不長久，或漸趨冷淡，不了了之。

貪狼、火星或貪狼、鈴星在寅、申宮為夫妻宮時，你的配偶是性格古怪、急躁、脾氣不好的人，他的事業會起伏大。你也會不婚或閃電結婚，但感情的熱度退卻的也很快。你本身也會是個脾氣古怪、性急，做事迅速、虎頭蛇尾的人。你在流年、流月逢夫妻宮時，會有暴發運，能多得錢財，但也會暴起暴落。你也容易在事業上有大起大落。你用情不深，對感情馬虎，也不重感情。婚姻狀態也會保留不久。

貪狼、天空或貪狼、地劫在寅、申宮為夫妻宮時，在你官祿宮會有另一個地劫或天空和廉貞同宮，表示你在思想上很獨特，奇怪，不實際，你易不婚或晚婚。你的婚姻狀況是和事業狀況連在一起的，若你不結婚，你的事業始終是起起伏伏，做做停停的，只有結了婚才有事業，但你不一定這樣想。你的夫妻宮是『運空』或『劫運』的形式，故你貪的不多，或不想貪，或貪不實際的東西，所以你的人生沒有目標，也不太想打拚，會打混過日子。結了婚，有配偶時情況會改變。你也容易擁有運氣不好，沒運氣的配偶，而你自己更容易是沒腦子的人。

貪狼化權在寅、申宮為夫妻宮時，你是己年生的人，會晚婚，你的配偶性格強悍，工作能力強，有地位，愛掌權，貪慾也強，會有支配慾，會支使、強迫你去爭很多事情。同時在你的心中也是愛爭強鬥狠的，故你也喜歡有人幫你出主意去競爭，這樣讓你的事業會有發展。但夫妻的關係不一定會好。配偶要求太多，也會使你有負擔，而心生不悅。

貪狼化祿在寅、申宮為夫妻宮時，你是戊年生的人，表示配偶圓滑，桃花多，也易做人不實在，但在財祿上運氣好。你自身也會是個愛賺錢、愛尋找好運的人。但夫妻間的感情是彼此不太瞭解，表面有幸福假相的關係。你還是會晚婚或不婚。配偶易有外遇，你也易與人同居。

貪狼化忌在寅、申宮為夫妻宮時，你是癸年生的人，你會晚婚或不婚，若僥倖能結婚，你會擁有性格保守、內向，運氣有些怪的人做配偶。你對他十分不瞭解，你們夫妻倆的溝通方式也會古怪，但也不見得會離婚，配偶的桃花少，也可能需要你來幫他做人際關係，反而有助於你們的婚姻關係。

貪狼在辰、戌宮為夫妻宮時，你是廉相坐命子宮或午宮的人。

你本身內心想貪的東西很多，但多半與財富有關，也會和權力、政治、地位有關。因此你結婚時你會自以為找到了在這些方面能配合你的配偶。但實際上你並不瞭解配偶，也不知道配偶是否和你有相同的看法與觀念。你的配偶會性格強悍、剛直，會為自以為有利益的事業堅持己見。倘若夫妻倆有共同的利益目標，便能相安無事而白頭到老。倘若夫妻倆沒有相同的利益與目標，便易分手。同時你一定會晚婚，至少在三十歲以後才結婚。其實你是觀察很久、考慮很久才結婚的，並且在你結婚後，你的財富、地位會跟著增高，配偶似乎為你帶來了好的運氣。在你命盤上的夫、官二宮形成『武貪格』，因此流年、流月逢夫、官二宮時，會有暴發運或偏財運，你的人生層次會增高，事業有大進步，也會獲得財富。但你很可能會是個沒有情趣的人，你的配偶同樣也是個性格剛直、缺乏幽默感的人。

貪狼、擎羊在辰、戌宮夫妻宮時，你是乙年或辛年生的人，你的財帛宮有陀羅和紫府同宮，你的夫妻宮是『刑運』格局，而財帛宮是『刑財』或『刑官』格局。表示你內心中多煩惱，拿不定主意，會想得太多，而傷害了你自身的運氣，而有些錢、有些利益你不賺或賺不到。在婚姻問題上，你也會晚婚或不婚，你的桃花姻緣較少，內心會保守，想得多，反覆無常，你也會該貪的，你不貪了，或另外貪一些不該你貪的東西，而造成你自己人生上的一些阻礙。你如果會結婚，也會找到略為保守，運氣並不十分好，工作有起伏，人生有起伏，多阻礙的人做配偶。他的臉型是長型的，下巴較尖，體型粗壯，但性格較悶，愛用腦，多計謀的人。你的夫妻運不算好，夫妻間易有衝突不和，也易有相互仇恨之事發生。你宜從自己的性格改起，改變你自己，多往好處想，性格開朗起來，對人寬宏，自然也能改變自己的夫妻運，也能改變自己的財運。你在行運於夫、官二宮時，仍有暴發運和偏財運，但行運在夫妻宮時，會爆發力較弱，或慢。

貪狼、陀羅在在辰、戌宮為夫妻宮時，你是丙年、戊年或壬年生的人。你的命宮會有擎羊和廉相同宮，是『刑囚夾印』的命格，易有官非和身體不佳、懦弱的毛病。你會找到性格強悍，但愚笨，運氣拖拖拉拉，運不好或運氣不開的配偶。配偶的外型是粗壯型，頭顱圓圓的。你和配偶的感情也不甚好，你容易嫌東嫌西的，但又懦弱怕妻（怕配偶），你是個膽小怕事的人，也任由配偶做主，但心生不滿，又不敢說出來。你也容易被強迫結婚，婚姻狀況始終不佳。**丙年生的人**，你的命宮有廉貞化忌、天相、擎羊，是『刑囚夾印』帶化忌的格局，易不婚或有傷殘的配偶，你的頭腦不清，身體也會有傷殘現象，因此會多忍耐婚姻。**戊年生的人**，你的**夫妻宮有貪狼化祿、陀羅**，配偶是油滑又笨的人，桃花問題較多。**壬年生的人**，你的官祿宮有武曲化忌，你會工作不順，工作易賠錢，在婚姻上也有不順，會離婚。你也是頭腦不清的人，且不易有偏財運。

貪狼、文昌或貪狼、文曲在辰、戌宮為夫妻宮時，你的配偶會有些糊塗，有政事顛倒的情形。**在辰宮**，你的配偶外表斯文、美麗，桃花多，表面上還對錢財精明，計算能力好，文化氣質高，但會對某些做人處事方面頭腦糊塗。並且你自己也是這種內心喜好文化、有氣質的事物，對錢財精明，但某些觀念特殊，做事有奇怪不合常理的狀況，你會對配偶不瞭解，但會用講理的態度來應對。**在戌宮**，你的配偶文化素質不高，外表較粗，桃花少或口才不佳，或有邪淫桃花，為人不精明，較笨，也會計算能力不佳，頭腦糊塗。你自己本身也是內心較粗俗，較笨，計算能力差，不精明，也會有糊塗的現象。

貪狼、天空或貪狼、地劫在辰、戌宮為夫妻宮時，在你的命宮會有另一顆地劫星或天空星和廉相同在命宮。你的夫妻宮是『運空』或『劫運』的格局，表示你頭腦空空，智慧空空，因此無福，也看不到、感受不到好運。你會晚婚、不婚，或並不想結婚。你的桃花緣份少，也不急著去尋找。倘若陰錯陽差的結了婚，你也會找到一個頭腦空空，運氣不好或根本沒運氣的人來做配偶。他會工作起伏大，事業不長久，你們夫妻間的感情也會彼此不瞭解，日益冷淡，亦會有分離或離婚的狀況。在你的心中就是凡事不關心，不實際、幻想多、好高騖遠的人。

貪狼化權在辰、戌宮為夫妻宮時，你是己年生的人，你的官祿宮有武曲化祿，你會擁有性格強悍、霸道、專制、愛管人的配偶，但配偶也能幫助你的事業，使你在財祿上有所發揮，但是你會有家庭問題難解決。你在龍年、狗年都有極強的暴發運，能為你帶來大財富，但是也要小心財庫有破洞或子女不肖的問題。你的感情生活也會較空虛。你本身是個對功名利祿較貪的人，因此只在乎權力、地位、財富，也愛管人、掌權。夫妻間相互不瞭解，也易生衝突，不合。

紫貪在夫妻宮

當紫微、貪狼在夫妻宮時，你是天相坐命巳宮或亥宮的人。你們夫妻性情相投，有共同的興趣和性趣，婚姻會美滿。你的配偶是外表長相氣派、端正或美麗的人，且多才多藝，口才好、圓滑、桃花多，善於主導男女間的情愛之事。配偶也易招蜂引蝶或有婚外情，但配偶都能處理的很好，你也會睜一隻眼，閉一隻眼，不想破壞夫妻情份或家庭氣氛。你的配偶在你看來也是頗具魅力的人，簡直也不做第二人選了。你的配偶也會在很多方面滿足你的要求，使你生活愉快、感覺到幸福。

你自己的內心也是喜歡具有外表美麗但內在狂野的事物，只要表面精緻高尚、完美就好了，而不在乎人、事、物的內在精神層面的東西。因此你本身也是個容易心猿意馬，對感情只講表面工夫，做人不夠細緻的人。同時你也易晚婚或談很多戀愛，不結婚，或和人同居也無所謂的人。

紫貪、擎羊在夫妻宮時，你的配偶是外表長相還不錯，但會有邪淫桃花的人。在卯宮，他會身材較矮小，在酉宮，他會有普通身材，但都是瘦型的人，都會有些內在思想陰險，愛貪不該貪的東西，你們夫妻倆會有刑剋不合。你更容易因配偶的過失或誹聞事件而受連累。你也容易不婚，或結了婚卻離婚。**夫妻宮在卯宮的人**，是甲年生的人，你的遷移宮中有武曲、破軍化權，福德宮是廉貞化祿、七殺，財帛宮是天府、陀羅，你的環境較窮，容易是為自己的喜好、強力要破耗的人，在你的內心中常也想貪不該貪的東西，更會想得到的東西得不到手，在錢財上破耗較凶。

庚年生的人，夫妻宮在酉宮，你的遷移宮中有武曲化權、破軍，你的環境也會窮，但喜歡管理財務掌財權，你也容易想得到的東西，不容易得到手，內心有一些痛苦。

紫貪、祿存在夫妻宮時，你是乙年或辛年生的人。你的配偶是長相不錯，性格保守、小氣的人。他所喜好及想貪的事務都是小小的利益和小小的格局，所以只要生活平順就好了。同時在你的心中，你也是保守、小氣，只貪一點點的好處，有一點點小小的快樂，就滿足了的人。你們的生活雖不是很富裕，但很會存錢，能把生活過平順。

紫貪、文昌或紫貪、文曲在卯、酉宮為夫妻宮時，你的配偶和你都會有些糊塗或政事顛倒的問題。但你的配偶會長相較美麗，也略對錢財精明，亦會做和文職有關的行業。在酉宮，配偶最美麗，也會對錢財更精明、桃花多。在你的內心中，也會對某些事情糊塗，是非不清，可是你也是個喜歡桃花事件，喜歡長相美麗的人，也會自命高尚，追求物質及精緻生活的人。

紫貪、左輔或紫貪、右弼在卯、酉宮為夫妻宮時，表示你的配偶會比平常人的配偶更美麗，你也更重視配偶的外表。配偶的桃花也更多，你們夫妻間的感情更容易被第三者介入，愛情被分享。你會找到的配偶是外形人見人愛，有點孤獨或孤芳自賞型，又有點靦腆。初與他相識的人，會覺得他似乎是酷酷的，但熟一些的時候，就覺得他是活潑、開朗、魅力十足，而且脾氣溫和，有合作精神，能得到異性或同性人的幫助，尊敬，人緣一流，而且喜歡讓人親近，來者不拒，喜歡被別人簇擁愛護的感覺，他有時會像小孩一樣霸道、撒嬌，有時會像貼心的戀人能與人心心相印，但他心中總有一些，甚至太多的秘密戀情，讓你擔心。他表面對你很好，但也容易有外遇，因在你的內心中常有不安全的感覺，也會疑神疑鬼的，終致走上離婚的路，甚至在你的內心中，也會保有一些其他的秘密戀情，以及也喜歡受保護、疼愛、又受尊重的小兒女心態。夫妻倆都希望是別人寵愛自己較多，都是『受』的一方，卻沒有做『施愛』的一方，因此衝突會產生，這就是感情問題的癥結了。你也容易更晚婚或結婚不易，或戀愛談得久，而不想結婚。

紫貪、火星或紫貪、鈴星在卯、酉宮為夫妻宮時，你的配偶長相還不錯，但脾氣古怪，也會性格、外表較粗獷。你的脾氣急躁，有古怪的聰明，凡事三分鐘熱度，戀愛也是一樣，高興時很熱情，平常很冷漠，不太算是真懂得談戀愛的人。而且較自私，凡事有強烈的自我意識，愛得快，也冷得快。你們不一定會離婚，有時因配偶脾氣古怪，不喜女色或異性，反而沒有邪淫桃花來影響夫妻感情，也算是好的。倘若配偶是脾氣非常頑固，火爆，自視甚高，不可一世又太自私的人，就容易離婚。你自己的心中也是急躁，不安定的，凡事只重外表好看，做事馬虎、不實際、虎頭蛇尾的人。但你在流年、流月逢夫妻宮時，會有暴發運，偏財運，可多得財富。

紫貪、天空或紫貪、地劫在卯、酉宮為夫妻宮時，你的福德宮會有另一顆地劫或天空星和廉殺同宮，表示你對婚姻的事不積極，所以易晚婚或不婚。倘若你逢桃花星多的流年運程，仍然可能結婚，你會碰到外表長相不錯，但有些清高、不實際，事業會略有起伏的配偶，人生也較平凡。配偶的桃花也不多，心態有些懶懶的，做事也不太積極，你們是一對平凡夫妻，有時也會因小事而分離。在你的心中也是有特殊聰明，喜歡美麗事物，有些不實際的想法，凡事不太貪了，做人做事都會懶散，易向宗教上發展。

紫微化權、貪狼在夫妻宮時，你是壬年生的人，你的遷移宮中會有武曲化忌、破軍，你會在窮困，有錢財問題的環境中生存，結婚是你最好的路途，配偶會幫助你料理債務問題。但你的配偶是頑固、霸道、脾氣不好、桃花多，性格強勢，愛管你，對你凶，高高在上的人，你們只有在『性』趣方面較融洽，在生活上你會是他的附屬品，是受制於他的人。在你的心中你也是喜歡管人，有些勢利，對於對你有利的人會巴結、逢迎，小心侍候，頭腦不清，對於沒多大利用價值的人，不屑一顧。你也容易因為金錢問題而委身相許，和人同居而無婚姻之實。

紫微化科、貪狼在夫妻宮時，你是乙年生的人，你的配偶是長相美麗、有氣質、桃花多，又會善用桃花而增加地位，事業有成的人。同時在你的心中，也會心態高貴、高高在上，利用桃花關係，來掌握或攫取對自己有用的人、事、物。

紫微、貪狼化權在夫妻宮時，你是己年生的人，你的配偶是外表長相氣派、美麗、意志力堅定，有很強的貪圖心，能掌握好運，在事業上有發展，能高人一等，事業運好。但他的桃花也多，亦會貪心，對權力和異性關係都貪心得多，因此你也無法控制得住他，似乎很難抓住他的心，因為他的條件好，讓你始終都處在備戰地位。你和配偶在性關係上都很強，這也許是你們共通的興趣，但也要小心他喜新厭舊的性格，你也會為了迎合他的興趣，睜隻眼、閉隻眼的，任由他有外遇發展。在你的內心中，你會對好的東西或人、事、物強力爭取，絕不放手。在你的遷移宮有武曲化祿、破軍，表示你會在有點窮、有點破的環境中，生活還過得去，也會有物質和感情條件支撐你過得下來。

紫微、貪狼化祿在夫妻宮時，你是戊年生的人，你的配偶是外表長相美麗、做人圓滑、桃花多的人，你未必知道配偶的內在真正的感情模式和想法，但夫妻間會保持合諧，相互有利。在你的內心中也是喜歡有自由的空間，多一點和異性接觸機會的人。

紫微、貪狼化忌在夫妻宮時，你的配偶是外表長相還不錯，臉上或身上有痣或胎記的人，性格較保守、古怪，桃花也少了。他在事業上的發展也不大，會有專業技能，但生活能平順。同時你也是個自命清高、內心保守，也會有些脾氣古怪、價值觀古怪的人，你也會是只重視把生活過平順的人。所以你們夫妻倆若沒有特別古怪脾氣相衝突之下，倒不一定會離婚，反而價值觀相同的人，會更親密，相互依賴。若相互脾氣古怪而有衝突時，才有可能離婚。

武貪在夫妻宮

當武曲、貪狼在夫妻宮時，你是天相陷落坐命卯宮或酉宮的人。你是一個福氣不多，也可說是無福之人，會有身體孱弱的問題，一生運氣也不太好，出生時就很窮，或家中有事，父母離異等問題，幼年環境差。你也易晚婚或無法結婚，在你的心中始終以有錢為第一位，需要找錢財上的好運，因此你再找配偶時，會注重物質生活的條件。你的內心對感情的認識不深，也不會付出太多的感情，內心最多的是對錢財的渴望。因此你會找到財力比你好一點，有點錢，但性格剛直、小氣、吝嗇，貪心很多，運氣也比你好一點，但對人冷淡、強悍、用情不多的配偶。夫妻宮是『武貪格』，流年、流月逢夫妻宮時，會有暴發運、偏財運，能多得一些錢財。

武貪、擎羊在夫妻宮時，你會是丁年、己年或丑年生的人。

丁年生的人，夫妻宮有未宮是武貪、擎羊時，因三顆星都居廟，但會刑財和刑運。表示你的配偶是性格頑強，也有些脾氣古怪的人，在財運上不算十分順利，會因性格或能力的問題，導致有些錢他不愛賺或不能賺，因此財會較少，而你們夫妻間的感情原本感情就不太深厚，又會因很多的歧見互有刑剋。配偶刑剋你較多一點，你們容易不合或離婚，或是相處不佳分開來住。也會有配偶早逝，有傷殘，或也會你自己早逝之生離死別之事。在你心中也會有較多的煩腦而刑財，你也會賺錢不力，你的財帛宮會有天府、陀羅，表示在錢財上拖拖拉拉，有破洞，存不住，多耗財，財也不多，需自己有固定薪水的職業才行，但你的夫妻宮有擎羊，會相照官祿宮，你也會工作不穩定，做做停停或不做，而錢財少。

己年生的人，夫妻宮在未宮，**有武曲化祿、貪狼化權、擎羊**，表示你的配偶很會賺錢，工作能力好，好爭鬥、但性格強悍，愛管人，掌財權，和你仍有刑剋、衝突，他仍會小氣、吝嗇，對你不算太好。在錢財上會給你，但在感情上吝嗇。你易做小，在錢財上是有一票、沒一票的拿到。在你內心中只重視錢財上的爭奪，對人情份少，付出愛不多，也得不到太多的愛護。你在未年有很強的偏財運。

癸年生的人，夫妻宮在丑宮，**有武曲、貪狼化忌、擎羊在宮中**，表示你的配偶會賺一點錢財，是衣食不祿，但為人保守，人緣機會都不算好，他會有專業能力來工作賺錢，但工作有起伏不順，你們的生活也會不穩定。你自己內心中也是個有奇怪價值觀的人，在人緣機會上也不會把握，和人多是非，也易不婚，或結婚多災難，配偶也易因意外身亡。

武貪、陀羅在夫妻宮時，你是甲年或庚年生的人。

甲午生的人，夫妻宮在丑宮，**夫妻宮中有武曲化科、貪狼、陀羅**，表示配偶是有一些方法理財，但是有些笨，性格剛硬，小氣，干涉，固執不化的人。在你的命宮有天相、擎羊，是『刑印』的格局，你會懦弱沒主見，由配偶當家做主過日子。

庚年生的人，夫妻宮在未宮，**有武曲化權、貪狼、陀羅入宮**，配偶是性格強悍，有點霸道，有點笨，但在錢財上有掌握能力，算是很會賺錢的人，適合是軍警業或政治圈的人，會有較高的職位，他絲毫不懂得情趣。你也是命宮中有擎羊，是『刑印』格局的人，你會比較重視錢，比較勢利，性格又懦弱，會依附情人或配偶過日子的人。

武貪、文昌、文曲在夫妻宮時，在丑宮，你的配偶外表長相較斯文美麗，但有強悍的特質、氣勢較強，也會有糊塗，政事顛倒的事情，可是對錢財精明，會有很好的、文質性的機會來賺錢。他的桃花也較多，注重情趣。和性生活，會有較多的異性緣，也易有婚外情，你需要小心。同時在你的心中也是桃花多，頭腦不清，政事顛倒，但對錢財敏感精明，想以桃花來賺錢的人。**在未宮**，你的配偶外表有普通的美麗，也有桃花多的問題，亦會糊塗，有政事顛倒之事，但在錢財上不夠精明。桃花也未必會為他帶來更多賺錢機會。在你的內心中，以錢財為重，但也常計算利益的方式不算很精明，所以得利也不多，你易做小或靠人生活。

武貪、左輔、右弼在夫妻宮四星同宮時，你會晚婚或拖拖拉拉不結婚，或是結很多次婚，你會靠配偶或情人給你錢，或給你賺錢的機會。你的配偶和情人也易是別人介紹的，是一層層關係輾轉認識的，配偶和情人會在錢財上幫助你。但你是運衰的人，你和某人在一起，他剛開始運好，有錢，會給你很多錢，漸漸的會財窮而分開，於是你會另找情人或配偶，事件重複循環，因此你會有多次婚

開，於是你會另找情人或配偶，事件重複循環，因此你會有多次婚姻或不結婚而同居在一起，繼續尋找財多的對象。你在感情上也用情不多，會同時有數個有錢的對象在交往，為自己保持實力。

武貪、火星或武貪、鈴星在夫妻宮時，你的配偶或情人會脾氣古怪、剛直、小氣、吝嗇、火爆、急躁。你也會突然結婚或離婚，婚姻狀況上變化很快，配偶或情人也會突然暴發好運又突然暴落窮困，好景不常。你自己本人也會在流年、流月行經夫妻宮時有極強的暴發運，這是『雙重暴發運』格，但不利感情，或一生有感情生活的時間極短。你也會內心急躁、剛硬、脾氣壞，讓人無法忍受，亦會老年孤獨。

武貪、天空或武貪、地劫在夫妻宮時，在你的遷移宮中會有另一顆地劫星或天空星和廉破同宮，表示你的環境窮困、空無，你容

易向宗教、佛道中尋求慰藉，在你的心中，容易看不到財，也看不到運氣。流年好一點時，你也可能會結婚，但婚姻易不長久。你也會找到內心不實際、思想清高，有奇特聰明的人來做配偶，配偶在錢財上也常不能把握，會工作不長久或賺不到太多錢。中年以後，你也會趨向宗教，虔誠信教，而放棄正常的婚姻生活。

武曲化忌、貪狼在夫妻宮時，你是壬年生的人，你的配偶是性格古怪、強悍，有債務，錢財不順，有錢財是非的人，你會拼命去工作賺錢來幫助配偶還債及生活。你很小氣，能力也不是太好，但仍會盡力去做。你雖愛存錢，又對錢財小氣，但天生計算利益的觀念和別人不一樣。你會同情配偶或情人欠債的處境，而攬責任上身，也陷自己於窮困之中。

廉貪在夫妻宮

當廉貞、貪狼在夫妻宮時，你是天相坐命丑宮或未宮的人，表示你會有品行不佳的配偶。配偶的脾氣壞、行為乖張或不知廉恥，人緣壞，不但惹人討厭，也會有許多壞習慣，吃喝嫖賭中總有幾件。夫妻間的關係異常的壞，會打架、吵架無寧日。配偶也易是懦弱、吃軟飯或靠人為生的人，在事業上也不見得穩定，亦可能是侍候人的下人，地位低落、不受重視及尊敬之人。同時在你的內心中也會是懦弱、沒有性格，或有古怪脾氣，專講不討人喜歡的話，內在性格有些暇疵，心態不太高級及不正常的人。你也容易人緣不佳，和人有是非，常把別人都想得很壞，對人淡薄少感情，也不知如何和人相處，你會把感情生活搞的一團亂。

夫妻宮有廉貪時，配偶易有亂七八糟的男女關係，言行乖佞，同時你自己也會亂發脾氣，脾氣不好，喜貪小便宜，內心也會有不正常的男女之愛，也易和人發生不正常的關係。婚姻有不正的現象。你也易做小，或結婚又遇人不淑，糟踏了自己的一生。

廉貪、陀羅在夫妻宮時，你是丁年、己年或癸年生的人。

丁年生的人，夫妻宮在巳宮，**有『廉貪陀』**是『風流彩杖』格。表示配偶或情人是又笨、運氣又差、人緣又不好的人，而且男女關係複雜，他很可能是靠色情工作來賺錢，靠人吃飯、生活的人。同時在你的內心中也是充滿著淫亂猥褻思想的人，你的命宮有天相、擎羊，是『刑印』格局，你會懦弱、貪小利，受人控制，易做妓女或牛郎，被人包養，用情色靠人生活。

己年生的人，夫妻宮有廉貞、貪狼化權、陀羅，是加強的『風流彩杖』格，你會對淫賤之事更貪心，更主導其事，也會找到更強悍、更爛的配偶。你的命宮也是『刑印』格局，會更受制於淫賤之事及受到異性的控制。也會為了貪財好色而多是非，靠人過日子或包養吃軟飯的人。

癸年生的人，夫妻宮在亥宮，有廉貞、貪狼化忌、陀羅入宮，是『風流彩杖』格帶化忌的格局，表示會因配偶或情色事件招災，有致死的可能的格局。你不易結婚，或結奇怪的婚，也會結有名無實的婚姻。在流年逢巳、亥年時，以亥年最嚴重，易逢強暴事件、或爛桃花而遭災，易會危害生命，運氣極差。你的命宮有『刑印』格局，你也會思想奇怪，又笨、又保守，有精神問題。

廉貪、祿存在夫妻宮時，你會是丙年、戊年或壬年的人。

丙年生的人，夫妻宮有廉貞化忌、貪狼、祿存同宮，表示配偶是保守小氣，頭腦不清，又窮困的人，有衣食而已，但人緣不佳，會有爛桃花或笨事，愛貪小便宜而遭官非，亦會身體有問題，而夫妻不長久，夫妻間的感情差。同時在你的內心也是頭腦不清，多是非，保守，小氣，愛貪小便宜，因小失大的人。

戊年生的人，夫妻宮在巳宮，有廉貞、貪狼化祿、祿存同宮，表示配偶仍是保守小氣、品行不算好，但略有一些機會，喜歡向外活動，亂找人緣關係，但人緣不算好，喜歡多結交一些爛朋友的人。同時在你的內心中也是這種保守、小氣、吝嗇、人緣不好，卻喜歡出去亂找桃花運氣來賺錢的人。

壬年生的人，夫妻宮在亥宮，有廉貪、祿存，你的福德宮有武曲化忌、七殺，你的配偶人緣不好，又保守，小氣，對人刻薄，而你自身常有錢財問題，辛苦賺錢、賺不太到，因此你會忍受配偶的壞脾氣和小氣，過不幸福的婚姻生活。

廉貪、文昌或廉貪、文曲在夫妻宮時，表示你的內心思想中就喜愛淫亂的男女關係，因此你的感情生活複雜，容易發生不正常的關係。你是貪戀情色桃花的人，你的人際關係不佳，但情色桃花很容易建立。你的情人或配偶也同樣是個人緣品行不佳，但會以情色關係來勾搭人的人。你們會在利益相結合時在一起，利益有衝突時分開。你和你的情人或配偶同樣是言行不實在的人。

廉貪、左輔或廉貪、右弼在夫妻宮時，在你的福德宮中會有另一個右弼或左輔星和武殺同宮，表示你的配偶運不佳，會找到懦弱沒用的人或品德差的人來拖累你，因此你的婚姻生活很辛苦。另一方面也是因為你的心中會貪戀或貪求不好的事，而遭致自己有更勞碌、不富足的命運。

廉貪、火星或廉貪、鈴星在夫妻宮時，你會突然結婚或離婚，你的配偶是品行低劣，脾氣壞，火爆，性格惡劣的人。夫妻倆的感情不佳，也常有意外的邪淫桃花，或意外災禍發生。但你在流年運行夫妻宮時，會有意外的暴發運或偏財運。但夫妻感情不長久。在你的內心中也常有不好的想法，也會脾氣暴躁，性急，做事不常久，有奇怪聰明的思想，對人不真誠，感情不深刻。

廉貪、地劫、天空四星同宮在夫妻宮時，你會不婚，或擁有有名無實的婚姻。如配偶遠離或和牌位結婚等等。在你的心中永遠是陰沈、黑暗、不見底的，你會有奇異超脫的思想，也易和宗教接近。內心沒有情色之事，但也沒有感受好運的能力。你會孤獨殘生。流年逢夫妻宮，易招災而亡。

廉貞化祿、貪狼在夫妻宮時，你是甲年生的人，你的遷移宮有紫微、破軍化權，命、遷二宮亦會有陀羅進入，你是性格強勢、頑固，有點笨的人，但非常有主動出擊的力量。你會擁有桃花多、油滑、品行不太好的配偶。他在事業上也沒你好，夫妻感情時好時壞。

第二節　『殺、破、狼』在遷移宮對人的影響

當『殺、破、狼』出現在你的遷移宮時，表示你的人生就是忙碌、要打拚，要努力奮鬥不懈的，你會做人果斷，直接，毫不猶豫。做人做事有目標，也會很在意結果，奮勇向前，毫不退縮。有意志力，堅持力，確實要找到成功的路途和出口，而能奮力一擊而

成功。**當有七殺星在遷移宮時**，你的命宮中都有一顆天府星，表示你努力打拚、爭奪的目標是『財』。**當破軍在遷移宮時**，你的命宮中都有一顆天相星，表示你的打拚爭奪的是權力或較好的生活。**當遷移宮是貪狼星時**，你的命宮是紫微、武曲或廉貞，你們打拚努力的目標是『好運』，想據有世界上全部的、一切的好運。當然，不管你想望的是錢財、是權力、是好運，最終的結論都會通過工作、事業皆還原到錢財來帶給你好運。

當『殺、破、狼』在遷移宮時，表示自你一出生到老死，終其一生中，你周圍的環境，都是在使你要努力、有好運，也捨得花用、破耗的。所以你也是最容易創造這世界上的財富的人。同時你也是命中較帶財多的人，你也會是來這世界上散財給別人，造福別人最多，也最能為別人帶來好運。

當遷移宮有『殺、破、狼』時，表示你自出生起，環境不算太好。例如**遷移宮有七殺星的人**，你本命溫和，周圍的人較凶，也會劫你的財，分你的財，你會保守、小氣、勤勞，周圍的人也較笨，較蠻幹，容易侵害你的權益，常讓你活得辛苦。

遷移宮有破軍星的人，表示你自出生起，環境中就有破破爛爛的事，如父母離異，或家道中落，窮困，或環境中有言行不實，狂佞，言行誇張、不守本份的人，或耗損過多的人，或小人多，使你頭痛。這種環境需要你來打拚、改善。

遷移宮有貪狼星的人，表示你自出生後即帶給家人好運，但周遭人會忙碌，對你不夠親密照顧，同時你也是看起來桃花多、人緣好，但對人也未必真誠的人。你一生周圍的環境變遷太快，使你自己也應付不暇，你是跟著命運，跟著運氣在走的人。一生中容易大起大落，在起落之間，你也會看盡人生風景，對人更有認識，對人生的真諦也更明瞭。

七殺在遷移宮

七殺在遷移宮

當七殺在遷移宮時，表示你周圍環境較凶惡、爭鬥多，有許多事要你勞碌去做，才能有所獲得。但這種環境是不必用太多頭腦，只要用體力、血汗就能擺平及賺到錢的。你周圍的人，也是較笨，較多做勞力工作的人。這些人會用蠻幹的，強勢的，強行的意味來逼迫你給好處，因此你和環境周遭的人不和，思想不一樣，想要的東西也不一樣。你也容易自小受到欺負，和家中父母兄弟姐妹的想法不一樣，而自己覺得受欺負，長大後覺得外面的人較凶，覺得外面的人好佔自己的便宜，也覺得不公平，易受欺負。你的性格有些保守、小氣、計較，對錢財認真，但賺錢辛苦，你又愛存錢，存錢慢，總覺得有很多人在妨礙你賺錢、存錢，內心會覺得不公平。

遷移宮有七殺星時，表示環境中有刑剋、凶險，也會耗你的財，但會使你的性格更剛直、強硬、有主見，勇往直前，努力不懈怠，也會使你不必用太多頭腦，傻傻的蠻幹、苦幹就能賺到錢財和打拚到事業。

七殺在子、午宮為遷移宮時，你是武府坐命子宮或午宮的人。遷移宮中的七殺是居旺的，表示你的打拚能力很強，周圍的環境是強悍、頑固的人，形成一道銅牆鐵壁似的牆在包圍著你，你自己是

武曲財星和天府庫星同坐命宮的人，自幼你就帶財來，但環境中的刑剋多，你也自幼身體不太好，身體較弱，多病，不好養，長大以後，漸漸變好。你和周圍的人，也會性格不合，內心有孤獨的感覺，長大後也能調適。你自己會性格剛直，一板一眼，有些小氣、吝嗇，對別人小氣，對自己大方。一生你能賺很多錢，但最後仍是要照顧周圍的人，大多數的錢仍被周圍的人花用了。自己能享受到的財富還是並不多。你要小心流年、流月、流日在外有傷剋、遭災事件。

七殺、擎羊在子、午宮為遷移宮時，你是丙年、戊年、壬年生的人。

丙年生的人，遷移宮在午宮，**有七殺、擎羊**，表示環境惡劣、刑剋多，你易身體有傷災、車禍、開刀問題，自幼身體不佳，也可能身體傷殘。你的財帛宮有廉貞化忌，表示錢財不順，理財能力不好，不會賺錢，身體也易有血光。你一生有錢就有麻煩，沒錢時，沒有麻煩，所以你是無法擁有錢財的財星、財庫。流運逢午宮有血光之災。

戊年生的人，遷移宮在午宮，**有七殺、擎羊**，環境中多刑剋，你的田宅宮中有天機化忌、巨門，家中多是非，糾紛，房地產留不住。父母宮是太陽陷落，太陰化權居旺，家中母親當家管事，也會管你，你自幼身體不好，易有開刀及傷災問題，在打拚能力上也會較弱。也容易與人不和，周圍環境中多爭鬥、衝突，而使你的事業有受阻現象。流年、流月、流日、流時逢午宮，有車禍、血光、開刀事件。

壬年生的人，遷移宮在子宮是七殺、擎羊，**而你的命宮有武曲化**

忌、天府。表示你的環境惡劣多爭鬥、刑剋，而你自身有錢財是非和不順、頭腦不清。你還是會有一些衣食之祿，但多病災與血光之災，一生會有錢財多煩惱，也不會太富裕，常在窮困邊緣打轉。流年、流月、流日、流時逢子、午宮時，有車禍、傷災、開刀血光等事件。

七殺、祿存在子、午宮為遷移宮時，是『祿逢沖破』的格局，你會保守、小氣，所賺的錢不多，也會辛苦，不太容易賺到錢，最多也是衣食之祿，求溫飽而已。你的人生格局就很小，打拚能力和範圍也很小，很保守，是故賺的不多。你會性格更頑固，更內斂，更孤獨，較悶，躲在自己的小天地之中。

丁年生的人，田宅宮有天機、巨門化忌，有家宅不寧的問題，使你有自閉的傾向。

殺、破、狼

《下冊》

己年生的人，你的命宮有武曲化祿、天府，但遷移宮是七殺、祿存，雖有『雙祿』格局，但是環境中『祿逢沖破』，所以你本命為自有財，但環境仍是辛苦而財不多的。但你對錢財有敏感力，也會比一般人賺錢略多一些，只是耗財也多，和更辛苦，存錢不易。

癸年生的人，你的遷移宮是七殺、祿存，而福德宮有貪狼化忌，表示本命有頭腦不清的現象，好貪不該貪的東西，或想貪而永遠貪不到。你也會天生機會不佳，更保守、孤獨，因此環境中的財少，打拚力也不足。

七殺、文昌或七殺、文曲在子、午宮為遷移宮時，**在子宮**，昌曲居旺，你的生活環境是有些文質氣息，有格調，或口才、才華好的環境，爭鬥也是有文化水準的爭鬥。你會做較精明幹練的打拚、努力，也會在文質的工作崗位上工作，你為人會較斯文，做事認真，有效率，計算能力好，成功的機率高。

在午宮，昌、曲居陷，你生活的環境是粗俗、凶悍、凶險、爭鬥多，常是一些粗鄙沒有文化水準的爭鬥，沒有格調。環境中的人，也頭腦不清，不講道理，亦不怕難看的胡鬧一通。同時，你自己也是個學歷低、文化層次低、粗俗、也頭腦不清，不精明，工作上有起伏的人。

七殺、左輔或七殺、右弼在子、午宮為遷移宮時，表示你周圍的環境十分凶險，而且是加倍凶險，又加倍忙碌的。環境中的人，也都是特別冷漠，特別蠻幹，有些笨，會愈幫愈忙，給你更增加打拚奮鬥的機會，使你根本停不下來，會一直做，像是永遠做不完似的。當你的遷移宮中有一個左輔或右弼時，同時在你財帛宮會有另一個右弼或左輔星，和廉貞同宮，表示當你這麼忙碌，工作做也做不完時，你在賺錢方面，就會更加有智謀、有企劃能力，明的暗的都能賺，因此能有許多明的、暗的財富，也永遠不愁手邊沒錢了。

七殺、火星或七殺、鈴星在子、午宮為遷移宮時，表示你環境中的爭鬥多，而且有許多突發的爭鬥，都是非常迅速，火爆，也會有些怪異的場面。你環境中的人，也會是些有怪異聰明、性格急躁、凶悍，又在某些事情方面有些笨的打拚，爭奪，亦可能和黑道有關。自然也會影響到你也是性子急，聰明得古怪，也會和黑道有關，亦會有意外災害、血光。

七殺、天空或七殺、地劫在子、午宮為遷移宮時，表示在你周圍的環境中你是感受不到凶悍的味道，但卻是對你冷淡的。環境中的人也不忙碌了，每個人都有清高脫俗的聰明，但不實際，外人看起來也是笨的。而你自己本身也受到影響，沒有打拚奮鬥的心了，也不忙碌了，會閒閒的，也會頭腦不實際，有奇怪的幻想，工作做不長，也沒有人生目標。因為會在你的官祿宮有另一顆地劫或天空和紫相同宮，因此你的工作也會不穩定，也未必能有成就了。

七殺在寅、申宮為遷移宮時，你是紫府坐命的人。七殺居廟，表示你十分勞碌，很喜歡東奔西跑的做事，靜不下來。你周圍的環境是強力要打拚、忙碌更甚，掠奪更厲害，強力要完成掠奪任務的環境。環境中的人，也更凶悍，冷漠、做事一板一眼，會強力要求你，控制你，管制你的環境。所以你的性格是表面保守老實，對錢計較，自命高尚，富足，常擔心別人來劫財，防守很嚴的心態。當你從出生時，家裡就不富裕，你就給家中帶財來，終其一生，你都比你家中的人，包括父母、兄弟姐妹等人，比他們能力好，賺錢多，而他們是性格、思緒、人生都和你不一樣的人，也會對你要求多，或需要你給他們錢財，他們對你稍有刑剋，在長大後，你會在外忙碌，也會和家人格格不入有距離。你環境中的人都會比較凶，或是花你的錢，或想侵佔你的錢財的人，常使你頭痛。你在工作上也易做用腦不多，易用勞力、血汗打拚，或經過長時間蠻幹的方式來得到錢財。你會被周圍環境逼迫或激勵而發奮努力，也會意志力堅定，而達成目標有成就。

七殺、陀羅在寅、申宮為遷移宮時，你是乙年或辛年生的人。表示你的環境中是又凶、又硬、又笨，打拚能力因為不夠聰明而常有漏失、瑕疵，成果不見得好，會白忙、瞎忙、笨笨的忙的環境。環境中的人，也是又笨、又凶、性格悶悶的，有事不說出來，事情做不好，也不請教別人，硬是拖在那邊，會怨天尤人，用『推、拖、拉』在辦事，心中多是非，就是不說自己笨的人。你的環境中

多笨人，他們的事業成就也不好。同時，你也是會較笨，事情常拖拖拉拉、做不好，心中多是非，常做白工，或做沒意義的事，腦子不清楚，事業易無成就。

七殺、祿存在寅、申宮為遷移宮時，你是甲年或庚年生的人。遷移宮為『祿逢沖破』的格局，表示你打拚的格局小，只為賺一點點小錢而打拚。賺的是衣食之祿，卻花了很大的力氣去賺。你環境中出現的人，也會是又凶、又保守、吝嗇，會和你爭財、爭祿，對你不太友善。你自己也常會覺得被欺負，做人也很小心、保守及吝嗇，有些大事你不想做，也不會做，大錢你也不想賺，只賺一些小錢，為小錢忙碌你就覺得足夠了。因此人生格局也不太大，是普通人的格局成就。

七殺、文昌或七殺、文曲在寅、申宮為遷移宮時，在寅宮，昌曲居陷，你周圍的環境是文化水準低落、粗俗、破爛、不美觀、又凶悍、不友善的環境，而你自己會學歷不高，在粗俗、雜亂的環境中，用勞力賺錢糊口，生活環境較低下或不美觀。你出生的家庭也會較窮或社會地位低。你環境中出現的人，都是粗魯又笨、凶悍、沒文化的人。**在申宮**，昌曲在得地的旺位，你周圍的環境是較凶，較冷淡，但有一些文化水準、忙碌有氣質的事，周圍環境是美觀但人情味薄的環境。而你自己的學歷會較高，會在較美觀、整齊，有文質氣息的地方，用高尚文質的方法來賺錢打拚。你出生的家庭也會是有文化、較斯文、高尚，但父母很忙、很精明，對你不算太親密的家庭。你未來的事業會打拚的成就較高，同時你也是個精明幹練之人。

七殺、左輔或七殺、右弼在寅、申宮為遷移宮時，在你的官祿

官會有另一顆右弼或左輔星和廉相同宮。表示在你周圍環境中會有很多人、事、物使你很忙、很打拼、很拼命，因此在你的工作上也會有幫手來幫忙你打拚和享受更多的財祿福氣。所以你會更勞碌，但收獲也更多，會成就比別人快和大。

七殺、火星或七殺、鈴星在寅、申宮為遷移宮時，你周圍的環境中常有意外之災或意外血光，易有車禍或突發狀況。你周圍的人是有古怪聰明，又凶，爭鬥又多，易和黑道有關，是粗魯、品行有問題的人。你也易脾氣壞和古怪，急躁，做人、做事常速度快，不耐久，馬虎，三分鐘熱度，容易轉行或半途而廢，也易遇突發的災禍而有損失。

七殺、天空或七殺、地劫在寅、申宮為遷移宮時，在你的命宮會有另一顆地劫或天空星和紫府同宮。你的遷移宮是『殺空』或

『劫殺』格式，而命宮是『劫官』、『官空』及『劫財』、『財空』格式。也就是說當你的腦袋空空時，你也會看不到你環境中應該打拼之事，自然就不打拚、不奮鬥了。如此一來，自然會沒有成就可言了。也會賺不到錢，工作多起伏，不穩定，做事不長久，人生無目標，易醉生夢死，做不了什麼事。因為天空、地劫分別在命、遷二宮形成相互吸引的兩個大磁場，所以你會頭腦清高，多幻想，不實際。好高騖遠，小事你不想做，想做大事，但打拚能力不足，常不想動，不想努力，會覺得太苦，因此一生無所得，時間都浪費掉了。你宜早日結婚，有配偶相助，能找到方向，也能改善。

七殺在辰、戌宮為遷移宮時，你是廉府坐命的人，七殺居廟，你周圍的環境是凶悍、忙碌，必須強力打拚，但有些笨拙，會用蠻幹和用腦不多，用勞力血汗較多的方式去工作打拚，能得到一些財富成就的環境。廉府坐命的人，因廉貞居平，本來智慧就不高，你們用的是人際關係來打拚，但環境中的人比較凶和冷淡，競爭又多，又激烈，是直接刑剋你的人。你也會常覺得辛苦和身體不好，體力不繼，或頭痛等問題。

七殺、擎羊在辰、戌宮為遷移宮時，表示你周圍的環境是爭鬥多，不平靜，又容易傷害你，刑剋你的環境。你自幼身體不好，也要小心脊椎骨，頭部、四肢的傷災和心臟、肝、腎不好的毛病。在流年、流月、流日逢遷移宮時，要小心有『廉殺羊』、『路上埋屍』的格局，要小心有車禍發生，會奪去生命。你的環境中最嚴重的就是車禍問題。你也容易賺錢辛苦，賺不到。周圍環境中多凶惡的小人，對你劫財、奪財更凶。你自一出生起，家中環境就不好，會窮、或父母把你交給凶惡的人照顧，你容易生活在凶惡又陰險的環境之中，因此你會更保守，對人疑神疑鬼，更小心，更容易頭痛，易膽顫心驚的過日子。你也會思慮更多，有精神衰弱現象。在你的官祿宮有陀羅和武相同宮，表示會影響到你的事業有起伏和拖拖拉拉的現象。

七殺、陀羅在辰、戌宮為遷移宮時，表示你周圍的環境是又凶、又笨、又悶，是非多，暗中爭鬥多、傷災多的環境。你自己也會是個較笨，頑固不化，容易做事拖拖拉拉的人。當流年、流月、流日、流時逢命、遷二宮時，要小心『廉殺陀』的格局，易有車禍血光，也會傷害性命。也要小心手足的鈍傷、挫傷、骨折、齲齒壞牙等問題。你周圍環境中的人也是較笨，會用笨方法打拼，喜蠻幹，做事沒方法，只會拖累你做事做不成的人。在你的財帛宮會有擎羊和紫微同宮，表示環境中的笨，影響到你腦子也笨，故在錢財

上也會賺得較少或偶而不平順。你會花費又不實際的錢。

七殺、文昌或七殺、文曲在辰、戌宮為遷移宮時，在辰宮，昌曲居得地的旺位，你的環境會是精明幹練，忙碌，有效果，對錢財精明，也會在有文化氣質、美麗的地方打拼。你會學歷較高，做事有方法，成就較高，但仍是用苦幹、實幹的精神在工作打拚的。你周圍的人，也全都是肯努力打拚，又精明、忙碌的人，**在戌宮**，昌曲居陷。表示你的學歷不高，不喜歡唸書，也不精明，計算能力不佳，做事方法不好，你也會在粗俗、雜亂的、或窮困的環境中生活。你周圍的人，也都是較笨，文化水準低，腦子不清楚，知識程度低，打拼能力不足，或做粗活、蠻幹方式打拼的人。

七殺、左輔或七殺、右弼在辰、戌宮為遷移宮時，在你的命宮有另一顆右弼星或左輔星和廉府同宮，表示你天生在環境中有人、事、物來幫助你更忙、更勞碌，因此你在財富上會不需用太多腦子，只要傻傻的做，就會財祿增多。這些環境中的人也會愈幫愈忙，搞出一大堆事情出來，但你會得到的更多。但也要小心在這些促成你勞碌的人之中，也有來刑財之人，因此你也會花費耗損更多。

七殺、火星或七殺、鈴星在辰、戌宮為遷移宮時，表示你周圍環境中多意外爭鬥和突發災禍，也會刑財。你周圍的人，有怪怪的聰明，性格急躁，也會和黑道有關。你自己本身也會有一票、沒一票的突然忙碌又突然平靜、不忙。你會急的時候很急，不急的時候，也不打拚了。你更會有自以為是的古奇怪聰明的想法，做些突兀的事，有時會傷害自己利益好處的事。你更會做事虎頭蛇尾，三分鐘熱度，馬虎，做不長、易轉行。你周圍的人，也會是一些又凶，

又有奇怪聰明、不實際，人生起落分明，性急，沒有長性的人。

七殺、天空或七殺、地劫在辰、戌宮為遷移宮時，你的財帛宮會有另一顆地劫或天空星和紫微同宮，你會不忙碌了，而錢財會賺的少。在你的環境中，你會看不到打拚的目標，會做事不實際，也不想努力打拚，因此可用的錢財少。只是表面好看，但實際可用的錢少。你也會有奇怪的、清高的想法而打拚力量不足，因此是天生多幻想，而無成就可言的人。你周圍的人也會是不忙、閒閒的人，對你也無情份可言，很冷淡，不太理睬，也不太來刑剋你、不爭你的財了。

紫殺在遷移宮

當紫微、七殺在遷移宮時，你是天府坐命巳宮或亥宮的人。**當**

紫殺在巳宮時打拚能力較強、較忙碌，環境較高尚，也會做較高尚而忙碌的事。環境中的人皆是地位高，長相氣派，但對你冷淡的人。他們也很忙碌，只有忙碌時會叫你做事，不忙時便不理睬你。你自己也會為好的，高尚的事打拚，喜歡升官，會巴結高地位的人。**在亥宮**，你周圍的環境只是普通的，好一點的環境，看來也會高尚，但格局層次不同。環境中的人也會忙碌、冷淡。是對你冷淡較多，和你接觸較少，也是地位偏低的、卻高你一等的人。你也會做表面高尚忙碌，但打拚能力普通的事。

紫殺、陀羅在巳、亥宮為遷移宮時，你是丁年、己年和癸年生的人。你周圍的環境是表面看起來忙碌、正常，但有一些笨拙和粗獷、不細緻，又有些拖拖拉拉，有前進及奮鬥力不足的現象。環境中出現的人，也是這種外表長相還不醜，但有些笨、不夠斯文、悶聲不吭，做事又拖拖拉拉不乾脆、多是非的人。這當然也會直接影響到你的個性也是這種容易心情沉悶，內心煩惱多，做事莽撞，有些笨，凡事又愛拖，把握不住。在你的財帛宮有擎羊獨坐，表示這些問題直接影響到你的財運不順，有刑剋。你一生在工作上也易做做停停，工作有頓錯起伏，人生也不太順利。

紫殺、祿存在巳、亥宮為遷移宮時，你是丙年、戊年、壬年生的人。此遷移宮為『祿逢沖破』財不多，但有紫微，能平順的格局。你周圍的環境是忙碌，但為一些衣食之祿而忙碌，故賺錢不多，剛夠用而已。你的疾厄宮會有擎羊出現，表示你自幼身體不好。先天身體資源較單薄，會有肝、腎、心臟方面的問題，及脊椎骨方面的傷災，因此你本身體力也不容許你做太多的打拚。你周圍的人，也是保守、小氣，有一些小財，為一點小財而努力忙碌的人。對你的感情也是冷淡、吝嗇、不捨得付出太多的人。你對他們也是同樣的感覺。

紫殺、文昌或紫殺、文曲在巳、亥宮為遷移宮時，**在巳宮**，昌曲居廟位，故你周圍的環境是地位較高，較忙碌，有文化氣息，環境較美麗，較精明，口才和才藝較好，成就較好的環境，環境中的人，也是地位較高，文質彬彬，較忙碌，但對你有禮貌，會尊敬卻較冷淡的。你也會在外表精美，但溫情不多的地方生活。**在亥宮**，文昌居平、文曲居旺，表示你周圍的環境普通，也許略有文質氣質，或周圍口才好、有才藝的地方生活及忙碌。你周圍的人，也是這種看起來有一點忙碌，也略有一些文質氣息及口才或才藝，但成就不高的人。

紫殺、左輔或紫殺、右弼在巳、亥宮為遷移宮時，表示你周圍的環境是能夠使你忙碌，也能使你地位增高的環境，但也是為了爭奪利益，打拚而更冷淡、無情的環境。此環境也是更勢利、溫情少的環境。因為在你的夫妻宮會有另一顆右弼或左輔星和廉破同宮，表示在你的內心中會不顧一切犧牲、破耗而想打拚成功，所以內心的想法就主導你接近這種冷淡無情的環境了。在你環境中出現的人，也是這種能幫助你地位高，使你忙碌，但對你嚴厲、無情的人。

紫殺、火星或紫殺、鈴星在巳、亥宮為遷移宮時，你的環境中爭鬥多、古怪、表面上是一種高尚地位的爭鬥。也易有突發的災禍、事件，很不平靜，亦可能和黑道的高層有關。在你周圍環境中的人，也是性格古怪、急躁、火爆，有古怪聰明，很忙碌，為一些古怪或不好的事而忙碌，表面看起來這些人還像樣，但實際上他們不一定是善類，會彼此爭鬥很凶。在巳宮，環境中的人古怪聰明、爭鬥稍正派一點，在亥宮，更邪惡一些。

紫殺、天空、地劫四星同宮在遷移宮時，表示你周圍的環境是表面高尚、忙碌，但並無任何內容的，有時候也無任何忙碌跡象的。你自幼就會周圍人很忙碌不在家，為人孤獨，長大後有時候忙一下，也常不知道在瞎忙什麼，有時候也根本不忙。你一生都抓不住方向，沒有目標，你容易孤獨和遁入空門。你周圍環境中的人，永遠和你有距離感，對你很客氣、尊重，但冷淡無情。你也對你周圍的人用同樣的態度對待他們。

紫微化權、七殺在遷移宮時，你周圍的環境是具有很高的權力、地位、很忙碌、生活水準高、競爭激烈，受人尊敬，但高高在上，人情冷淡的環境。周圍環境中的人，也是地位高、掌權、霸道，對人嚴剋，做事直接命令式的，不講人情世故的人。你自己也會受到這種影響，而受人尊敬，做事用強權式的，而不在乎別人想法的人。你的福德宮有武曲化忌、貪狼，你天生理財能力不佳，有財務問題，但能力求擺平。

紫微化科、七殺在遷移宮時，表示你周圍的環境是高尚、有氣質、忙碌的，也很有方法在打拚的，但仍會冷淡，情份少的。你周圍的人，也都較斯文、美麗，很有方法來打拚做事，但在人情上依然冷淡，卻會很講道理的。

武殺在遷移宮

當武曲、七殺在遷移宮時，你是天府坐命卯、酉宮的人。你周圍的環境是較窮，需為錢財打拚努力的。你也會為政治事務來打拚，例如做軍警業或做政治圈的工作。一般人多在商界或金融業服務。武殺是『因財被劫』的格式，故財少。而你是天府財庫星坐命的人，可見財庫小，又被劫財，故而賺錢較辛苦，並且賺錢也會少了。你會終日很忙碌在賺錢，但本身享用少。你的財帛宮是空宮，有廉貪相照，而福德宮就是廉貪，故錢財的來源少，手中可流動花用的現金也少，而官祿宮是天相居廟，是故會做理財的工作，但是為別人理財，自己卻無法擁有較多的財。即使有錢，也多被他人花用，自己能享的福也少。

當遷移宮是武殺時，你周圍環境中的人，都是財窮或小氣、吝嗇，不捨得花錢的人，又是辛勤努力、賺錢不多的人。同時，他們也是性格剛直、強硬、較凶，較會與你爭財的人。因此你的環境中的人，是溫情少，也易遇到凶惡之人。

當遷移宮是武殺時，你自出生起就為家中帶財來，但家中人未必當你是寶，雖然父母、家人也對你好，你終其一生會為家庭貢獻、打拚、辛苦忙碌、付出很多，但不一定得到很大的回收。

武殺、擎羊在遷移宮時，表示你的環境惡劣，環境中多爭鬥，會有為錢財爭鬥之事，流年、流月逢到遷移宮，小心車禍傷災，或與人有金錢上的衝突，而遭人殺死之事。

甲年生的人，遷移宮在卯宮，**有武曲化科、七殺、擎羊**，環境中是很有方法理財，但會窮困無財，而錢財是非多，愈理愈亂，亦會因錢財事故遭殃，有車禍傷災致死，或因劫財事故而傷害性命。

庚年生的人，遷移宮在酉宮，**有武曲化權、七殺、擎羊**，環境中是喜歡掌財權，但財少，紛爭多，愈管愈凶，會因你強制要管錢而遭災。在車禍方面會很嚴重，亦會因強勢爭奪錢財而遭人殺死，或殺人。你本人也會是性格強悍、陰險，喜歡管錢，掌財權，會用陰險的方法奪財，亦會有因財而亡，或害人、殺人之心。你也容易是愛管錢又管不到的人。

武殺、祿存在遷移宮時，你是乙年或辛年生的人。遷移宮是『因財被劫』和『祿逢沖破』的共同格局。你會不富裕，但有衣食之祿，有吃飯的錢。你會性格保守，頑固，性格硬，小氣，吝嗇，身體不好，有眼病，心臟病等問題。命中先天資源不好。你一生的格局都小，也會打拚能力不強，只為少少的財和一些小事打拚。你周圍的環境是財少，保守、小氣，比窮困好一點，有飯吃的環境。環境中出現的人，也是保守、小氣，又凶悍，情份不多的人。

武殺、文昌在卯、酉宮為遷移宮時，表示環境中較窮，較有文質、斯文氣息，你會做文質的工作。**在卯宮**，文昌居平，故你只會有一般的文化水準和為普通的文職工作打拚，也不夠精明，賺錢不多。**在酉宮**，文昌居廟，你會較精明幹練，精於算計。環境中也是文化層次較高，會為文化工作打拚。你本人也會較斯文、美麗一些，賺錢也會多一點。

武殺、文曲在卯、酉宮為遷移宮時，表示環境中不富裕，但會用口才、韻律感（包括音樂、舞蹈）的特殊才能來打拚賺錢。在你的環境中的人，也會是不算寬裕，但喜打拚，口才好，略有才藝的人，環境中較熱鬧。你自己也會用口才或具有韻律感的才能來打拚賺錢。

武殺、左輔或武殺、右弼在遷移宮時，在你的福德宮會有另一個右弼星或左輔星和廉貪同宮，表示在你的環境中有人會幫你打拚、爭財，但也劫財，也同樣會在你福氣享用上幫你享用不到，或享用不好的。因此，你會愈加忙碌，辛苦但愈窮，也會為不好的事，如貪戀花酒、色情之事，而敗財。所以你忙來忙去都白忙了。

武殺、火星或武殺、鈴星在遷移宮時，表示環境中多爭鬥、火爆之事，與黑道有關。也會窮困、有突發之災害、車禍或傷災、血光，情況嚴重。在你環境中的人都是凶惡、火爆、脾氣壞、粗魯、有古怪聰明，易做壞事，對人不利之人。同時，在你的性格中，也是這種脾氣壞、心窮，易和黑道有關，有古怪聰明，不做正事，做事有一票、沒一票，沒有長性之人。在你的環境中也易出現突然而來的煞星之人。

武殺、天空或武殺、地劫在遷移宮時，在你的夫妻宮會有另一顆地劫或天空星和紫破同宮，表示在你的內心中就會不實際，頭腦空空或好高騖遠，不實在，而你就會在環境中打拚少，或努力少，

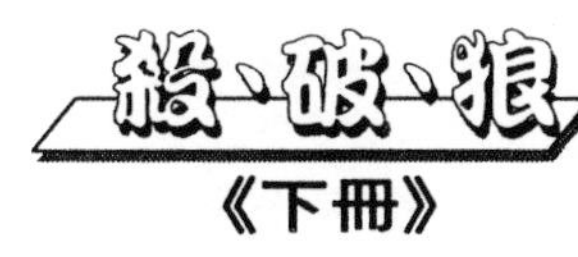

環境中是較窮、或打拚不力，打拚也沒結果的環境。在你環境中出現的人，也全是這種忙些沒意義的事，或無財之事，或根本不想做事的人。這些人都漫無目的，也是感情冷淡之人。你容易趨向宗教、去寺廟居住或工作、做義工。

武曲化祿、七殺在遷移宮時，你是己年生的人，你的夫、官二宮會出現擎羊，表示你周圍的環境雖窮，但略有一些財祿，但財不多。因武曲居平的關係，你會為錢財打拚，也能賺一些衣食之祿。但你的夫、官二宮也形成『刑印』格局，因此不太會掌權，無法做管理階級，或做不好，你可能長期為職員，升等較不易。

武曲化忌、七殺在遷移宮時，你是壬年生的人，你一生較窮，有錢財是非和債務問題。你一出生家中便發生窮困的債務問題。你也容易和別人有金錢糾紛，你是頭腦不清，理財能力不好的人。在你周圍環境中也常存在著窮困和有債務糾紛的人，你很難脫出困境。

廉殺在遷移宮

當廉貞、七殺在遷移宮時，你是天府坐命丑、未宮的人。你周圍的環境是笨笨的、悶著頭苦幹、實幹的、辛苦的，賺錢不多，智慧不高，用血汗、勞力來賺錢的環境。同時也是和政治有關，較凶，爭鬥多的環境，因此你也適合做軍警業。你一生都會處在這種不必用太多頭腦，肯努力打拚，能吃苦耐勞的環境之中。你周圍的人對你也較凶、較蠻幹、不會溝通，周圍的人也較靜，你也很難瞭解他們。只覺得周圍的人較笨，做事會用笨方法，較頑固，也只能做些粗活，在工作上完全沒創意，也沒有幽默感，感情是強硬、食古不化、對人一板一眼、很冷淡，情份不多的。其實你自己也會是這種創意少，智慧不高，企劃能力不佳，沒有幽默感，個性硬梆梆，對人不熱情、做事也不圓滑的人。

廉殺、擎羊在遷移宮，你的環境爭鬥多、凶悍、不吉，多傷災、血光，環境中多小人，容易對你剋害。在你環境中出現的人，是不聰明，凶悍和陰險，多計謀、好計較會報復的人。同時在你的官祿宮有天相、陀羅，表示你也會性子慢和笨，老想一些不聰明的事，理財有瑕疵，工作上也會拖拖拉拉、投機取巧，會做的不完美，而工作有起伏。你也易在外有車禍傷災和糾紛。流年、流月、流日、流時走到遷移宮時，易發生車禍或傷災、血光，開刀之事，這是『路上埋屍』的格局。當流運三重逢合時，有性命之危，要小心。

▼殺、破、狼《下冊》

廉殺、陀羅在遷移宮時，在外也要小心車禍傷災、血光。會有破相、傷災之事，也會危害生命。甲年生的人，**遷移宮在丑宮**，有廉貞化祿、七殺、陀羅在遷移宮中，表示周圍環境是有些笨拙、粗俗、格調不高、離亂，不算太富裕，稍有衣食，又有情色上享受，或有特別嗜好，頑固又笨的環境。環境中的人，也是有些笨，又強悍，略有人緣桃花，和喜好情色享受的人。自然你本身也會具有上述這些特質。你的財帛宮會有擎羊獨坐入宮，表示你因不聰明而錢財少，運用理財也差，手邊常窮困，宜有固定職業，才能平順一點。

庚年生的人，**遷移宮在未宮，只有廉殺、陀羅在遷移宮中**，表示周圍環境中的人是又頑固、又凶、又笨、又強悍、悶悶的，心中多是非，又不說出來的人。同時你的心中也是這種頑固、強悍、又悶，又有些笨思想的人。你的財帛宮也有擎羊獨坐，你也會錢財賺的少，又耗財多，較辛苦，只有具有固定的工作能擺平窮困的環境。

廉殺、文昌、文曲，四星同宮在遷移宮時，在丑宮，昌曲居廟，在未宮，文昌居平，文曲居旺。表示你的環境中是內在性格強硬，但外表溫和、桃花多。環境是在溫和的、笨笨的樣子之中，略有文化氣質，或略有口才和才藝狀況的，也會整齊，對錢財精明的。以在丑宮，文化氣質，口才、才藝、精明、和桃花最多。在未宮，文化氣質和精明只是普通而已。同時也會影響到你的外表長相，也會表面老實，但內在精明，計算能力好，對錢財精明，心裡喜歡桃花色情之事，也容易付諸行動，多桃花情色之行為，結婚後易有外遇或做小。同時你也會有心臟不好，易開刀的毛病。

廉殺、左輔、右弼四星同宮在遷移宮時，表示在你周圍環境中是份外的、特別的腦子笨、又蠻幹的。企劃能力差，做事加倍辛苦，而且只會以辛苦的方式來生活及賺錢。你會特別勞碌，周圍環境中所有人、事、物，都使你勞碌或幫助逼迫你勞碌，你根本沒辦法停下來休息一下，十分辛苦。在你周圍的人，也是頭腦笨，會辛苦努力的做事，表面看起來好像是對你好，幫你的忙，但實際是更幫你添亂，使你更忙碌，也會使你更笨、更蠻幹，不用大腦。

廉殺、火星或廉殺、鈴星在遷移宮時，表示在你周遭環境中是火爆、急躁、樣子笨，又有古怪聰明，常發生突然而起的衝突、爭鬥、是非及災禍、傷災的環境。且此環境和黑道有關，會盲目的起火拚、衝突。環境中的人，多半是非善類，或頭腦不聰明、文化水準低、又性格古怪、易做惡事的人。其實你自己也會是這種明明聰明度不高，常有古怪想法、粗俗、火爆，常引起是非衝突的人。

廉殺、天空或廉殺、地劫在遷移宮時，你的福德宮會有另一顆地劫或天空星和紫貪同宮，表示你外在的環境中是頭腦空空，打拚能力不足，頭腦不實際，也根本不想貪什麼，努力什麼，沒有目標，也不想擺平生活中的窮困、麻煩等事，所以你看不到該努力、打拚之事，而不做。若看得到，就會努力賺錢，就能獲得較多財富了。你容易和宗教接近，或想出家、或到寺廟生活居住。你的人生容易灰色、思想清高、不實際、幻想多，而對他人和自己都無用也易有精神疾病。

廉貞化忌、七殺在遷移宮時，你是丙年生的人，你一生多官非或有身體上的病痛、開刀事件。你的頭腦不清楚，也常痛苦，而且辛勞於無用、白費的事情上面。你周圍的人，也會是非多，爭鬥不停，頭腦不清，常牽連你於是非之中，打官司、爭鬥不停。自你出生起，家裡面就爭鬥不停，家裡也容易分東離西，窮困。你一生都過得辛苦，別人對你的態度也很惡劣、凶悍。同時你也是容易自找麻煩、易有官非、易被殺害的人。

破軍在遷移宮

破軍入遷移宮

當破軍在遷移宮時，你是命宮中有天相星的人，你的環境中容易是強悍、喜打拚、努力、喜改革、爭鬥多、善變、起伏大，也容易破破爛爛，雜亂不整齊。這包括你住的環境的雜亂，房間雜亂不整齊，更包括工作型態的雜亂、奔波，以及工作場所的複雜、雜亂、不整齊。

當破軍星在遷移宮時，你容易在人際關係複雜的環境中工作，也常會遇到行為張狂的人。例如做公關或客服人員，或與人做對答、溝通的工作，所遇到的人常會態度不好，沒有教養。你的命宮有一顆天相星，天生就是來替人收拾殘局的，料理複雜、雜亂的局勢的，你們的脾氣好，雖有時遭斥責而不悅，最後仍能達成任務。你們也容易在將倒的公司或企業、機關中，匡扶業務、臨亂扶危，重新整理，而使公司、機構有起色。

當破軍星在遷移宮時，你會在環境不好時才打拚，環境變好時，便偷懶享福、打拚努力減弱，有些懶洋洋、不想做了。所以只有不好的環境才會激發你的鬥志。

破軍在遷移宮時，居廟、居旺時，表示你的打拚能力強，能整合破爛、複雜的環境，並在複雜環境中利用環境中的衝突、鬥爭而對自己有利，會從中得利，或你在運用技巧，坐收漁人之利。**當破軍居得地之位時**，你的打拚能力尚好，但有時愛享福而不想動。**當破軍居平、居陷時**，你周圍的環境份外破爛、複雜、是非多、爭鬥凶，你是再怎麼努力也撫不平，弄不好的。你也會窮困，多災、智慧低，打拚能力不足，以及常往壞處想，而甘願待在破爛、複雜、衝突多，災難多的環境中，不爬出來了。

當破軍在遷移宮時，自你出生後，你家裡就會發生一些不平靜的事情，例如家中破產、有爭鬥、父母離異、家破、家人分離或窮困等事，須要你來努力打拚、復興家業。你終其一生很辛勞，在平復一些有關於錢財或感情方面的事情。

破軍在子、午宮為遷移宮時，你是廉相坐命的人，破軍居廟，你本性對政治或人際關係的整合有興趣。你周圍環境中是雜亂、爭鬥多，多性格強悍，愛爭奪財利或爭權奪利的人。也會是複雜、雜亂無章、破破爛爛的、不整齊的環境。你亦會幼年較窮，而靠自己的能力賺錢而較富裕。你周圍的爛人多，但你看起來忠厚老實又溫和，有點笨笨的，因此不會防範你，最後你會在整合爭鬥，或料理殘局中而得到你的利益及錢財。其實你也會受環境影響，會用不同的、變化多的態度和方法去對付周遭言行舉止不入流的人。但是你的環境中會花費大、耗財多，常須用錢來擺平人、事、物。是十分勞累、辛苦的。

破軍在辰、戌宮為遷移宮時，你是紫相坐命的人，破軍居旺，你的打拚能力也強，你本性對政治或官位，主貴的力量較感興趣。

你周圍的環境也是爭鬥多、離亂、複雜、性格多疑、又強悍的人，也喜歡爭權奪利。周圍的人會是比你地位低，心態較複雜的人，你會用較高高在上，較正派及講道理的方式去壓制或管束這些人。但他們不一定會服管，因此你常易生氣。你周圍也易出現言行不一、誇張、不守信用的爛人。你周圍的環境也容易是不整齊、人際關係複雜、人多、個性不一、或誇張、古怪的環境，因為你本身喜歡美麗漂亮的事物，所以你辦公的地方說不一定還很漂亮，只是內在會雜亂無章而已。你也會耗財多，花費大。凡有要打拚努力的事，必須先投資金錢或體力，流血流汗才能成功，也是先破後成的形式。

破軍在寅、申宮為遷移宮時，你是武相坐命的人。破軍居得地之位，你的打拚能力只在中等略好的層級。你常打拚一半時，就開始享受了，或是一面打拚、一面享受。你本命是財星加福星坐命的人，好衣食享受，故喜歡賺錢，多花費耗財。你周圍的環境就是容易使你花錢多，存錢少的環境。環境中也會有言行乖佞的小人，讓你頭痛。你本身也是個大而化之，不太在乎複雜或雜亂、破爛環境的人。你的心地較剛直開闊，對周圍環境不太關心，直到有切身利害關係時才會動腦筋來擺平。你一生耗費的錢財多，事業有起伏。

破軍化權單星在遷移宮時，破軍化權在旺位，表示你具有較強勢的打拚力量。你也會性格強、乾脆、直接、想做就做，絕不妥協。你更會強力要破耗，對花錢、花勞力的事強力要去做，一方面在事業上容易成功，一方面在破財、耗財方面更破耗的大。在你環境中出現的人，也是這種性格強勢，說話大聲，自我意識高，完全無視於別人存在，有主見，強力打拚、爭奪、好鬥、積極，也花費凶，耗財凶的人。

破軍化祿單星在遷移宮時，（在子、午、寅、申、辰、戌宮時），表示你具有想為錢打拚，但不一定有錢，可是會為了想破耗花錢而去到處找錢來花的思想與環境。你的打拚能力不強，且油滑、不實在，環境中也會出現這種助你欠債，或借錢給你，使你破耗凶的人。你會為一些不實際的想法或事物來破財。你也會破財之後又不負責任的逃避債務。

破軍、擎羊在遷移宮時，你的環境多爭鬥，而且是破壞性的爭鬥，爭鬥很凶，易破產或死亡、結束。環境中多刑剋，你也會有身體傷殘的現象，你的性格也會懦弱，有邪惡思想。因擎羊和你命宮的天相相照形成『刑印』格局，因此你不容易掌權，或掌權後又失勢。你也容易陰險，多煩惱，用惱過多，有精神衰弱的現象。一生

多起伏，必有事業或人生中的災難發生，也會有車禍、傷災、開刀事件產生。

你周圍的環境中多小人或惡人，也全是破爛、尖銳、易撕裂、毀壞、不整齊、較醜、較難看、有瑕疵、不周全、或有裂縫，容易遭災的環境。

在子、午宮時，破軍居廟、擎羊居陷，你會懦弱的厲害，環境中的小人是陰險、暗中活動的形式。多傷災、車禍事件，一生也不富裕、會窮困，凡事不易開展。

在辰、戌宮時，破軍居旺，擎羊居廟，你會既懦弱又好爭鬥，有時又想要強悍，環境中的小人是明的來活動的。你一生多耗敗、車禍、傷災、大起大落、富裕、平順的時候不多。

破軍、陀羅在遷移宮時，你的環境是破爛、醜陋的，也會破舊不堪，或住在貧困地區，或周遭景物雜亂，不高級。你周圍出現的人，是品行不佳、醜陋又笨的人，他們會悶悶的，不吭聲，但會偷盜或使你財物有損失的人。**在辰、戌宮時**，陀羅居廟，你適合做軍警業或做屠夫、粗重低下、強悍、力氣大的工作。**在寅、申宮**，陀羅居陷，你周圍的人更是又笨、又古怪、悶不吭聲、暗中爭鬥、多是非糾纏，做正事做不好，而使你耗損、耗財，對你刑剋又糾纏不清的人。而你自己本身也會易引起是非，又笨，做事愛拖拖拉拉，很會花錢，正事做不好的人。

破軍、文昌或破軍、文曲在遷移宮時，都是窮的格局。你的環境一生都窮，不富裕，一生難改善。你天生是窮命，也會思想窮，找不到賺錢的方法，對人冷淡，少情義，也不想好好做事，只是胡亂過一生。也容易打拚、耗財在一些沒意義的事情上面。**當此格局在**

申、子、辰宮時，昌曲居旺，表示你周圍的環境是雖窮，但會有文化氣質高、有口才或才藝、或會精明的，但只對賺錢或錢財之事沒辦法而已。你本人也會長相斯文、學歷高一點，或文化素質高，你可以靠多讀書，具有高學歷來改善環境。你環境中的人，也易是好讀書、斯文，具有寒儒色彩的人。**當此遷移宮在寅、午、戌等宮位時**，昌曲居陷，表示你周圍的環境是又窮、又粗俗，鄙陋，沒有才能，沒有文化，又笨，計算能力不好，會是低下的下等社會破爛的環境，你一生都很難翻身。你本人也是個文化水準不高，學歷低，又蠢又笨，不容易填飽肚皮的人，即使別人給你錢，你也會很快的搞光，依然過窮困日子，飽一餐餓一餐的。

破軍、左輔或破軍、右弼在遷移宮時，表示你周遭環境中，有人會幫你破爛、弄壞、消耗凶。也會有人在幫忙爭鬥多，有人在使你不得不打拚。因此你的一生是起伏很大很多、不平靜、不夠圓滿的。你也會在做事時，愈做愈破、愈耗財、愈失敗，就愈打拚。環境中有重複循環不好的事，使你勞累，做不完，也做不好。你很難知道，為什麼事情會這麼複雜？為什麼總是會發生這麼多耗財的事？又為什麼總是不能停歇下來，休息一下？

破軍、火星或破軍、鈴星在遷移宮時，表示環境中爭鬥多、火爆、有突發事件或災禍，也會易與黑道有關。你周圍的人，是性急、脾氣壞、有古怪聰明，但多半會使你破耗、遭災，對你不利的人。他們也是言行狂妄，有侵略意圖的人，對你很凶，也會和你常起衝突。其實你本身也是個脾氣壞、性急、做事馬虎、破耗凶，花錢多又速度快的人。你也容易和他人起衝突，找別人麻煩。

破軍、天空或破軍、地劫在遷移宮時，你的環境是破敗成空的環境。你會聰明度很高、幻想多、不實際、破耗凶，思想有時也會清高，有時是往壞的方面想，但都是要破費、要失去或搞光自己周遭環境中的好事或財祿、利益等的東西。你性格會孤獨，思想易傾向灰色層面，凡事想毀壞、拔除、丟掉，容易入空門，入宗教、佛道之中。容易過清高的生活，四大皆空。你也容易打拚能力沒有了，只想做一些破耗、消耗之事。你周圍的人也容易是這種成事不足、敗事有餘的無用之人。

紫破在遷移宮

當紫微、破軍在遷移宮時，你是天相坐命丑、未宮的人。你周圍的環境是看起來不錯，但其中有破敗景象的環境。例如你看起來家道還富裕，但父母離異，家庭紛亂，或家人分離。或是外表看起來環境美麗、不錯，但其實家中已是空殼子，內在已經很窮了。你周遭會出現的人，也是這種外表氣派，但不實在，又誇大，愛面子，花錢凶，好大喜功，品行實際不佳的人。也會是外表美麗，但內在無才華的空心大老倌。但是你本身是喜歡打拚，能在高尚，但複雜、爭鬥多的環境中生存。你也適合在政治圈中打拚，會有高成就。你也生性多疑，一生起伏大，能屈能伸，能高能低。

紫破、擎羊在遷移宮時，擎羊會和命宮形成『刑印』格局，你會懦弱又好爭，環境中多爭鬥、較窮，會是表象高尚，但暗中多陰險狡詐之事，你會爭鬥而輸了。你的環境也會是表象很好，還氣派，但內裡之中卻破洞百出，即將崩潰了。你的環境中是怎麼打理，也打理不清楚，有混亂或頭腦不清的現象的。你也多傷災、破損、車禍、開刀事件，或有心臟病，手足傷災、破相的問題。你的

官祿宮會有陀羅，工作是低層次又破爛，地位不高，拖拖拉拉，一生成就少，做不了什麼大事的。而且夫、官二宮形成『廉貪陀』『風流彩杖』格，易為男女色情之事影響拖累自己的一生。

紫微、破軍化祿、擎羊在丑宮為遷移宮時，你的環境中是看起來還好，但你會為買漂亮美麗或不實際、不賺錢的東西，而不顧一切的為破耗而找錢來花，所以你會欠債。你周圍環境中的人，也是這種自以為高尚，卻對你有刑剋，會助紂為虐，讓你去找錢來消費來花的人。

紫微化科、破軍在遷移宮時，你周圍的環境是打拚能力很強，好爭鬥，也易破耗，但會用方法來爭鬥成功或平復花費破耗的環境。你周圍環境中的人，也是長相美麗、斯文，做事很有方法，愛花高貴的錢，買東西很貴，但會買高價值、美麗精緻的東西，花錢較凶，但也會賺錢的人。

紫微化權、破軍在遷移宮時，表示你會性格霸道，自命高尚，有強勢的性格和意志力。你的理財能力不佳。你的福德宮有武曲化忌、七殺，表示你天生會有錢財不清及錢財是非，但你有平復債務的力量。你會強勢要花錢，又拚命還債，一生在努力打拚平復債務中度過。你周圍出現的人，也是這種性格強、高貴、地位高，喜打拚，努力，一生在奮鬥的人。

紫微、破軍化權在遷移宮時，是在未宮，你周圍的環境是打拚很努力，積極愛做，但也破耗凶，強力要破耗的環境。你會喜歡改革，衝鋒陷陣，做事有勁，精力十足。但也花錢耗財凶。你周圍的人，是一些外表看起來不錯，還體面高尚，但性格強悍、積極，有侵略性，花錢也是乾脆而大手大腳的，性格也是狂放不羈的。他們會在事業上成功，但也成敗多端，會有大起大落的人生。你一生都在奮鬥不懈中生活，只有奮鬥才能使你生活更好，更有的花，也更積極光明。

紫破、陀羅在遷移宮時，表示你是外表普通，又有些笨而強悍的人。你周圍的環境是略具完整的樣子，但其中不美麗，有些破耗、愚笨、是非多，會有悶悶的，暗中的爭鬥，不明顯。環境中的人，也是表面普通，但實際又笨，行為又不檢點、又凶、又頑固的人。

紫破、文昌、文曲四星同宮在遷移宮時，表示你周圍的環境是美麗但窮困，桃花多，打拚能力不強，常想打拚、又無力的。你會為面子好看的問題而不打拚，你會貪求享受，而打拚能力薄弱。你周圍環境就是能有桃花、美麗情色之事來養活你的環境。你容易有異性供給你花用，而無須打拚。在丑宮時，你會長得較美麗，魅力也較強。在未宮，美麗普通，魅力也普通，但仍是桃花多的人。你們都會一生不富裕。

紫破、左輔、右弼在遷移宮時，表示你周圍環境中有使你打拚，使你高尚及主貴的條件，因此你會特別忙碌。另一方面紫破也是『淫奔大行』的格局，因此你在感情上也易出軌、或同時有多個戀人，或有不倫之戀。你的婚姻會不順利，易離婚再婚。你一生有多次人生起伏，也會事情進退變化，做做停停，或有成敗得失。

紫破、火星或紫破、鈴星在遷移宮時，表示你周圍環境是爭鬥多，有突然而起的糾紛或災害，也會是政治性的爭鬥或黑道的爭鬥。在你環境中出現的人，是外表長相還氣派，或地位高，但性格古怪、思想古怪、脾氣暴躁、急躁之人。他們易和人起衝突，相互爭鬥，火拚激烈。你也易和人有是非及爭鬥，脾氣不好。也要小心有意外災禍和車禍而蒙受損失。

紫破、天空或紫破、地劫在遷移宮時，你的福德宮會有另一顆地劫或天空星和武殺同宮，表示你的環境是外表美麗、高尚，但實際內在是破的、空的，因此你在實際福氣享受上會白忙一場，白努力，沒有結果的。其實你也會根本不打拚、不忙碌，看破紅塵，易向宗教發展。你容易向佛，一生較孤獨。在你周遭環境中就是看起來很好、空洞、空無的環境。你也會破財凶，打拚能力與賺錢能力不足，只做一些表面好看的事，但對真正該努力、該付諸行動的事而不想做。你會頭腦不實際，好高騖遠，做人做事，都不實在，懶得動。

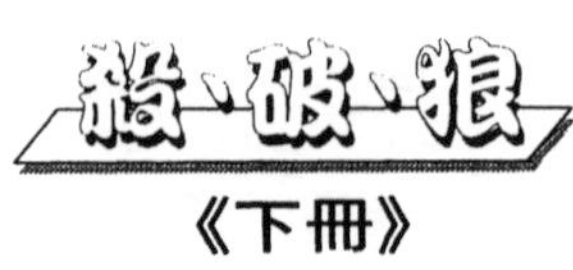

武破在遷移宮時

當武曲、破軍在遷移宮時，你是天相坐命巳、亥宮的人，你的環境是『因財被劫』的格式，武曲財星居平，又被破軍破耗劫財，故你環境中較窮，不富裕，也容易是軍警、公務人員的環境。你一生打拚的是錢財，但賺錢不多。若在政治方面、軍警業方面打拚，較會有成就，可以管軍需或軍餉，可以管的錢較多。

當武破在遷移宮時，你周遭環境是剛直、剛硬、爭鬥多，多變化、財少，環境中的人會為爭財而有衝突的，別人會劫你的財，因此你常丟錢，或賺錢機會被人搶去。環境中的人較窮，又凶，容易侵害你的利益，他們也會是窮又行為不善的人。

武曲化權、破軍在遷移宮時，你是庚年生的人，你的環境中是財窮又喜歡掌權管錢的環境，你會喜歡管錢、支配錢、氣勢強，不想財權落入他人之手。但愈管，錢愈少，花費的事多，不見得能存錢，或有剩餘。在你的環境中也很政治意味濃厚，你會很大膽，很直接的，對於你想要的利益直接去取用，毫不避諱旁人的閒言閒語。你也會意志力堅強，敢大刀闊斧的改革或破耗花錢。雖然你仍有些小氣，會計算利益，但仍會入不敷出。在你周圍環境中的人，也是喜掌權力，膽大、直接、剛直、不細緻，對人不講情面，非常政治化的人，只講利害衝突的人，也會是喜愛鬥爭，花錢多，耗損大的人。

武曲化祿、破軍在遷移宮時，是在亥宮，你的環境中是不富裕，但能稍賺一點錢的環境，破耗仍凶。你也會稍圓清，大膽，喜愛佔一點便宜。你周圍的人，也是稍圓滑，不富裕，但能多賺一點錢，愛佔小便宜的人。

武曲化祿、破軍、陀羅在遷移宮時，會在巳宮，你周圍的環境是有些笨和破爛，又不富裕，想多賺一點錢的環境。你也會用笨的、自以為圓滑的方法去多佔一點便宜或賺錢，但會拖拖拉拉，進財不易或破耗仍多，緩不濟急。你周圍環境中的人，也是這種自以為圓滑，但笨，能賺一點小錢或佔一點小便宜的有點窮的人。

武曲化科、破軍化權在遷移宮時，表示你周圍的環境是窮的，但你自以為很會運用金錢，會強力要破耗，花錢更凶，更有格調，賺錢也有格調，有些錢你還不一定愛賺，因此虧空會變大。你本身也是這種自以為有格調，卻強力在破耗的人。你周圍出現的人，也是這種外表還斯文、有氣質，好像會理財，又氣勢強悍，強行對花錢、破費之事要主導來破費的人。你也會永遠花的比賺的多，債務龐大。

武曲、破軍化祿在遷移宮時，表示你周遭環境是財窮，又會多惹是非，或想盡方法去找錢來花，使自己更窮困的環境。你周圍的人也是這種較窮、又油滑、不實在、好高騖遠、有奇怪思想，再到處找錢來消耗花費，而不負責任的人。**在亥宮，是武曲、破軍化祿、陀羅**，表示環境又窮、又笨，會用笨方法去騙錢來破耗，錢很快便耗光了，又繼續窮，或再騙。

武破、祿存在遷移宮時，表示你周圍環境是有些窮又保守、小氣的環境，但你會有衣食溫飽的錢財，不會餓飯，但也一生不富裕。你仍然會花一些無謂的錢財。**在亥宮，有武曲化忌、破軍、祿存時**，有『羊陀夾忌』之惡格，流年逢豬年皆有不吉，會特別窮困，及有車禍傷災或其他災害易喪命。也易被窮凶極惡之人因錢財糾紛而殺死。你一生仍是窮困，常在債務中或金錢糾紛中度過。

武破、文昌或武破、文曲在遷移宮時，仍是窮困格局。**在巳宮時**，昌曲居廟，你周圍的環境是窮困但有文化氣質或才藝、口才好的環境，頭腦雖精明，但賺不到錢。你會做名聲好、清高的工作，但賺錢少，你也會長相清瘦、漂亮，有氣質，但財不多。**在亥宮**，你的長相普通或口才好，但仍窮，也可能在文職工作上努力，但打拚能力不強。

武破、左輔或武破、右弼在遷移宮時，你的夫妻宮會有另一顆右弼星或左輔星和紫貪同宮。表示在你的環境中有一些助力使你很窮，又愛打拚、破耗，在你天生福氣中就會有助力使你喜歡貪一些享受、享福的事。所以你可能對男女情愛之事，桃花之事很在行，你易有外遇或包養情人，或被人包養。在實際狀況中，這些人都使你更窮。你也會有依賴、或打拚沒結果的現象。

武破、火星或武破、鈴星在遷移宮時，你環境中爭鬥多，火爆、窮困，也易和黑道有關。周圍常有突發的衝突和災禍，易有車禍、傷災，一生不平靜，愈鬥愈窮，破耗多，你也不易存錢，常有意外之事耗財。環境中的人，也是性急、脾氣壞、窮凶極惡的人，且會帶給你突發災禍，但他們有古怪聰明，善鬥之人。同時你也是脾氣壞、性急，常有突然的破耗，使自己很窮困的人。

武破、地劫、天空四星同宮在遷移宮時，你周遭的環境是窮的乾淨、空空如野的人。你也會短命，命不長，思想空茫，不實際，流年逢遷移宮而有傷災、破耗，也易喪失生命。你也會有特殊的聰明，在哲學、數學、邏輯方面有特殊才華，你更會向宗教方面發展，易入佛道空門生活，四大皆空。

廉破在遷移宮

當廉貞、破軍在遷移宮時，你周圍環境是破破爛爛、窮困又笨，爭鬥多，會為一些爛事爭鬥，或為一些爛桃花爭鬥。你是天相陷落坐命卯、酉宮的人。當你出生後你家中很可能有破產或父母因桃花外遇事件離異之事，家中易破破爛爛、破碎、不完整。你所住的房子也易是破舊不堪，或家中人口複雜，但窮，或爭鬥多的家庭。當廉破在遷移宮時，你也易在較窮或較破爛、不完整或爭鬥多的地方上班。你周圍出現的人，也多半是較醜、較窮、或文化水準不高，行為舉止是缺乏教養，容易是又笨又無賴、狂妄的人。在你一生之中，你大多和這些粗魯、不高級的人來往，也容易發生爛桃花，而一生不順利，或財窮。

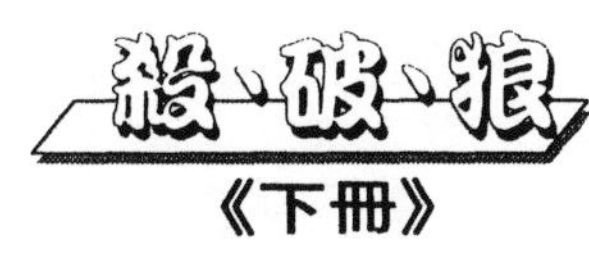

當廉破、擎羊在遷移宮時，你周圍的環境是多刑剋、破爛，有傷災、血光，會支離破碎、或被撕扯破爛的，因此你容易開刀動手術，更容易有車禍、傷災發生。你開刀動手術有時是為了美容整型，有時是身體有問題，但都是血光傷災。有此命格的人，開刀的次數是比別人多的，若是女子，也容易生產時要開刀。自你出生時，就很可能已是開刀生下來的。你也容易碰到不好的環境，父母不全、窮困，或受到壓迫及不好的待遇，也容易遭到強暴或虐待。遷移宮的擎羊和命宮的天相，形成『刑印』格局，因此你容易受欺負、懦弱、被強暴，苟且偷生，一生委曲求全，但也生命不長久。

甲年生的人，遷移宮有廉貞化祿、破軍化權、擎羊在卯宮，表示環境中有桃花破耗的刑剋。你也容易被強暴或貪淫色桃花而遭災，被控制，也容易因此而遭災致命。你一生都窮，又喜破耗、花錢，容易靠人生活，自己沒有能力養活自己。

當廉破、祿存在遷移宮時，你仍然是很窮的，但有一點可溫飽的錢財，剛夠吃飯而已。你的環境中仍然是破爛、窮困、不美麗、又小氣、保守、寒酸、可憐的。環境中的人也是小氣、保守、很窮，是低下社會層級的人，也沒有多餘的精力、心力和財力對別人好。同時他們也是對人惡劣、冷淡、不欺負別人已是最好的了。

廉破、文昌或廉破、文曲在遷移宮時，在你的環境中是份外的窮困又破爛了。**在酉宮**，是窮儒色彩，有文化氣息的窮，還會具有計算能力，會做事，只是做一些清高不賺錢，賺不到錢的事。你的長相也會較斯文，有氣質，還未必看得出你是窮命。**在卯宮**，你的斯文和氣質較差，可以感覺出你是命窮之人。在酉宮時，你會好讀書，且能以讀書自娛，也能找到工作。在卯宮，易生存在窮困、愚

笨之中，工作能力也不好。

廉破、左輔或廉破、右弼在遷移宮時，你的福德宮會有另一顆右弼星或左輔星和紫殺同宮，表示在你周圍有很多人、事、物使你更破、更窮、更笨，破耗及花費多，災禍多，而你天生就是勞碌命，會有人使你更勞碌，想平復這一切的破耗和災禍，所以你終日忙不停，很辛苦。

廉破、火星或廉破、鈴星在遷移宮時，你周圍的環境是多災、多難的，也會有突發的火拚、爭鬥、和傷災、破耗。也容易和黑道有關。你容易窮困又脾氣古怪，導致你更窮困和不順，也引起更多的災禍、不吉。你周圍所出現的人，也是這種粗俗，言行無狀，品行不佳，火爆、衝動，常有災禍和紛爭的人，他們也常挑起火拚，帶給你災難。

廉破、天空或廉破、地劫在遷移宮時，你周圍的環境是爭鬥多，破爛不全、窮困的。每當有爭鬥、殘破現象時，就會讓你全部失去成空了。你常會有灰色思想，喜向佛道、宗教，過空門清淨生活。你的頭腦也常有超脫的、哲學意味的思想，也是不實際的思想，所以在你的內心中是看不到財的，也常不想做事賺錢的。你容易靠人生活，出現在你周圍的人也是這種只會破耗、腦子空空，沒有工作能力的人。

貪狼在遷移宮

貪狼在遷移宮

當貪狼在遷移宮時，貪狼是好運星，當貪狼居廟、居旺時，你周圍的環境就會充滿好運。你的活動力強，你也會貪心、貪婪、好動、喜向外活動、尋找好運。你的人生浮動在一連串活動之中，當你的命格中有『武貪格』、『火貪格』、『鈴貪格』等暴發運格時，你就會有大起大落的人生，也會有暴起暴落等的暴發旺運的人生。

當貪狼居旺在遷移宮時，你的外緣好，人緣桃花多，男女的情色桃花也多。這些人際關係也會給你帶來更多的機會，使你的人生增高。當貪狼居陷時，是廉貪在遷移宮中，人緣機會差，易人見人厭，機運更差，易有邪淫桃花。

當貪狼在遷移宮時，你做事會求迅速而馬虎、草率，你也容易對你周遭環境中的人、事、物不太真誠，易閃躲或感情淡薄。你周遭的環境會變化快，你的反應能力、適應能力都特別好，所以你不會太留念過去，只會勇往直前、往前看，會讓人感覺比較無情。同時，你周圍的人，對你也是感情較冷淡的，會虛應故事型的。你也不會真心的把內心世界的感受告訴別人，讓別人分享你的心情故事。

當貪狼在遷移宮時，你很忙碌，每天忙著追逐運氣，這些運氣有些是錢財，有些是升官的機運，你都不會放過，你的福德宮有破軍星，你的打拚能力強，所以你一定是辛勞，根本享不到福的。

貪狼在子、午宮為遷移宮時，你是紫微坐命子、午宮的人。你會長相美麗、氣派、人緣好、桃花多、運氣好、機運佳，一生有太多的好運，別人喜歡靠近你，也會把好處都奉獻給你。你會頭腦清楚的知道自己需要什麼，而拚命努力，達到自己的人生目標。你一生受人敬重，你也會高高在上，和人保持應有的距離。人緣雖好，但會選擇人來交往。

貪狼在寅、申宮為遷移宮時，你是廉貞坐命寅、申宮的人。貪狼居平，表示你周圍環境中的運氣不太多，只有一點點好運，有時你常感覺不到它的存在。你是內心多計謀與喜歡企劃自己人生行事曆的人，凡事都打得一手好算盤，也喜歡和人拉關係、交情，用人緣交際來做事，但你的桃花不算強，而是你自己去營造的，人緣機會也不算太多，是故你會覺得辛苦，忙碌很多。

貪狼在辰、戌宮為遷移宮時，你是武曲坐命辰、戌宮的人。貪狼居廟，你周圍的環境中運氣特別好，在你內心中的運氣主要是財運和權力，所以你一生追求的也是這兩樣東西。你的外緣機會多。命、遷二宮形成『武貪格』暴發運格，因此一生有多次暴發機會，能增加人生的層次。你環境中的好運多半會利用在事業上，在男女情愛上的機緣會較少，因為你性格耿直，是會避諱這些愛情桃花的。在你周圍環境中出現的人，也是和你事業有關的好運的人。

貪狼化權在遷移宮時，表示你掌握好運機會的能力特強，在你周圍環境中所出現的人，也是具有權力、地位，有主控力，性格強悍、強力貪心，有成功意圖，同時也是具有較多好運的人。他們也會幫助你抓住好運，掌握好運。貪狼化權在辰、戌、子、午宮出現時，環境中的好運特強，會霸道、好爭鬥，強勢要佔有好運。貪狼化權在寅、申宮居平時，也會霸道、好爭、好掌權，但比前者力量較弱。

貪狼化祿在遷移宮時，表示在你周圍環境中是人緣圓滑，易不實在，桃花多，多色情上享受，也會因圓滑的好運機會而帶來財利。在你周圍環境中出現的人，也易是巧嘴滑舌、圓滑、不得罪人，常有男女情愛關係而發展出來的人際關係（屬於裙帶關係），這些人都是以追求財利、好處為主的人，若是沒有好處或沒有財利，他們就逃之夭夭不見了。同時你本身也是這麼一個見利心喜，有點油滑之人。

貪狼化忌在遷移宮時，是癸年生的人，表示你會保守、內向，人緣關係上較放不開，你會和人少來往，也會心悶、常煩惱、常覺運氣不開。當貪狼化忌居廟、居旺，時你仍會有人緣，但你不太想動，要多外出，多活動才有運氣。在你周圍出現的人，也會是悶悶的，不開朗、保守、內向，人緣關係不好，運氣易不開的人。

貪狼、擎羊在遷移宮時，你周圍的環境是刑運的格局，你也會不想外出，不想動，而運氣有阻塞、滯礙現象。你也易在外有傷災。外面的環境常使你頭痛，所以你喜歡待在家中。一定要多外出活動，才能開運。在人際關係上你也會有時不喜和人多來往，偶而有自閉現象。在你周圍環境中常出現的人，也會是較孤獨或運氣不好的人，你要小心防範此種現象，多轉換環境，多和人來往，細心選擇好運的人來往，才不會陷於衰運之中。你一生也容易事業有起伏或改行狀況，而影響成就的累積而成就不高。

貪狼化祿、擎羊在午宮為遷移宮時，你周圍的環境是雖圓滑，但有一些刑剋瑕疵不好的事。你也能賺到錢，但會賺不多。你有時想有人緣或有男女桃花，但這些事都會帶給你是非麻煩。所以你一受了傷便會完全摒棄這些人緣機會而躲起來，過一陣子又出來活動。所以你環境中的運氣並不是一直順利而是有起伏不順的。你環境中出現的人，也會是表面對你好，但實際是小氣、保守，會刑你的財和你的運氣，使你少得許多好運機會的人。

貪狼、陀羅在遷移宮時，表示你周圍環境中的運氣是有些受阻，不太順利的，會有些拖拖拉拉，無法前進，或是原地打轉，又多困頓、是非。在人緣方面也會人緣不太好，笨笨的，悶悶的，不太惹人喜歡，易和人有是非，易受排斥不合。在你環境中所出現的人，也是運氣不太好，做事拖拖拉拉、心中多是非，樣子很笨，人緣亦不好，易受排斥、討厭的人。

當你具有如此的遷移宮時，同時你自己也具有上述特性的性

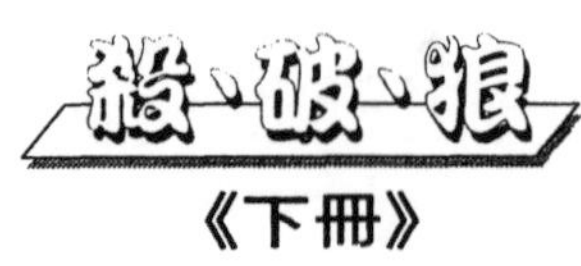

格。

貪狼、祿存在遷移宮時，表示你周遭環境中好運被限制住了。祿存是保守、小氣的星，只有衣食之祿，祿存五行為屬土，不愛動，外緣不好，愛操勞。貪狼是好動、外緣好的星，要迅速活動才有運氣。當這兩顆星遇到一起，同宮時，貪狼會被祿存限制住，會保守，不愛動，因此也看不出有什麼運氣了。**當『貪狼、祿存』在子、午宮時**，對宮有紫微相照，表示是孤君，性格保守，但仍有很好、高貴的運氣。**當『貪狼、祿存』在寅、申宮時**，因貪狼居平，運氣只有一點點，不太多，再被限制住，運氣就更少了，但會操勞更甚。

貪狼、祿存在寅宮時，對宮有廉貞化祿相照，是因自己有癖好、享受而限制了自己的運氣。也會桃花多，或因桃花（男女）問題而保守，不往外找機運。己年生的人，**遷移宮在午宮時，有貪狼化權、祿存**，祿存也是限制住了貪狼化權，本來能強勢主掌好運機會的，卻因保守、小氣、孤獨的關係，所管轄的範圍變小了，只有一小塊地方，能掌握運道的地方也變小了。是故此『貪狼化權加祿存』的遷移宮是比不上只有貪狼化權的力量大的。但它依然是強勢要主控機運、頑固、愛管事，但會保守、孤獨、自私，只在自己家裡或某些自身利益上來爭權奪利，貪好運氣，其他離自己較遠的事就不想管了。如此一來，賺錢也不想賺太多，升官也不想升多大了。但你仍能掌有強勢的好運，只是你不用而已。

貪狼化忌、祿存在子宮為遷移宮時，表示你周圍環境中是保守、小氣，有些自閉、孤獨，而且是運氣古怪的。你常會待在家中，不想外出活動，在家中就很舒服。因為你是紫微坐命的人，能平復一切不好的事，所以你很需要外出，只要外出，就有運氣。因為貪狼化忌居旺的結果，運氣雖古怪，仍能有好結果產生，只不過好運會迂迴、輾轉、周折，轉折多一點而已。你周圍會出現的人，也是保守、小氣、運氣有些怪，不喜和人多來往的人。

貪狼、文昌或貪狼、文曲在遷移宮時，表示你周圍的環境是會讓你糊塗、政事顛倒、略有是非不明的環境，但運氣依然不錯。**若在申、子、辰宮**，昌曲在得地的旺位，表示你外在的環境中是文化氣質強的，高尚的，也較美麗的、精明的，你也會學歷較高，文化水準較高，生活在有文化的環境中，生活水準也會較高。你想貪的東西會是較漂亮、精緻、有文化水準的文質東西。你的運氣也在文質、秀氣、有格調的事物上或桃花上。你周圍會出現的人，也是較斯文、有格調、運氣好，雖某些事頭腦不清，但對錢財精明，很會算。有時候也會胡撓蠻纏，說些不透氣的話。**若在寅、午、戌宮**，昌、曲居陷，表示你周圍的環境會讓你更糊塗，更是非不明，更政事顛倒了，好運氣也會有傷害，會少一點，你的運氣和桃花會是粗俗的，沒有文化的，計算能力不好的，對錢財也不會理財的，生活水準也會不高。你周圍出現的人，也是較粗俗，學歷低，不喜唸書，沒有格調、腦子不清楚，有些笨、是非不明，粗魯、蠻強，喜歡貪一些粗俗的東西，雖也有運氣，但運氣並不那麼強了。當然這也會影響到你，你的長相也不算美麗，工作職位也不高，會做一些稍粗的工作，以及你的文化水準會不高，氣質不太好，格調也不高，人生多起伏，運氣也沒多好了。

貪狼、左輔或貪狼、右弼在遷移宮時，表示在你周圍環境中有一些助力是加強你的運氣的，會更給你幫忙有好運的。**當此格局在**

子、午宮時，在你的財帛宮有另一個右弼或左輔和武相同宮，表示在環境中有人幫助你有好運，使你在錢財上多得，多享用。**當此格局在寅、申宮時**，你的官祿宮有另一個右弼或左輔星和武府同宮，表示環境中有人幫助你好運增多，使你在事業上多得錢財。**當此格局在辰、戌宮時**，你的命宮有另一顆右弼或左輔星和武曲同宮，表示你天生能有助手，亦有合作精神，在外有雙倍好運，自己本身又懂得吸納財運，因此你會像財神一樣有錢，能成為大富翁了。

貪狼、火星或貪狼、鈴星在遷移宮時，是『火貪格』、『鈴貪格』具有暴發運的格局，流年、流月逢遷移宮會暴發財富。你外在的環境是有些古怪，但運氣很好，只要你外出，隨便走到那裡，都會遇上好運。例如逛街走在路上，看見一堆人在抽獎，隨便湊上去，也能抽個大獎回來，在外面的好運機會非常多，不勝枚舉，隨便都有好運。

你一生中都有好運，只看你是否能運用在工作事業上，會發的更大。但一定要外出、出門才有好運，待在家中會機會少一點。你一生會起伏很大，因為得財容易，你也易懶惰不做事，喜享受。你的人生格局就會很小了。你也會性格古怪，自有主張，和人的交際人緣只是蜻蜓點水一般，無深交，又會脾氣急躁，凡事三分鐘熱度，周圍環境中的景像變化很快速。

當此格局在寅、午、戌宮時，火、鈴居廟，你的暴發運會暴發的較大。**當此格局在申、子、辰宮時**，火、鈴居陷，你的暴發運稍小，但也算很大很不錯的了。不過會暴落較迅速。

當此格局在辰、戌宮時，你的遷移宮是貪狼、火星或貪狼、鈴星時，會和命宮又形成『武貪格』，故是雙重暴發運格，所暴發的偏財運會超級大，一次就能成為億萬富翁。但你的性格更為古怪，容易對人不信任，更孤獨、保守、性急，動作迅速，無法靜下來，腦筋動得快，也會操勞不斷，人生也容易不穩定。

※**當遷移宮有貪狼、火星或貪狼、鈴星時**，你周圍出現的人，也是這種性急、火爆、脾氣不好，對人冷淡，多無情，行動快速，做事馬虎，會有突發的好運，但常常不見人影。當你有好運時，周圍就出現了一堆人，很熱鬧。當你好運走了，沒好運時，你周圍也很冷清沒人。你一生也會常感覺到人情冷暖、兩極化的狀況。因此你會思想較偏激，對人也冷漠了。

貪狼、天空或貪狼、地劫在遷移宮時，是『運空』或『劫運』格局。表示你周圍的環境中，好像是有運氣，但你始終抓不住，或看不清楚。你會做人不實際，思想不實在，多幻想，點子好，讓別人去做會成功，而自己去做卻抓不住重點而失敗。你不容易抓住運氣。**當此格局在子、午宮時**，在你的官祿宮會有另一個地劫或天空和廉府同宮，表示你在周圍環境中看不到運氣，也抓不住運氣，所以在事業上錢財也會有漏失、錢財會賺得少或耗財凶。成就會小或多起伏不順。**當此格局在寅、申宮時**，你的命宮會有另一個地劫或天空星和廉貞同宮相照遷移宮，表示你自己會頭腦空空，企劃能力不足，智慧空泛不實際，因此在環境中也抓不住運氣。你會一生多起伏、易改行、做事不實在，好高騖遠，一生中會跌大跤，人生有不順的事。**當此格局在辰、戌宮時**，你的財帛宮會有另一顆地劫或天空星和廉相同宮，表示你在環境中看不到好運，因此在錢財上少得，也會享不到太多的財福，賺錢會少，錢財上多起伏、不順、不平靜，也會耗財多，理財能力不好。

※當遷移宮有貪狼、天空或貪狼、地劫時，你周圍環境中易出現的人是：對你冷淡，對你不用心，對你感情不深的人，他們也是自己缺乏好運或好運被劫走，又想來你這裡沾沾好運的人。但是你也沒好運，於是他們又會很快的離開。有時候他們會來騙你一下，因為你的腦袋空空，也易遭騙，騙走錢財之後，他們會很快不見了。你周圍也會常沒有人，或桃花少，不容易結婚，會晚婚或不婚。你和你周圍的人都是貪心不多的人，打拚力量也會不足，常會懶洋洋的，工作多起伏，易改行，眼睛看不到好運，雖聰明，好幻想，但不實際，也容易耗財，使財運成空。

紫貪在遷移宮

當紫微、貪狼在遷移宮時，你是空宮坐命卯、酉宮的人。貪狼居平、紫微居旺，因此運氣並不強，完全是靠紫微的力量來平順、擺平一切事務。因此你命宮的主星非常重要，也會影響你外在的運氣。倘若命宮主星是擎羊時，會『刑運』、也『刑官』，亦會導致你一生多起伏，運氣不好。這是因你自身內在思想所引發的刑剋問題。倘若你命宮主星是祿存時，則會保守、小氣，也會限制了你外在的環境變小，運氣範圍較小、較少。倘若你命宮主星是天空或地劫星獨坐時，你外在環境中的桃花和運氣也會無影無蹤。因此命宮中倘若無任何主星，反倒是好的。若有天鉞或天魁，也是好的，反倒不會影響你外界環境中的好運氣了。

當紫貪在遷移宮時，綜合起來說，你周圍的環境是高尚、美麗、氣質不錯，運氣不算多，只有一點點，但桃花人緣不錯，你會人見人愛，戀愛桃花很多。凡事都平順，也會喜歡享福。你心中想貪的東西不太多，喜談戀愛和交際應酬之事，生活環境不錯。但你環境中出現的人，會是外表氣派、高尚，但對你較冷淡，不太關心你之人。也會是外表長相好，但做人、做事草率、馬虎的人。

※當你的命宮中是擎羊或火星、空劫等星時，你會性情古怪，外緣桃花和戀愛桃花都少了。也容易對人冷淡，外界的環境也會對你冷淡。

紫貪、擎羊在遷移宮時，在卯宮是甲年生的人。在酉宮，是庚年生的人。你周圍的環境是『刑運』、『刑官』的格局，表示表面上還算是高尚、美麗的環境，但其中多刑剋，會有一些麻煩、是非，或讓你頭痛的事，也會有傷災、破相、血光的問題發生。你一生之中，也會起起伏伏，日子過得不算很順利。在你環境中出現的人，也是表面上高貴、體面、人緣好，但內存奸詐，有小人多、是非多的狀況。你與他們不和，你也會桃花少，較晚婚或不易結婚，內心多煩惱、多思慮、精神容易不集中。

紫貪、祿存在遷移宮時，你是乙年或辛年生的人。**在酉宮時**，你周圍的環境是看起來高尚、富足，有一點小運氣，但是保守、小氣，運氣小小少少的，並不大。在你周圍出現的人，也是外表美麗，但性格小氣、保守，只顧自己，喜過舒服日子，環境還富裕，但也並不是太有錢的人。**在卯宮，遷移宮有紫微化科、貪狼、祿存**，你周圍的環境是看起來保守，但有氣質、高貴，運氣並不是很旺，但有方法料理順利，能夠享用富足的環境。你周圍出現的人，也是外表長相氣派，美麗，有氣質、保守，很會做事，斯文，有教養、穩重，做事小心謹慎，一生的變化很少，都很平順的人。

紫貪、文昌或紫貪、文曲在遷移宮時，你周圍的環境是看起來美麗、斯文，有文化氣息，但會有某些方面頭腦不清，政事顛倒，有些糊塗的狀況。你環境中也會桃花多，容易談戀愛，異性緣很好。**在酉宮**，昌曲居廟時，桃花最強，常有愛慕者登門求愛。**在卯宮**，桃花也強，但會比酉宮略遜一籌。

紫貪、左輔或紫貪、右弼在卯、酉宮為遷移宮時，在你的福德宮會有另一個右弼星或左輔星和武破同宮，表示當你的環境中有助力使你能更高尚、高貴，增高地位、好運。當你更富足穩當時，而你天生的福氣就是更勞碌、更窮的。也就是說你命格是主貴的，你會窮一生的精力和財力，不要錢，耗財多，而想使自己的地位增高。自然你也能有助力使你達到你的願望。在你周圍會出現的人，也是這種使你的想法不怕耗財多，會來多花你的財，或使你清高不愛財，但能使你在事業上地位增高，有名聲，有成就的人。你周圍的人，也會是長相體面、氣派、美麗，具有特殊高格調、或具有官相氣質的人。

紫貪、火星或紫貪、鈴星在遷移宮時，你周圍的環境中具有暴發運，是『火貪格』或『鈴貪格』的格局。你周圍的環境中是高尚，但古怪，常有意外突發的好運機會，會突然升官，連升二、三級，或突發財運的環境。你本身的性格也會有些自傲和古怪，性急，對人喜擺架子，對人不真誠，和人的交情較淺薄，只會做表面的人情關係，不喜歡和人太接近，也不會對人多關心，比較勢利，只有面對對自己有利的人，假意奉承。在你環境中所出現的人，也是這種自命高貴，對人冷淡，勢利，和人有距離，但會做表面關係的人。

紫貪、天空或紫貪、地劫在遷移宮時，在你的夫妻宮會有另一個地劫或天空和廉殺同宮，表示在你周圍環境中會桃花少，你的性格會正派，比較少男女情愛的桃花。在你的心中也凡事不積極，用腦不多，也會想法不實際。你會想得少，不太花腦筋過日子。你也會晚婚或不想結婚。在你周圍的環境中是表面看起來平順，但運氣缺缺，你也不想貪求什麼，一切順其自然發展。你容易信宗教，有精神慰藉。在你環境中出現的人，也是長相端正，也不貪求什麼，成就不高，但有高尚的精神生活的人。

紫微化權、貪狼在遷移宮時，你周圍的環境是強勢，好管事掌權，想要平順撫平一些問題，很辛勞的在做，但不一定能完全控制

和平復的。因為你的福德宮有武曲化忌、破軍，是故你一生一定會在錢財上出一個大紕漏，大過失，或債務，讓你來發展平復債務的本領。你會性格強悍、霸道，強力要做，即使借債、欠債也要做一些事業，因此一生會浪費很多時間在還債。在你環境中所出現的人，也是有地位、能掌權，又會鼓勵你好貪權的人。

紫微、貪狼化權在遷移宮時，你是己年生的人，福德宮有武曲化祿、破軍，表示在你的環境中是美麗、高尚，好掌權，也運氣稍強的，因此你也會有打拚的力量，會辛勞工作，也能得一些不算太多的財。你會在事業成就與地位上做得很好，財利只是普通。在你環境中出現的人，也容易是爭權奪利的人。

紫微、貪狼化祿在遷移宮時，你是戊年生的人，你一生會桃花多，艷福不斷，你會長相美麗，性格圓滑，交際應酬有好手段。在你周圍的環境是美麗，看起來生活過得不錯，但桃花多，性好漁色，你也會用人際關係和桃花來賺錢。你的子、田二宮有擎羊出現，疾厄宮又是巨門陷落，要小心有性病或家宅不寧或無後的事故發生。

紫微、貪狼化忌在遷移宮時，你是癸年生的人，你周圍環境是保守、內向、桃花少，或古怪、人緣不佳，經濟狀況普通的環境。你不太喜歡和人來往，一生的機運也較差。會有擎羊在你的夫妻宮或官祿宮出現，因此你的事業和感情也不太順利，一生多起伏、困頓。在你環境中出現的人，也是長相普通，但性格古怪、保守，運氣不佳的人。

武貪在遷移宮

當武曲、貪狼在遷移宮時，你是空宮坐命丑、未宮的人，遷移宮就是『武貪格』，具有暴發運。是故你周遭的環境就是財運好、機運多、強悍，也能在人生或事業上暴發旺運而得財的人。

當武貪在遷移宮時，你周圍的環境和軍警業、政治或商界有關，你也易做軍警業、政治人物或從商。當你的命宮中有擎羊或陀羅入宮時，羊陀居廟，你會特別強悍好爭，但羊、陀和武貪相照，亦是『刑運』、『刑財』格局，一生也會起伏大，對於暴發運來說是破格，但仍會暴發，只是會發的小或慢一點。命宮有天空、地劫時，只有行運遷移宮時才會發。這是運空、財空的格局，一生也會多起伏、財留不住。

當武貪在遷移宮時，你周圍環境是性急、衝動、剛硬、冷淡、有武力爭鬥、現實、不講情面的環境。你周圍環境中出現的人，也是性格剛直、強硬、小氣、吝嗇、唯利視圖，不顧情面，錙銖必較，很現實，對你冷漠，只講利害、利益，但會守信諾的人。有羊、陀在命宮的人，你自己是不講信諾的人，環境中的人還是守信諾的。

武貪、擎羊在遷移宮時，丁年生的人，在未宮，因武貪、擎羊皆居廟位，故你周圍環境是強悍、較凶、爭鬥多，以武力相爭。為錢財和權力相爭，環境中有強悍的小人在阻擋，多引是非，會『刑財』、『刑運』，因此錢財會變少，運氣也會差很多。同時此格局也是暴發運的『破格』，暴發運仍會發，但會發得小，和較少。你環境中也容易有阻礙，你會不愛動，或少外出活動，也容易打拚有間斷，或計較時，猛打拼，不計較時，容易放棄。在你環境中出現的人，也是強悍、陰險、計較，喜歡和你爭財、爭運、競爭，一生多對手，常會阻礙你前程的人。也容易有使你受傷、和易敗下陣來的人。但你仍有很多強悍、成功的機會。你亦會多智謀、帶有陰險意味的謀略。

己年生的人，**當武曲化祿、貪狼化權、擎羊在遷移宮時**，你周圍的環境是競爭多又強悍、強力要掌權、管事，強力要賺錢，爭權力地位，也會強力要爭好運、爭財祿，能賺到大財富與大富貴，事業能成功，能有高地位的環境。同時也是操勞多，多計謀、計謀能得逞的環境。環境中的人也能帶給你許多大富貴，但又同樣會刑剋你，和你計較，對你亦有阻礙的人。不過你仍能有堅強的意志得到你的大富貴，但亦耗財多。你的環境中是運氣特強，財祿特多，有人緣、有無限機緣會成功的。環境中的人也是有無限運氣，這些運氣包括了財富和政治性爭鬥會贏的運氣。自然環境中的人也會多富人和政治人物出現了。你一生也會有些起伏，但起伏小、成功機運超強，一定會有大成就。你會用腦過多，智慧高、計謀多。在你的環境中即形成加強的『武貪格』格局，流年逢遷移宮能暴發好運，在錢財、財富及地位、掌權上能有重大轉變，而獲得富貴，你一生都有極強的好運在周圍等著你。

癸年生的人，**有武曲、貪狼化忌、擎羊在丑宮為遷移宮時**，你周圍的環境是運氣較差，不想動，內向，自閉，但又不得不動，又操勞，賺錢又會少，機緣少，人生多不順的環境。你環境中的暴發運不發，亦常有古怪的狀況來阻礙你的財運和機會。你會性格古怪，不喜和人來往，人緣差，一生多不順利。在你環境中出現的

人，也多半是有一點錢，但性情古怪、凶惡，對你凶悍、不講理的人。他們也易和你多爭鬥，多是非，處處刁難你，對你惡形惡狀，同時你自己本身也是個性格古怪，處處找自己麻煩，想得多，頭腦不清楚，人緣不好，易和人衝突，是非多，麻煩多，又凶悍，態度不好的人。你一生運氣不佳，多磨難，人生起伏大，也會多傷災，孤獨。但環境中仍會有一點財來讓你生存，只是會不富裕，多辛苦而已，暴發運不發，若丑年突發暴發了，會生命消損，自己也享受不到。

武貪、陀羅在遷移宮時，在丑宮，是甲年生的人，遷移宮是武曲化科、貪狼、陀羅，表示你周圍的環境是強悍、有點笨和蠻幹，運氣算不錯，有時也會拖拖拉拉，不過在錢財上會理財，和有方法去賺錢。你會具有暴發運，但為『破格』，有時會發得慢或小一點，但無妨，仍會發。你周圍出現的人，也是這種強悍、好爭，帶點是非，性格悶又硬，有一些好運，頭腦有點笨，會笨笨又強悍的競爭，有些粗魯，不細緻，不太講情義、情面的人。你也難和他們溝通。但他們在理財方面似乎有自己一套的方法。你一生也會有好運，但會其中有頓挫、停頓現象，不嚴重，你也略會理財和賺錢，仍對錢財有敏感力。

庚午生的人，遷移宮在未宮，是武曲化權、貪狼、陀羅，表示你周圍環境是強力能掌財權、運氣好，但對其他的事有一點笨，或有是非、停頓現象。你也會在政治方面的事務有蠻橫、霸道的掌權力量，強勢要管，也會有一點要管又管不對或管不到，但大多數時間能掌權，有主控力。在你周圍環境中出現的人，也是這種特別會賺錢，愛掌權，有好運的人，以及有些笨又蠻幹的人。你容易成功，

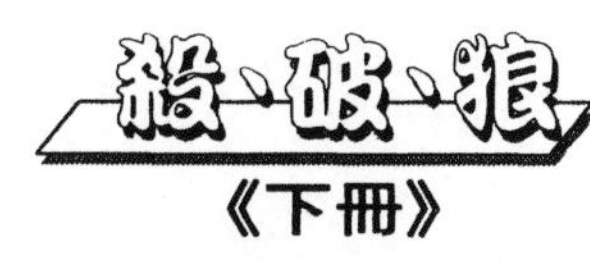

也容易有財富，也會有較強的暴發運，是『武貪格』，在未年會暴發財富較多。亦能一生富足，生活在富裕的環境之中，來主導財富。你很會賺錢，性格硬，也容易對人無情，自以為是。

武貪、文昌、文曲四星同宮在遷移宮時，**在丑宮**，昌曲居旺，你會性格強硬，但外表斯文、秀氣一點，通文墨，對錢財精明，但對是非和人情世故方面會糊塗和政事顛倒、不明是非。一般來說，你還溫和，桃花較多，較喜愛情愛方面的事，會談戀愛較多，婚後也容易有外遇，桃花強。你在事業上也會打拚，但成就卻不見得高，這是因為桃花問題分去你大半的精力和時間。你周圍環境中常有好運，也略具財祿，也會有暴發運，行運到遷移宮，就有暴發運。你周圍出現的人，會是長相美麗、有文質氣息、氣質好、格調高、口才好、運氣好、也富裕的人。**在未宮時**，文昌居平，文曲居旺，你周圍環境中出現的人，長相比前者略遜，氣質、格調也略遜，但仍然口才好，他們也大多數是運氣好，較普通富裕的人。

武貪、左輔、右弼四星同宮在遷移宮時，你周圍的環境是氣勢強悍，運氣加倍好，有相當強大的助你賺錢多、機運多的環境。也會有很多人來幫你賺錢及和人競爭。環境中也會出現許多值得你貪心的，想要獲得的東西，因此你容易成功。你的暴發運會加速及加倍暴發。你一生好運連連。你周圍環境中所出現的人，多半是能在錢財和事業及好運上幫助你的人，他們是你同輩的朋友或部屬。他們是性格剛直、強硬、意志力堅定的人，在感情上會對你不太表達，或許更冷淡、一板一眼，但會在工作上、正事上來幫助你。在你的環境中有使你發富、令你有大成就的人。

武貪、火星或武貪、鈴星在遷移宮時，你周圍的環境是古怪、衝突多，火爆、凶悍、冷淡、無情，但也會促使你有極強的暴發運的環境。你一生在外面有奇怪的好運不斷，但大起大落的日子也很多。你和你環境中出現的人一樣都是脾氣古怪、脾氣壞、急躁、做事迅速，有怪異的聰明，獨樹一格，行動快速，會到處去尋找好運和財富的人。你們對待別人也是草率、冷淡，不喜歡拖拖拉拉，讓人感覺較無情的。

武貪、天空或武貪、地劫在遷移宮時，在你的福德宮中會有另一個地劫或天空星和廉破同宮，表示你外界環境中有好運，但你常看不到、或抓不到，偶而也能看到一點、抓到一點，你天生思想不實際，會操勞、徒勞無功，白忙一場，暴發運不發，一生多波折。也會朝向宗教方面去尋找好運或發展。你周圍環境中的人，是表面上有錢，有運氣，實際上並不見得。同時他們也是常漏失運氣，或對賺錢沒有太多信心和努力的人。

武曲、貪狼化祿在遷移宮時，你是戊年生的人，你周圍的環境是多機會、多人緣關係，較富裕，好運多，賺錢機會多，桃花問題也多的環境。但這種環境同時也是圓滑、油滑，對人不實在，表面對人好，但實際上有距離、冷淡，不太吐露真心話，會不真誠相對待的環境。環境中出現的人，也是這種為了利益和貪念相結合的人，沒有利益就冷淡，保持距離，很現實的人。而且也會是貪求桃花，以桃花或情色關係來爭取財祿、利益很積極的人。

廉貪在遷移宮

當廉貞、貪狼在遷移宮時，廉貞和貪狼都居陷位，表示你周圍的環境是運氣極低落，智慧不開，鬥志不堅強，有時會懦弱。會該強悍的時候不強悍，有時不該強悍的時候又很強悍好爭，看不對時機，企劃能力不好，不會看人臉色，不知輕重，人緣不好，處處惹人厭，而且又會自做聰明，想表現或向人討好巴結時，時機不對，狀況難看，因此總是處處受人排斥，一生沒什麼好機運，工作不容易找到，工作能力也極低，只適合做軍警業，做其他的行業就常失業或換工作，一生起伏，或成為無用之人。

當廉貪在遷移宮時，你是空宮坐命的人。命宮若進入陀羅，便是『廉貪陀』風流彩杖格，易一生下賤、低下，多惹色情事件，頭腦愚笨，會用愚笨的男女色情關係來搞是非糾纏，來騙人錢財。丙年生，在巳宮有『羊陀夾忌』夾『廉貞化忌、貪狼』之惡格的人，要小心因色情事件而喪命。

當廉貪在遷移宮時，你出生時的時機就不好，可能是家中倒霉的時候，也可能是父母天天打架、吵架，感情不睦的時候，更容易是家破人亡，或家庭破碎、家人分散或四分五裂的時候，因此命不好，你一生也會多遭災難，人生也是起起伏伏的，沒什麼大成就的。

當廉貪在遷移宮時，命宮有地劫、天空的人，是天資聰穎，有特殊的聰明，具有邏輯型、數理方面、或做清高、文藝方面的才華，但仍不討人喜歡，也會思想不實際、多幻想，言行乖違邪佞，宜多接近宗教，一生不順利，性命也不太長。

當廉貪在遷移宮，命宮是文曲的人，是爛桃花多，行為放蕩，男女關係複雜，自己行為不佳，也易遇人不淑。所遇之人皆是品行差、不長進、不為善類的人。

當遷移宮是廉貪時，你周圍出現的人，地位高的人很少，大多

是成就不好，下層社會之人。即使是有高地位的人，也是品行差的爛人。這些人也是愛胡鬧，頭腦不清，貪戀花酒、色情，喜不做正事，沒有用的人。同時你自己也會是個言行潑辣、大膽、沒有教養、敢吵敢鬧，不顧臉面，也不知廉恥的人。

當廉貪在遷移宮時，你愛貪的東西，是一些廉價的東西，或小便宜，你也會不知廉恥的去貪。有此命格的人容易用色情去交換金錢或利益，也容易依靠、依賴別人過日子。女子有此命時，易落入風塵，為妓女或酒家女。男子有此命格時，易做牛郎或吃軟飯，一生看人臉色過日子。

當廉貪在遷移宮時，你一生受到的待遇都不好，從小易遭打罵、受欺負、虐待，人生如煉獄一般。

當廉貪、陀羅在遷移宮時，在巳宮是丁年、己年生的人，在亥宮是癸年生的人。有此格局時，是『風流彩杖』格，表示你周圍的環境是充滿風流桃花、色情事件，也是低下、破爛、難看，又愚笨的環境。你很可能出生就有問題，是不倫關係下的產物，也可能是家庭窮困、或受強暴而生下的小孩，你一生環境低下、惡劣、難以抬頭做人，會猥瑣、眼睛閃爍、做一些偷雞摸狗之事，更容易做屠夫或與色情有關的行業。你周圍出現的人，也是這種不雅、行為不端、又笨、又無知，非善類的人。你也容易受到粗暴、虐待的待遇，或在色情環境中難以自拔。大運、流年、流月三重逢合時，會因色情事件或遭侵害而亡。

己年生的人，**在巳宮，有廉貞、貪狼化權、陀羅為遷移宮時**，你周圍的環境是加強的『風流彩杖』格，會對邪佞的、淫穢的關係更貪心、更實際、會自己強力去爭取貪戀花酒或不善的事。為人會更

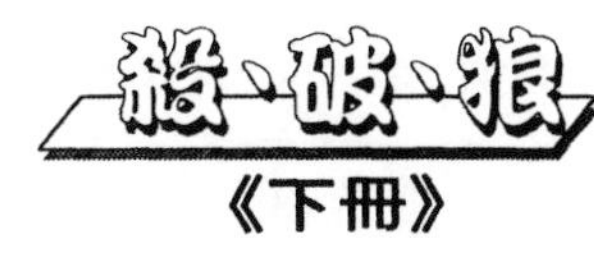

強悍、又頑固、又笨的落入邪佞的環境之中。也容易貪婪一些收賄賂之事，人格是不高級的。在你周圍出現的人，也是這種貪婪又行動力積極，好貪色情，酒色財氣、不為善類之人。

癸年生的人，**在亥宮，有廉貞、貪狼化忌、陀羅為遷移宮時**，你周圍的環境是環境不好，人緣特壞，人見人厭，又會因桃花事件、強暴而遭災的環境，這是『風流彩杖』格帶化忌的格局。環境更壞，你會膽小怕事，不敢反抗，也易遭受更惡劣的待遇，容易遭人禁錮，被關起來虐待，難以脫困。

當廉貪、祿存在遷移宮時，在巳宮是丙年、戊年生的人，在亥宮是壬年生的人。

丙年生的人，**在巳宮，遷移宮有廉貞化忌、貪狼、祿存**，是『羊陀夾忌』之惡格，要小心大運、流年、流月三重逢合，遭災而亡。

也易是強暴或色情事件而亡的。你周圍的環境是頭腦不清，有官非及流血事件，易有傷災、開刀、車禍等事。雖有祿存，但為『祿逢沖破』，你周圍的環境是保守、膽小，桃花糾紛多，官非多，永遠扯不完，也易因桃花問題被人殺死的格局。

戊年生的人，**在巳宮，有廉貞、貪狼化祿、祿存為遷移宮時**，你周圍環境中是保守、小氣、財不多，桃花多，人緣稍好一點，一生的衣食之祿也稍豐潤一點。雖然別人對你仍會冷淡，但必要時，仍會對你能有善意。你也是個膽小、內向的人，只會對送上門的桃花有興趣！

壬年生的人，**在亥宮，有廉貪、祿存為遷移宮時**，你的夫妻宮有武曲化忌、七殺，你會膽小無用，理財能力不好，有金錢是非，會為錢財和人起衝突。你易不婚或婚姻不順利、離婚，配偶也會是有財務問題和你糾纏拚鬥之人。你會小氣、內心古怪、鬱悶。

廉貪、文昌在遷移宮時，在巳宮，文昌居廟，在亥宮，文昌居平。因此在巳宮時，你會長的斯文、美麗，有一些氣質，在亥宮，氣質普通。你周圍環境是文質，或較文雅、美麗，但仍不算好的環境，也許會窮，或冷淡，周圍人不太搭理你，但不會罵你，打你。亦會對你根本不關心及視若無睹。你會性格懦弱、糊塗，亦會政事顛倒，一生中必有糊塗，做錯事、被貶職或開除之事。在巳宮時，你還會對錢財、數字精明，也可能會讀書。在亥宮時，你不太精明，糊塗更甚。你周圍出現的人也是一生運氣不佳，但還斯文，做文職的人，人緣也不太好，對人冷淡，人緣不佳，沒有親和力，桃花也不多，做人不實在，假里假氣，也不會讀書。

廉貪、文曲在遷移宮時，在巳宮，文曲居廟，在亥宮，文曲居旺，因此你周圍的環境是桃花多，都是爛桃花，自找的，一拍即合的桃花。有桃花時就熱鬧咶噪，但桃花時間短，很快結束，稍停一點時間，又重新開始，周而復始。你周圍環境中出現的人，也是這種口才好，做人不實在，行為淫穢，運氣不佳，容易沈淪在色情之中，做正事無用，搞男女關係手法一流的人。同時他們也是頭腦糊塗，易貪小失大，因貪心而遭處份的人。你自己一生也易有因一時糊塗，貪心貪錯了，而遭處份之事。

廉貪、左輔或廉貪、右弼在遷移宮時，在你的夫妻宮會有另一個右弼或左輔星和武殺同宮，表示在你的內心世界中是有助力使你『因財被劫』的很厲害，心窮的厲害，因此在你周圍環境中就有助力使你環境更糟，更沒人緣，惹人討厭，運氣更壞，也更窮，生活不平順，多災禍，人生層次更低，更淒慘。在你周圍環境中出現的

人，也是更對你壞、或使你境況更壞，更無品行，行為更乖佞，惹人討厭，和你不和的人。所以當你心壞，做惡事多端時，就會運氣更壞，易坐牢，或受到更不平等的待遇。當你運氣略好時，也會平順一點。

廉貪、火星或廉貪、鈴星在遷移宮時，這是『火貪格』或『鈴貪格』的暴發運格局。雖然你周圍的運氣仍不好，人緣差，你也會脾氣古怪，品行不佳，言行乖佞，粗暴，很難接受好的教育，但逢暴發運時間，仍會有突發的好運。你一生在外易有突發的好運，但時間很短，稍縱即逝，因此需要好好把握。此暴發運以在巳宮最強，亥宮較弱。你周圍環境中出現的人，也是性格急躁、言行潑辣、態度不好、性格古怪，做人不實在、衝動、成事不足、敗事有餘的人。

廉貪、天空、地劫四星同宮在遷移宮時，表示周圍環境是容易運氣不好而成空的。易遇災而亡，或有車禍、傷災、血光，更易遇大自然的災害而亡。其實是性命不長久，小時就易夭折、長不大的，或身體內部有問題而活不久的。

廉貞化祿、貪狼在遷移宮時，是甲年生的人，周圍環境多情色、淫色之事，不高級，也沒太多錢財，仍會不富裕，做公務員，薪水族能生活。你周圍出現的人，亦是好色、較淫亂之人，運氣也不好，但在淫亂之事上會去找好運。

遷移宮為空宮

殺、破、狼格局中，只有廉貪坐命的人和武貪坐命的人的遷移宮為空宮。**當廉貪坐命的人，遷移宮為空宮時**，表示環境中的人、事、物不明朗，有些模糊，其人也易頭腦空空。由於命宮相照遷移宮，因此表示在你周圍環境中仍是運氣不佳，人緣不好，環境差，易懦弱，或貪不好的東西的環境。環境中的人，也會對你冷淡、態度不好，不尊重你，一生多災禍、不吉、機運差、適合做軍警業武職，做文職不吉，沒有發展。同時你也是個多說少做，不實在的人。

當遷移宮的空宮中有文昌進入時，你周圍的環境較文質，但冷淡，桃花仍少，你會糊塗，有政事顛倒之事，但會做文職，錢財不多，思想清高，仍是多說少做之人。但可有高學歷，你的長相也略清秀美麗。

當遷移宮有文曲進入時，爛桃花多，口才好，能有錢財進帳，為普通人命格，命格仍不高，行為易放蕩，你的外型會較甜美，潑辣，有異性緣，但同性仍討厭及排斥你。

當遷移宮有陀羅進入時，你的環境破爛、低俗，易為娼為妓，易不見天日，也會愚笨，貧困，下賤。這是『風流彩杖』格，是淫穢粗醜的人，永遠生活在黑暗角落之中，或下等社會中。

當遷移宮有左輔或右弼進入時，你會依靠人過窮困、看人臉色的日子，周圍的人似乎在幫你，但愈幫愈窮困、淒慘，你也不想脫離原有的生活。

當遷移宮有祿存進入時，你周圍的環境是保守、小氣、較窮，但有飯可吃的環境，你也會孤獨的過不富裕的生活。在巳宮，丙年生的人，你是頭腦不清楚，有桃花糾紛，逃不出困境的人。在巳宮，戊年生的人，命宮有廉貞、貪狼化祿，你是運不好，但略有一點機運能賺可糊口的衣食之祿，生活還過得去，也會人緣稍好，油滑、不實在的人。在亥宮，是壬年生的人，官祿宮有武曲化忌、七殺，在工作上會愈打拚愈窮、愈有債務，錢財多是非，也易在酉年遭債務問題被殺或殺人。

當武貪坐命的人，遷移宮為空宮時，表示環境中的人、事、物不明確，會模糊不清，你也會頭腦空空，看不清環境中的事。可以命宮相照遷移宮的星來判斷你周遭的環境，因此表示是你仍然對錢財和好運有敏感力，你好賺錢或對與政治有關的事務有興趣。你會性格強悍，喜歡打拼，但打拚的速度和能力仍會有起伏快慢的變化。你本命是有『武貪格』暴發運的人，但你不一定會去應用，你也會不好賭，性情有猶豫但又不表現出來，很固執有問題，也不願請教人。一生是大起大落形式的，也容易漏失機會。在你環境中的人，也是有些有好運、財多，有些無運也無財的人，你不一定分的清楚。

當遷移宮的空宮有擎羊進入時，環境中多刑剋、傷災之事，也多小人和不順之事，你的事業會有起伏困頓的時刻，但你也會有計謀、較陰險、好爭。你的環境多爭鬥，宜從事軍警業或政治業較佳，因擎羊居廟，能爭贏。遷移宮和命宮形成『武貪格』的破格，但仍有暴發運，行運至命宮會暴發，行運至遷移宮，則不發。同時這也是會刑財、刑運的格局，你一生所賺的財富會略少，而辛苦。

當遷移宮有陀羅進入時，環境中多刑剋、傷災及笨事，或拖拖拉拉之事，也多小人和笨人，及多是非、爭鬥，常爭些愚笨、沒利益之事，容易成功機會少。宜做軍警業為佳。命、遷二宮形成『武貪格』之破格，暴發運行運至命宮才會發。同時你賺錢會少，或拖拖拉拉進財慢。你亦會做粗重、不高級，或地位不高及破爛而辛苦的工作。你也易不為人尊敬。你周圍出現的人，也都是又笨又頑固、又粗俗的下等之人。

當遷移宮有文昌、文曲進入時，在丑宮，環境美麗，桃花多，人緣好、財運佳、好享福，易多享情色之愉，也可能有人包養你，給你錢花，自己不必太辛苦而養尊處優。你是頭腦不清、糊塗，但對錢財精明的人。在未宮，你的環境不算太美麗、桃花也普通，但仍會過舒服日子，會頭腦不清，喜享受，但享受層次不會太高。

當遷移宮有右弼、左輔時，環境中貴人多，會助你生財、得財，運氣不錯。你會靠人幫你賺錢，或有左右手幫助事業，或靠人生活，這要看你的八字，命強命弱了，也要看你命中財多、財少，是否真是自己賺的了，才能決定。你在行運命宮時有偏財運。

當遷移宮有火星或鈴星時，環境中是爭鬥多、火爆、急躁、古怪、是非多、問題多，但有一陣子、沒一陣子的熱鬧狀況。熱鬧時運氣好，不熱鬧時，運氣差，或沒有運氣。你周圍的人也是脾氣古怪、衝動、多是非的人，會有意外災禍，也會有意外好運的人。你的命、遷二宮形成雙暴發運格，在羊年、牛年都會有很強的暴發運，能多得錢財，也會在事業上暴發，或遇到奇怪的事而有好運。但在你的環境中仍有是非及意外災禍發生，人生是大起大落型的。環境中的人，也常對你不耐煩、脾氣不好、易有衝突、不和諧。

當遷移宮有天空或地劫時，你在你周圍環境中常看不到自己的好運在那裡，但你自己仍是有好運的人。你會思想不實際，環境中的機會、錢財容易被劫走或弄空，你也常與好運失之交臂。你的暴發運在行經命宮的流運時，仍會暴發，但行經遷移宮時不發。你周圍的人對你都很冷淡、薄情。你對你周圍的人，也會不用心、情份少。你常漫不經心，做事也不夠認真，愛發呆或頭腦空空，工作不賣力，一生起伏大，也容易工作不常久，或有憂鬱症或有精神疾病，也易生癌症。

第三節 『殺、破、狼』入福德宮對人的影響

福德宮是看意志力與精神狀況的宮位，當福德宮有殺、破、狼等星時，就會意志力堅定，為自己想要的東西而奔忙。也容易離家、出外打拚，以及白手成家、自立奮鬥。**在精神狀況方面**，在福德宮有殺、破、狼時，你是外在溫和但內在堅硬的人，情緒會有不同波動的層次狀況，但大致很穩定。例如**福德宮有七殺時**，你的精

神狀況是悶著頭直往前衝的、埋頭苦幹，像戴著眼罩的馬，只在一條路途上往前衝，不會左顧右盼，也不受外界影響的，看起來有些笨，但是勇往直前的，精神狀況是強硬而冷靜的。**當福德宮是破軍星時**，表示在精神上你也能強勢堅定、智謀多、用腦過多、內在情緒會波動起伏，但外表還鎮定。你會在某些事務上花費較多的精神，情緒多變、思想複雜，會東想西想，對自己要求多，是情格剛強、內心危弱的人。**當福德宮有貪狼星時**，你的情緒更多變，對自己想貪的事務用腦過多，對於自己不關心的事想都不要想，且注重和花、酒、色情、賭博、喜遊蕩玩樂與風雅、好高吟之事。精神層面略帶偏激，好惡、愛憎之心極重。也易做表面功夫，精神層面常有雙重人格，表面是溫和、柔順的，內心是剛強自有主見、略偏激的。總之福德宮有殺、破、狼時，都是天生自己對自己有刑剋，自己替自己造成精神上的負擔。

福德宮也是錢的源頭及來源的地方，福德宮會相照財帛宮，因此會影響一個人的財運。當福德宮有殺、破、狼時，表示你做人乾脆，會極力打拚去賺，但也花的多，而且財在外面、在遠方，要親自出外爭戰辛勞，才有所得。

當『殺、破、狼』在福德宮時，你都會份外辛苦，能享受的福份不多，你會做消耗體力較多的事，意志力堅定，而且要用自己的想法和規格去做，不願意稍有改變。並且你也會在消耗自己生命資源方面會消耗得較多。你會很頑固、不太聽別人意見，也會自有主張，主觀意識很強。更會脾氣暴躁、內心強硬、不服輸、愛競爭、爭鬥、善於打拚，自然在工作能力或事業成就方面會努力多一點，付出多，自然成就也會稍高。

當『殺、破、狼』在福德宮時，不能是身宮所落之處，有七殺或破軍在福德宮又為身宮時，易為侍候別人的人，易為奴僕之人(包括做家僕、侍衛、保鏢、助理、管家等事之人)，亦會操勞不斷，一生職務低。有貪狼在福德宮又為身宮的人，是好貪又懶惰的人，女子易做小，或做情婦，男子易吃軟飯，二者皆易成為靠人養活的人。

七殺在福德宮

七殺在福德宮

當七殺在福德宮時，你是命宮有天相星的人，包括紫相坐命，武相坐命、廉相坐命的人。表示你在精神狀態中，對自己喜歡、或想打拚之事，有好吃苦耐勞，肯努力，但是蠻幹的、用智慧不多的、有點笨的方法來流血、流汗來打拚，天生較勞碌，停不下來，較頑固。通常你們對某些事務也會有較主觀的看法，不易接受別人的意見，會一味的用自己的笨方法來解決事情，不喜歡別人插手幫忙或關心。因為你們表面上溫和、熱心、做人公道、料理事物很有方法、又勤勞，又喜歡衣食方面的享受，當身宮又落在福德宮時，你們就很容易成為侍候人的家僕之人。或做大人物的侍從官、秘書、助理之類的人物了。

當福德宮有七殺單星時，你忙碌的內容是有點笨、不想用太多腦筋，只要花勞力去做，就能享受到財福或衣食之祿。所以你工作的形式是單一的、簡單的工作，不喜歡太複雜、或環境中太麻煩的事。所以你在生活中消耗的是體力，容易累，在精神生活倒不會刑剋、消耗到。

當七殺、擎羊在福德宮時，你的命宮會有陀羅同宮，表示你天生有一些笨、會勞碌，使你的福氣受刑剋、享福少、享受少。你會在很多事情方面計較、想的多，腦子不清閒，心中常感不公平，內心多煩悶，也易睡眠不佳，做事辛苦，得到的不多。你會好爭，想打拚又後繼無力，提不起勁來，有精神上的折磨，常不開心。當擎羊居陷時，你會懦弱、陰險、打拚力不強，自己更享受不到好處。偶而努力一下，但無法有始有終，易前功盡棄，半途而廢，內心又多計較、是非多。當擎羊居廟時，你會用腦多、計謀多，強力好爭、打拚力強，加倍辛勞、頑固、強硬。當然這些狀況都會使你的精神層面不穩定的，也易有精神疾病。在外觀上，會破相、有傷災，在身體上易生病，身體也會易有傷殘現象，要小心。有此福德宮時，你會笨笨的、又好爭，會爭一些不見得對你有用的東西，而這些無用的東西還會造成你精神上的折磨。當七殺和陷落的擎羊在福德宮又為身宮時，更易為人奴僕之人，會做陰險、巧詐、叛主之侍候人之人。有此福德宮時，你在財富上也會遭受刑剋，獲得的也少。

七殺、陀羅在福德宮時，你的官祿宮會有擎羊出現，官祿宮代表智慧和打拚能力，故表示你天生在聰明上很特殊，有奇怪的聰明，其實是很笨的聰明，會投機取巧，打拚能力上有刑剋、不力，事業會多起伏。因此你在天生福份上會有拖拖拉拉的狀況，實際是笨的，享受不多也不好的。也易有精神折磨，會多想而不實際，做事總是差臨門一腳而不成功。你也會常做白工，或不積極而失去好機會。在錢財的獲得上，也會常漏失，或拿不到。你的精神狀況是常原地打轉，內心是非多，也易有憂鬱症傾向的。當陀羅居廟時，你會強悍、頑固、蠻幹型的，但總有思慮不周，差一點的時候。當陀羅居陷時，你會又笨又更偷懶、偷機取巧不想做，或自做聰明，做些笨事。

七殺、祿存在福德宮時，你會保守、小氣，打拚的範圍不大，努力的事不多，辛勞的狀況也不多了。會有擎羊在田宅宮，陀羅在父母宮，因此你的出身較低，父母的地位不高，家裡較窮，或家宅不寧或沒落。因此你只顧你自己，一生所賺的錢也會保守，只在一種小的規格之中。因為此種福德宮也是『祿逢沖破』的格局，故享福不多，享財福也會規格較小了。

七殺、文昌在福德宮時，文昌居旺位時，表示你天生有氣質，也會喜歡在有氣質、文質的事務上打拚。你也會精神層次高，有較高的精神生活，為人精明，打拚認真，有計算利益的能力，也能做事有計劃、計謀好，成功的力量和機率都較高。當文昌居陷時，你天生氣質差，易粗俗，也會過粗俗的生活，或與粗俗接近的環境中生存。你沒有什麼精神方面的生活，也較不精明，在計算利益方面的能力差，易做白工，或做些沒意義的事，能賺到的錢財會較少，做事沒計劃、沒謀略，智慧較低落，成功的打拚力量和機率會偏低。

七殺、文曲在福德宮時，文曲居旺位時，你天生口才好，才藝佳，會在韻律感方面的才藝特優，也易用此項才能來工作賺錢及生活。你在藝術或運動方面的精神生活也很充實，你會好動，喜外出，人緣好，也能精明打拚，成功機率高。文曲居陷時，你天生的口才和才藝缺乏，韻律感方面的才藝差，會過不愛動、或不喜外出的生活，也易人緣差，為人不夠精明，打拚力差，成功機率不強。

※文昌、文曲只有在丑宮會雙星同宮居廟，這是酉時生的人會有的狀況。在未宮也是雙星同宮，但文昌居平，文曲居旺，這是卯時生的人會有的狀況。在其他的宮位時，都會一個居旺，一個就會陷落。大致在命盤上當文昌居旺時，你必有文曲居陷，當文曲居旺時，則文昌會居陷。這就要看昌曲是那一個居旺落入你命盤上的強宮（指命、財、官、夫、遷、福）之中，那個星就會影響你較深。

七殺、左輔或七殺、右弼在福德宮時，表示天生會更增加你的勞碌和笨拙的打拚，在精神方面也會更增加你的精神耗弱或身體上的病痛、傷災、刑剋。耗財也會多一點，消耗你天生的資源和健康的問題，會嚴重一些。倘若有此福德宮，又落在身宮的話，是更容易做奴僕或侍候人的人。尤其另一顆右弼或左輔星也落在官祿宮或財帛宮，或命宮時，表示有老闆和主人在照顧你。而這個宮位中有吉星和左右同宮時，表示你會為忠僕，有煞星和左右同宮時，會為背叛之僕人。

七殺、火星或七殺、鈴星在福德宮時，表示你天生有奇怪的聰明，你會外表穩重，好像有點笨，但內心聰明、急躁、脾氣不好。你也會操勞奔波，有些事很衝動去做，有些事不愛做，會好動、靜不下來，亦好爭鬥，內心多是非。有火星時，是直接、少用大腦的，和人易起衝突，想法和人不一樣。有鈴星時，會是陰險、多計謀的和人有衝突，會有報復心態。你們一生都會因衝動的問題而操勞和失去一些天生的福氣和財祿上的享受，消耗多。當七殺、鈴星同在福德宮又為身宮時，鈴星又居廟位時，你易做護家衛主的人，會為政治人物或大企業老闆做護衛，很忠心。

七殺、天空或七殺、地劫在福德宮時，表示你天生思想不實際，易頭腦空空，打拚力量不強，享不到財福和其他的利益。你喜歡清高的生活，也易常做白工或不做。你易有精神疾病、或精神痛苦，易心情悶，而不說出來。同時要看你命盤上另外一個天空、地劫落在那一宮，就知道你福份成空的原因在那裡了，同時也知道是什麼原因使你打拚不力，享福少了。不過福德宮是此格局時，你手中可花用的錢財肯定是不多的，而且不容易存住錢，或賺不到很多錢，空劫也會沖照財帛宮，使耗財多，所享的財福少。有此福德宮時，會多幻想，具有邏輯上、數學上、哲學上的才華，倒是可往這方面發展，對你有利。

紫殺在福德宮

當紫微、七殺在福德宮時，你是天相陷落坐命卯、酉宮的人，你會愛享福、又勞碌，一生不順，但能拚命打拚，能平復不順利，或財少的問題，因此要一直做事才行。天相陷落坐命的人，會較懶惰，智慧不高，命又不好，天相是福星，陷落時無福。周圍的環境差，易窮困，但他們的打拚力量也不強，所以是又愛享福又操勞的人，一生過點安逸日子就很快樂了。但天相陷落坐命的人很少能過安逸日子的，環境中多是非，倘若沒有錢財問題了，就會身體不好有病痛了。因此你們總是和窮困、病痛作伴，能享的福少。

紫殺、陀羅在福德宮時，你的官祿宮是擎羊居廟獨坐，表示你會做強悍的、與血光有關的工作，但工作有起伏不順。你天生會較笨，用蠻幹的方式打拚，能享受的福氣也少。亦會多煩惱而打拚不力，內心多是非，或外來的是非，會影響到你一生中有起伏困頓、不順，所享的財福也少。

紫殺、祿存在福德宮時，你是性格保守、愛享福，但只有享一點點福，有衣食之祿而已。你的田宅宮有擎羊，父母宮有機梁、陀羅，表示家中窮又有家宅不寧的問題，父母長輩對你的照顧又不好，因此你會保守的自求多福，自己愛自己多一點就好了。這是『祿逢沖破』的格式，故財不多，且易耗財，但能生活過得去。

紫殺、文昌或紫殺、文曲在福德宮時，**在巳宮**，昌、曲居廟，表示你還能稍精明，能享一點福氣，有一點人緣桃花。有文昌時，會外表斯文、略有氣質。**在亥宮**，桃花較多，氣質普通，會享受桃花方面的福氣。但打拚力量不強。

紫殺、左輔或紫殺、右弼在福德宮時，在你的遷移宮會有另一個右弼或左輔星和廉破同宮，表示你天生在環境中有人幫助你更破爛、更窮，而你天生福氣中就有人幫你更忙碌、辛勞，但也會有人幫你平復困難，只不過你要更辛勞而已。所以有此福德宮時，即使有人給你錢，你也會搞空的，而搞空後，又會有人給你。

紫殺、火星或紫殺、鈴星在福德宮時，表示你脾氣壞、又怪，想享福、享不到。在巳宮又為身宮時，會為自己景仰的人保家衛主。在亥宮時，內心有邪惡的想法，即使做下人，內心也不平衡，不好好做。

紫殺、天空、地劫四星同宮在福德宮時，表示你頭腦空空，無福，亦容易有精神問題。好幻想、不實際，入宗教場所生活，會較平靜。一生無打拚能力，或忙不出結果。

紫微化權、七殺在福德宮時，表示你特別愛享福和物質享受，而你工作上打拚力量並不強。你的夫妻宮是武曲化忌、貪狼，你在錢財上理財能力不好，沒有金錢觀念，容易一生為財奔忙，總是在打平虧空。

紫微化科、七殺在福德宮時，表示你很有方法來找享福的機會，但仍勞碌，不過，你會忙裡偷閒來享福。你也會喜歡有氣質、高貴但不便宜的東西，為它們耗財。

武殺在福德宮

當武曲、七殺在福德宮時，你是天相坐命丑、未宮的人。表示你天生福少，會為錢財忙碌，也會為人事紛爭忙碌不停，你一生除了衣食上的享受之外，皆無法享受到好處。生活奔波、不穩定、不平靜。表面上看來你是福星坐命的人，應該享福很多，但你是精神上辛苦勞碌，用腦過多，但又是直直的，硬邦邦的，不能轉彎，思想不夠圓融，故會有身體上的勞碌。你一生的生活不安定，身心勞累，真正的福份較薄。

武殺、擎羊在福德宮時，你的命宮中有陀羅和天相同宮，你在精神上有痛苦折磨，你是笨福星，故也刑福，會頭臉有破相，和身體有傷災、病痛。你會更操勞不停，勞心勞力，真正能享的福很少，身體不好，在錢財上，也會有刑剋變少。

武殺、祿存在福德宮時，你的田宅宮有擎羊、太陽，你的父母宮是同梁、陀羅，你是性格保守，財少的人，有家宅不寧或窮困現象，父母對你的照顧也不好，家中地位也低落，家世差。你能賺自己的一點衣食之祿，照顧自己有餘，但不會照顧別人。你也會只做小規格的打拚，成就小，吝嗇，一生勞心勞力只為自己。

武殺、文昌或武殺、文曲在福德宮時，在你的夫妻宮中會有另一個文曲或文昌和廉貪同宮。表示在你天生福份中若是較趨向文質的、才藝的、有點精明的事務方面，而你內心中就會有另一些會糊塗的想法。也就是說在你一生中，會有某些事是聰明的，愛打拚的，可做得很好，很勞碌的，在另一些方面就會糊塗，會無法兩全其美。例如在感情上順利、錢財就不一定賺的多，在錢財上可多賺，感情會不順，或桃花多，易出軌。

武殺、左輔或武殺、右弼在福德宮時，在你的夫妻宮中會有另一個右弼或左輔星和廉貪同宮，表示在你的心中有一些懦弱的、不好的想法，所以會使你更勞碌、更奔波，以及生活不穩定，身心皆勞碌、福份薄。

武殺、火星或武殺、鈴星在福德宮時，你天生有古怪的聰明、脾氣急、暴躁、衝動，也容易有強悍、蠻幹的想法，思慮不周詳，易有意外災禍發生。一生多奔波勞碌、生活更不穩定，也易耗財，享受會減少。

武殺、天空或武殺、地劫在福德宮時，你的遷移宮會有另一顆地劫或天空和紫破同宮，表示你會思想不實際，有時候打拚，有時候不努力。亦會環境中大致看起來還好，但實際是複雜、是非多的，但你不一定會用心去看這些事，也不會在意這些事，會思想清高，亦要小心有精神疾病。宜有宗教信仰，最後會皈依宗教。

武曲化權、七殺在福德宮時，表示你一生奔波勞碌，天生愛掌權，又愛管錢、賺錢，但實際本命財不多。你天生性格堅強，具有政治意味，喜歡用政治手腕來處理人際關係。你會比別人更勞碌、辛苦，但結果並不一定是好的。在你的命宮或遷移宮有陀羅出現，在你的財帛宮或福德宮有擎羊出現。所以你的問題多半是由自己思想上，或環境中或天生的福德有刑剋而形成的，使你的財利並不豐。

武曲化祿、七殺在福德宮時，你會性格強，但略圓滑，一生也容易勞碌奔波。你的命、遷二宮有擎羊，是『刑印』格局，會懦弱，掌不到權，在人生的路途上也多坎坷。你的官祿宮或夫妻宮有陀羅，因此在工作上也有怠惰或起伏不順的狀況。因此你福德宮的那一點祿，只會有衣食和稍圓滑而已，在財祿上並無多得。

武曲化科、七殺在福德宮時，是甲年生的人，**在卯宮時**，有武曲化科、七殺、擎羊在福德宮，表示你很有方法打拚，也很勞碌，但刑剋很重，天生多煩憂，又很有方法使自己煩憂，你的命宮是天相、陀羅，是『刑福』格局，你本身會有一點笨又頑固，在打理事情上並不真正精明，理財能力更不佳，更會自尋煩惱，故一生多波折、辛勞、奔波，亦會窮困。**在酉宮**，你的財帛宮有擎羊、天府，是『刑財』格局，遷移宮中有陀羅和紫破同宮，是故財不豐，在打拚能力上亦有拖拖拉拉的情形，你亦會用自以為很有方法的方法來使自己勞碌、奔波，而享受不到真正好的財福。

武曲化忌、七殺在福德宮時，表示你天生頭腦不清楚，尤其在錢財上不清楚，多錢財是非，你的夫妻宮或官祿宮有祿存進入，夫妻宮又有廉貪，會相照官祿宮，因此你天生小氣，想法保守、畏縮，打拚能力差，也會胡亂打拚，一生辛勞，卻做不了什麼大事。

廉殺在福德宮

廉貞、七殺在福德宮時，你是天相居得地之位坐命巳宮或亥宮的人。廉貞居平，七殺居廟，表示你天生智慧和企劃能力不太好，只會拚命苦幹、實幹，是個性格保守、頑固，用自己的方式在想事情，不太容易轉圜、圓滑，是一個性格耿直的人，你一生容易東奔西走，終日奔波，享福較少，勞碌較多的命格。你也會一昧的悶著頭做事、蠻幹，不太管別人的事。

廉殺、擎羊在福德宮時，你的命宮是天相、陀羅，表示你會腦子有點笨，本命是『刑福』的格局，故天生的福氣會少。你的身體會有問題，也易有精神疾病，用腦過度，容易想些沒用的事情，多煩悶，精神不開朗，一生賺錢也不多，會較窮困。本命是遇災而亡的命格，最容易遇車禍而亡。

廉殺、陀羅在福德宮時，甲年生的人，**在丑宮，有廉貞化祿、七殺、陀羅在福德宮**，表示其人天生雖腦子笨，頑固，打拚能力不好，但會有自己特殊嗜好。因為有擎羊在官祿宮，是故你不一定會工作，或是做做停停，或做業餘的工作，無法做正業。**在未宮，是庚年生的人，有廉殺、陀羅在福德宮**，但你的遷移宮有武曲化權、破軍，而你的官祿宮仍是擎羊，這表示你很喜歡管錢、掌權，會在有權力但財不多的地方工作，但事業有成敗起伏，多遇波折，最後也做不久，這是因為你天生頑固又有點笨的原故。你易在軍警業中管財務，或是在不富裕的機構管帳，工作不長久。此命格易遇災而亡。

廉殺、文昌、文曲四星同宮在福德宮時，表示你外表溫和、美麗、乖巧、老實，但桃花多，性好漁色，在丑宮時，較為美麗，對錢財精明，有才藝。在未宮時，美麗和才藝都較普通，但你仍然是易奔走終日，東奔西跑的，無福可享。此命格的人，容易是奔走賣藝或街頭賣藝的藝人，或是移動式的色情工作者。

廉殺、左輔、右弼四星同宮在福德宮時，表示你異常辛苦，加倍的奔波快速，性格暴躁，十分辛勞，天生有人在幫你忙碌、勞累，馬不停蹄，也幫助使你性格乖僻，因此會加速你身體和精神的消耗，易得精神疾病或遭災而亡。生活是痛苦的，易生活在水深火熱之中，絲毫無福可享。會有人幫你用辛勞的方式賺多一點錢，但會是因你必須有更大的支出和花費才必須要去辛勞賺錢。這永遠像是一個因果循環的關係，例如家中或你個人發生了一個大問題，於是有人幫助你，辛勞去賺錢、花錢。有時當你辛苦的賺了一些錢，想存起來的時候，又會發生事情，不得不花掉了。因此你不能有錢，而且始終在為金錢和生活忙碌。

廉殺、火星或廉殺、鈴星在福德宮時，表示你性格凶悍、暴躁，易衝動，易和黑道接近，或天生是在黑道中鬼混之人。你有奇怪的聰明，但不走正途，終日奔忙，也和邪惡、無聊的事情有關，做不了什麼正事，而且易和人火拚，挑釁，容易遭劫殺，無福可享，必遇災禍而亡。天生福氣中常有意外之災。

廉殺、天空或廉殺、地劫在福德宮時，在你的夫妻宮中會有另一個地劫或天空星和紫貪同宮，你不易結婚，你的內心會不實際，頭腦空空，桃花較少，也不解風情，思想較清高和有理想主義，但也不會為什麼事奔忙了。你也會腦筋想的不多，思想單純，也不會想做什麼對自己或別人有意義的事，易接近宗教，很虔誠的過日子，或迷信鬼神之說，以此維生。

廉貞化忌、七殺在福德宮時，表示你天生糊塗、頭腦不清，會有精神疾病，或有其他的疾病、開刀事件纏身，也易遭官非，一生運氣不好，容易遭災或劫殺而亡。

破軍在福德宮

破軍在福德宮

當破軍在福德宮時，表示你一生所『破』，在於精神和身體上的消耗。你是一個一生辛勤努力，十分忙碌，內在思想和外在形體都十分操勞，多憂煩，又愛做事，片刻不得休息，想得多，動作迅速，永遠停不下來，永遠忙碌而不能稍微休息享福的人。你一生都是一個做人、做事都十分嚴謹，絲毫不馬虎，也絲毫沒有放鬆及輕鬆過的人。當破軍居陷在福德宮，如廉破在福德宮時，會窮困，不富裕，也會短命。

當破軍在福德宮時，天生的，或冥冥之中，有一些責任或義務，或是人生的價值觀及想法在督促你，催促你，使你打拚不懈，絲毫不能休息、放鬆。你也會在錢財方面花得多、耗財多。在身體方面也易因勞累致疾，是生命的破耗。

當破軍在福德宮時，你會內心多起伏，善變、多疑、不容易相信別人，自然要自己勞碌、親自去做才放心。

當身宮落在福德宮又有廉破時，或福德宮是廉破，而身宮落在財帛宮，來相照福德宮時，其人一生易為他人工作賺錢，為奴僕之命。而自己一生所得少，所賺的錢都不是自己的。能為他人賺錢，但自己仍是窮困之人。

破軍單星在福德宮

破軍單星在福德宮時，在子、午宮時，你是武曲坐命的人，破軍居廟。在寅、申宮時，你是紫微坐命的人，破軍居得地的旺位。在辰、戌宮時，你是廉貞坐命的人，破軍居旺位。上述這些命格的人，都會一生操勞不停，身心不清閒，做事嚴謹，愛忙碌，停不下來，無暇休息享福，會以工作為樂趣。除非生病了，才稍得休息一下，病好了又開始忙碌。因為有貪狼會在你們的遷移宮出現，七殺又在夫妻宮，因此你們是外在環境中多機運、好運多、人緣桃花較多，會有很多好機會讓你們忙碌，而你們天生內心十分堅定，自我要求較高，眼睛會不停的看到好機會，又貪心，不願意錯過任何一個機會，自然會勞碌不停了。凡事靠自己才放心，你們也易看不起別人的能力，覺得別人較笨。你們是性格堅強，能獨當一面，又肯努力奮鬥、打拚的人，又捨得花費精力和時間在自己認定是有意義的事情上，因此在成就上，賺錢方面，收獲會多，但會勞心勞力過一生。或因太注重有成就而一生嚴謹，休息或娛樂的時間少，即使有娛樂，也是為工作而做的、附帶的玩一玩。你們仍是以工作為人生第一要務。

破軍、擎羊在福德宮時，你易有身體傷殘（無生育能力也算傷殘）、病痛、或有精神疾病等問題，天生福氣較少，也易遭傷災，破產等事及有命短等現象。因擎羊和財帛宮之天相，形成『刑印』格局，因此你會天生懦弱，又陰險，常會做一些損人不利己之事，在錢財上也無好運，常賺不到，有漏失，也會被劫財，自己破耗花掉了，或被別人借走、騙走了，財福不多，為錢辛苦。

當破軍、擎羊在子、午宮為福德宮時，和財帛宮的廉相，形成『刑囚夾印』的格局，會因錢財問題有官非或受欺負。在子、午年，流月逢福德宮或財帛宮時，易有車禍傷災、血光。

當破軍、擎羊在辰、戌宮時，擎羊居廟，你天生思想會較凶悍，又內心懦弱、好爭鬥，但又多做多破，一生中必有大破產或大傷災，有傷殘現象。

凡破軍、擎羊在福德宮的人，其命宮會有陀羅，皆內心多煩悶，有是非、煩惱在心中盤繞，凡事多疑，心境不開朗，外觀行為上會較慢、較笨，做事慢半拍，易拖拖拉拉，好機會都易錯過。也易操勞一些沒有意義之事，或自做聰明而吃大虧。一生多起伏，享福少，是福氣直接被刑剋了。更要小心逢福德宮遭災而亡的問題。

破軍、陀羅在福德宮時，你的官祿宮會有擎羊出現。你是天生有點笨和思想慢，內心多煩憂、多是非之人，會使你享福少，工作不力或成果不佳，多起伏、不順，也會使你應得之錢財少。你易有精神憂鬱症，也易凡事拖拖拉拉，不乾脆。你會一生操勞不停，身體傷災多，或有血光開刀事件，一生享受少，奔波辛苦，所得結果也較少。破財較多，一生也會有重大的破財事件，要小心。

破軍、文昌或破軍、文曲在福德宮時，你是天生命窮、福窮之人。在寅、午、戌宮出現，你是因計算能力不佳，而遭窮，也會因不會分配時間而辛勞不斷。在申、子、辰宮，你是因太會精打細算而辛勞，或遭窮。你一生勞碌，終日忙的不可開交，無福享受或休息，容易疲累過度而壽短。

破軍、左輔或破軍、右弼在福德宮時，在子、午宮時，你的官祿宮有另一個右弼或左輔星和紫府同宮，表示天生有更多的人或事，在令你操勞不停息，而你在事業上也會更能幫助你事業增高、致富。但你也會更辛苦不堪。

在寅、申宮時，你的命宮會有另一個右弼或左輔星和紫微同宮，表示你天生有左右手輔佐，使你命更好，但也更操勞、更花費龐大。你能做大事業，有天生的領導能力，但辛勤、嚴謹，必須付出很多，也會養一大批人，或做大事，有很大的負擔及責任。

在辰、戌宮時，你的財帛宮有另一個右弼或左輔星和紫相同宮，表示你天生勞碌，會有人使你勞碌及破耗大，但也有人幫你賺錢，使你錢財順利，能夠應付龐大的開支和消耗。所以你終其一生都在忙碌賺錢和應付開銷，錢賺得多，也花得多，也會更操勞。不操勞時，也會花費少，負擔少。

破軍、火星或破軍、鈴星在福德宮時，表示你天生操勞、急躁、衝動、脾氣不好，有古怪聰明。人生中常有意外之事或意外之災，易有傷災、破耗，或自做聰明之損耗。一生勞碌、善變、情緒不穩定，也易有精神疾病。一生中也易和人衝突，也易有短命之虞。

破軍、天空或破軍、地劫在福德宮時，表示你天生頭腦空空，不實際，打拚力量較缺乏，多古怪聰明，會好高騖遠，或忙碌一些沒有意義之事。你也會天生福氣破耗成空，錢財易有大損失，或身體不好，亦會有精神疾病，或短命之虞，易向宗教上尋求解脫。

當此格局在子、午宮時，你的命宮有另一個地劫、天空和武曲同宮，是『財空』或『劫財』命格。故你會頭腦空空，看不見財，思想清高，不重財，也會一生賺錢少及工作不力。會向宗教上發

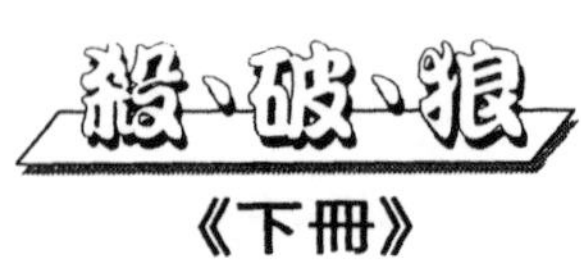

展。

當此格局在寅、申宮時，你的財帛宮有另一個地劫或天空和武相同宮，表示你天生財薄，本命財少，也不太會賺，打拚能力也不佳。你會想賺就賺一些，不想賺就不賺，易工作起伏，理財能力也有缺失，會耗財多。你也易信宗教。

當此格局在辰、戌宮時，你的官祿宮有另一個地劫或天空和武府同宮，表示你思想不實際，耗財凶，工作會有起伏，賺錢不多，或工作中斷，不長久，故財福不多。你也會打拚能力不佳，頭腦空空，也享不到福，也易依宗教。

破軍化權在福德宮時，表示你辛勞更甚，天生愛打拚，又會強力破耗。你喜歡掌權及向外拓展業務，你會更有意志力，事業容易成功，但人生多波折、辛苦，一生享受少。因命盤上有太陽化忌出

現，故一生會因男性的關係（包括父母、朋友、子女）而遭災。若有破軍化權和文昌或文曲同宮時，是一生愈打拚愈窮的格局，一生起伏成敗多端，結果還是窮。反而不做還好一點，宜過閒雲野鶴之生活。你的身體也會有病痛，生命不長。

破軍化祿在福德宮時，你會為享受和破耗忙碌不斷。你天生就會為破耗或想花錢而找錢來花，即使投資事業，也是錢財如流水，一去不返。你會圓滑，具有口才，能哄騙別人拿出錢財。你只宜做公家機關的工作或薪水族，不能投資及做生意，更不能借錢，否則會有債務纏身。你也易不負責任，逃之夭夭。若有文昌、文曲同宮時，是會搞錢來窮的人，天生是個窮命，也會把周圍的人搞窮。

如何尋找磁場相合的人

紫破在福德宮

當紫微、破軍在福德宮時，你是空宮坐命有廉貪相照的人，表示你喜歡享受、花錢，耗財多，但會多思慮、多想、多疑，內心不平靜，一生勞心勞力，正事做不太好，而玩樂享福的事會勞心勞力，一生波折多，也易奔波變化。所享的福氣其實都是不正常的生活，如酒色財氣之類，而好的福氣不容易享受到。你也會多說少做，為人不實在。你一生環境差，人緣差，你也易偷懶而無所視事。

紫破、擎羊在福德宮時，你的命宮有陀羅獨坐，對宮有廉貪相照，本命是廉貪陀『風流彩杖』格，你會頭腦笨，內心多煩憂，以及好淫賤之事，天生勞碌，愛多想，會想些不好的、邪佞之事，更會好吃懶做，奮鬥力不佳。你的身體會有病痛、傷殘，亦會有精神疾病。**在丑宮，有紫微、破軍化祿、擎羊在福德宮**，為一又笨、又淫賤，又會連累他人財物，又自做聰明、巧言令色之人。

紫破、陀羅在福德宮時，你的官祿宮有天府、擎羊，表示工作不力，賺不到太多錢或工作不長久。你天生有些笨，只會破耗，花錢、享受，但賺錢能力差。**在丑宮，有紫微、破軍化權，陀羅在福德宮**，表示你天生較笨，有強力要破耗、耗財的主控力量，你會為享福、享受或做笨事遭騙而強力要破耗。你會頑固的、強悍的敗財。

紫破、文昌、文曲四星同宮在福德宮時，你外表還清秀、美麗，但是天生窮命，又愛享受、桃花多，喜好情色享受，也易憑色相靠人生活。你一生賺不了什麼錢，或財來財去總是窮。在丑宮時，人較漂亮，對錢財精明，外表稍有氣質。在未宮，長相普通，人也不精明，無氣質。但同樣是以色情或戀愛來依靠人得錢財，自己不喜工作的人。也是一生勞心勞力在找能享受和能依靠的人。

紫破、左輔、右弼四星同宮時，你會更辛勞、更破財，又更想享福。會有周圍的人或環境產生助力，來使你勞心勞力做一些自以為享福，但又操勞之事。一生也還是享福時少，破耗、花錢的事多，無法有積蓄。

紫破、火星或紫破、鈴星在福德宮時，你是性格古怪、脾氣壞、性急、衝動的人。更勞碌、速度快、享福享不到，會有意外之災，會貪一些自以為是享福的事，而使自己破耗多，人生不平順。易與黑道有關，或言行粗暴，有邪惡思想。

紫破、天空或紫破、地劫在福德宮時，你的夫妻宮有另一個地劫或天空星和武殺同宮，表示天生思想怪異，不實際，內心也不太想打拚，會偷懶，多幻想，想些沒用的事，而工作不力，好高騖遠，也會信宗教，或入空門來棲身。你會表面看起來享福、不做事。但天生無福、心窮。

紫微化權、破軍在福德宮時，你的夫妻宮是武曲化忌、七殺，表示你天生理財能力不佳，計算能力不佳，心窮，但又有強勢的愛破耗花錢，愛享受的毛病，因此會一生窮，有錢就享受掉了。會為無用之人，但也能找到供給你花用之人。

紫微化科、破軍在福德宮時，表示你天生會很有方法來享受、花錢，你的夫、官二宮會有祿存出現，因此你還有一點點財可花用，但仍要用勞心勞力的方式來獲得，故仍辛勞終生、福氣不算好。

紫微、破軍化權在未宮為福德宮時，你的財帛宮有陀羅、天相同宮，夫妻宮是武殺羊，故你天生強悍、心窮、小氣、又計較、心地不好，但自己喜歡破耗、享受，自己無用，賺不到很多錢，卻強力要破耗，因此會拖累身邊的人。

武破在福德宮

當武曲、破軍在福德宮時，表示一生較窮、福份淺，而且會東奔西走，生活不穩定，你是空宮坐命，有紫貪相照的人。你一生操勞、享福少、享受的財福更少，會小氣、吝嗇、多疑、又保守。你也會打拚能力不佳，勞碌而實質利益不佳。也易多換工作或遷居、東奔西走，人生多起伏變化。

武破、陀羅在福德宮時，你的官祿宮有天府、擎羊，表示你天生較笨，有窮思想，智力不高，故在工作賺錢上易有刑剋損耗、賺錢不多，耗財多。你易會有憂鬱症，和精神不穩定的現象。一生多起伏、困頓，也會較窮。**己年生的人，在巳宮，會有武曲化祿、破軍、陀羅入福德宮**，表示本命中稍有一點財，但仍不富裕、仍笨、生活不穩定、多是非煩惱。**癸年生的人，在亥宮，有武曲、破軍化祿、陀羅在亥宮**，表示生活不穩定、較窮，但會為破耗、花錢而找錢來花，仍是笨想法，易拖累別人。

武破、祿存在福德宮時，是『祿逢沖破』的格局，本命仍財少，但能有衣食溫飽。你是個十分保守、小氣的人，會有家宅不寧的問題，和財庫有破洞、存不住錢的問題，一生仍是辛苦奔波，無法太富足的。**壬年生的人，在亥宮，有武曲化忌、破軍、祿存在福德宮時**，一生會有錢財是非和債務問題而易遭殺害，此是『羊陀夾忌』之格局，發生時間在亥年。

武破、文昌或武破、文曲在福德宮時，是天生窮命、福薄，終生辛勞，人生不順利及不安定，亦會奔波不停，思想清高、不實際及打拚不力，或專門打拚一些無財利之事，辛苦而收獲少。

武破、左輔或武破、右弼在福德宮時，會使你更窮、更辛勞。在你的遷移宮會有另一個右弼或左輔星和紫貪同宮，你會貪享受、貪桃花色情，或貪富貴，而有更東奔西走的不穩定的生活，周圍環境中有人幫你貪這些，就有人在天生福氣上幫你更窮、更勞碌，因此你耗財也多，身體也會不好。

武破、火星或武破、鈴星在福德宮時，你會性格衝動、脾氣壞，也會有古怪的聰明、易行邪佞之事，易與黑道靠近。更會因衝動而遭災或窮困、耗財凶，一生多勞碌，命運多桀，是奔波勞碌所得不多的人。

武破、地劫、天空在福德宮時，表示你天生不實際，頭腦空空，也不會打拚、操勞了，容易有精神疾病，靠人過日子，或在寺廟中生活。一生窮困，兩袖清風，或是先過普通人的生活，遇災而亡，或人生中有大波折而入空門生活。

武曲化權、破軍在福德宮時，表示你天生性格強硬，本命不太有錢，但喜歡管錢，也喜歡政治議題，會有政治手腕。你的命、遷二宮會出現祿存，表示你性格和環境都會保守，你的田宅宮有太陽化祿，因此有一些祖產，只管家中的事，但並不會成為大富之人。仍是勞碌、福少之人。

武曲化祿、破軍在巳、亥宮為福德宮時，你的遷移宮有紫微、貪狼化權，夫妻宮是廉殺羊，財帛宮是天相、陀羅，表示你性格強悍，易多思慮、內心又懦弱，心機重，在賺錢上有疏失，本性又有點圓滑，但還是本命財不多的人。也會工作上有起伏、不平順的狀態。一生為錢財勞碌，享福不多。

廉破在福德宮

當廉貞、破軍在福德宮時，你是空宮坐命，對宮有武貪相照的人。表示福薄，廉貞居平、破軍居陷，表示聰明、企劃的能力不足，但又勞神愛多想，因此易終日憂慮過多，身體也易奔波，生活不安定，也無法過寧靜日子。在性格上會強悍、頑固、主觀強，但實際上又略為保守，易擔憂，或怕東怕西，猶豫不前，腦子不夠用。一生中總會有破耗，不吉之事，讓你操煩，不得寧靜。你也容易思想偏激、多疑，本性也小氣吝嗇，以致於漏失很多好機會。你一生較窮，財不多，這主要也是因為思想有些笨的原故。有此福德宮的人，也要小心天生身體不好，較孱弱，或有心臟病或先天疾

病，這仍是無福的象徵。

當福德宮有廉破時，你很容易會遇到災禍，或生存在破爛、窮困、複雜、多是非的環境中來操勞。也許家中窮或父母離異，也易家庭破碎。

廉破、擎羊在福德宮時，甲年生的人，**在卯宮有廉貞化祿、破軍化權、擎羊在宮中**，表示你外表性格強悍、但內心懦弱，你會很想掌權管事，但會為一些破爛的事，或和桃花有關的事而受剋害遭災。你的命宮會有陀羅獨坐，因此你是頑固、有些笨，會強力要破耗，又會憂慮、猶豫不決，你也會膽小、懦弱。在財、福二宮有『刑印』格局，故一生多窮困，是原來環境還很好，但被你搞窮困了。一生享不到福，是奔波操勞、運氣不算好、無法享福的人。

在酉宮，是庚年生的人，有廉破、擎羊在福德宮，你仍然是陀羅坐命，而有『刑運』格局的人，你不太愛管事了，桃花也少。你也會多想，多思慮，猶豫不決，內心多是非，煩悶，自己笨，又想不透，勞心勞力也無甚結果的人。也是一生奔波勞碌，運氣也不好、無法享福的人。

廉破、祿存在福德宮時，你會性格保守、小氣、畏縮、強硬，你幼年家窮，或有家宅不寧的問題，易家庭破碎或分東離西，但有你可供溫飽的一點財，你會終日奔波不停，享受不多，但辛苦，所得較少。你的打拚能力與智慧都不多，因此會辛苦。

廉破、文昌或廉破、文曲在福德宮時，是窮命格局，亦會思想清高，和財離的遠，是天生腦袋就窮的關係。**在酉宮時**，昌曲居廟，你還會稍有斯文氣質和美麗一點的外型，但易東想西想，不實際，或自以為有堅持、信念而有些財你不賺，有些事你不做。你未必會很操勞，但一生在窮境打轉，無法富裕。**在卯宮**，文昌居平，文曲居旺，你外型普通，仍是窮命，享福很少，勞心勞力，智慧不高，一生奔波，只為衣食，但也不太順利。

廉破、左輔或廉破、右弼在福德宮時，在你的夫妻宮有另一顆右弼星或左輔星和紫殺同宮，表示你內心還很想打拚或有某些思想幫助你想打拚，做些努力向上的事，但在人生的真實結果上，卻是幫助你更操勞、更破耗、更享不到福的，而且結果都不好的，收獲也是又破又爛的。因此你腦子中所想的事和你所做的事，實際有差距，這是好高騖遠，根本不實際，眼高手低，並不是真正聰明的做法。你一生中會多遇災禍、困難，一生勞碌，只在乎復災禍而已。

廉破、火星或廉破、鈴星在福德宮時，表示你天生脾氣壞，古怪、衝動，一生多突發災難，也會因自己的衝動而遭災。你一生勞碌、奔波，易和黑道有瓜葛，思想常有邪佞和不善的思想，會使自己更窮，社會地位更低，易自找麻煩而遭災。

廉破、天空或廉破、地劫在福德宮時，你的遷移宮中會有另一個地劫或天空星和武貪同宮，表示你外在的財祿也易空空，你的頭腦也空空，不實際，你易打拚少，做事虛多實少，也易窮困，又享不到福，常常不忙，忙起來又不知為何而忙。你易入宗教中生活，也不會對人生有何太大的希望，人生起伏，隨運遭災，而無法翻身，也易有精神疾病或迷信宗教與鬼神。

廉貞化忌、破軍在福德宮時，你會頭腦不清，身體有傷殘或病痛現象，內心多是非，或有憂鬱及精神病症，一生無法享福，也會在窮困、多災的家庭中生活。

廉貞、破軍化祿在福德宮時，你的遷移宮有武曲、貪狼化忌，你也會頭腦不清，喜歡到處找錢來花，本身智慧不足，只會多找虧空和是非，一生較窮，但會連累別人。其實你周圍環境也是人緣不太好的，不太借得到錢的，因此你多半連累家人和朋友，一、兩次以後，便無人理你了。你是無能力，又易破耗無度、窮命的人。

貪狼在福德宮

貪狼在福德宮

當貪狼在福德宮時，你是命宮中有一顆天府星的人，因為天生好貪，因此你會積極向財富上發展、打拚，會較勞碌、動作快、做事快速、聰明、伶俐，但易與人有距離，思想不一樣。天府星坐命的人，是財庫星坐命，因此喜歡將錢財收藏入庫，因此常把自己當做銀行，把周圍人的錢吸納盡入自己的口袋，再施行銀行業務，向外借貸放款，程序小心謹慎，一點也不馬虎。你們還性格多疑，不會輕易相信別人，這和銀行對人的態度是一樣的。你是在財富及錢財的源頭上運氣好一點，多一點的人。你也是一生為財富閒不下來的人。

當貪狼在福德宮時，多桃花，貪的也是桃花，對人不信任，但又喜大膽的假設或投資，常找到價值觀不一樣的情人或配偶，在感情的認定上，這一關是馬虎的、考慮少的，快速的，因此命宮中有天府坐命的人，常一見鍾情或一拍即合。但貪狼在福德宮的人，也會對自己周圍的人，性格圓滑，表面上很隨和，和人親切和睦，但不會將自己的心事向人傾吐，仍然會和人保持距離，也很難有推心置腹之人。

當貪狼在福德宮時，你是外柔內剛，內在性格強悍，意志力也很強，也易接近酒色財氣的人。一生勞心較多，不能安寧，常不安現狀，是一個訴求過多，不甘心過正常日子，總是希望獲得更多，人生常有不滿足感，也會精神空虛，所獲得的只是物質上的享受，因此會更勞碌，是精神上無法獲得平衡的人。當貪狼在福德宮時，你好享福，尤其好享財福，但精神上較勞碌，並不能算是真正有福之人。

貪狼在子、午宮為福德宮時，你是廉府坐命的人，你的桃花多，喜歡交際應酬，會以此為工作上或得財的重要手段和方法。你一生機會多，運氣還不錯，錢財順利，但多貪就多勞碌，你是一個閒不下來的人。因此一生辛勞、不安現狀，喜買精緻高貴的物品和較物質化的享受，故一生為錢財傷腦筋，勞心勞力不斷，錢財是有了，但精神空虛，人生總有貪不到的東西，仍會使你浩嘆不已。

貪狼在寅、申宮為福德宮時，你是武府坐命的人，貪狼居平，表示你一生貪的只是錢財或政治事務中的其中一項，沒有貪很多，你也會桃花不強，機運略少，因此易做公務員或薪水族。八字命中財多的人，貪心也會多一點。你因貪狼居平的關係，也會貪一些不好的東西，一生中不安現狀和訴求過多的現象也會較少、較小。但仍勞碌和有精神空虛的問題，一生享福少。

貪狼在辰、戌宮為福德宮時，你是紫府坐命的人，貪狼居廟，表示你一生貪的不但是錢財，而且還有權力、地位。你的性格更強悍、內心和人有距離感，較孤獨，桃花多，但未必有處理桃花的能力。一生勞心勞力，不滿現狀和訴求過多的現象十分嚴重，因此勞碌更甚，精神空虛的狀況也更嚴重，你一生所獲得的也只是物質享受較優越而已。

貪狼、擎羊在福德宮時，會在子、午、辰、戌宮出現。你的命宮也會有陀羅出現，表示你天生腦子有些笨，會心中多是非，心中悶，又不說出來，有精神上的折磨和痛苦，因此享福會不多，而且操勞不斷，是勞心勞力的雙重勞碌。而且在天生福氣上亦會享受不多。貪狼、擎羊是『刑運』和『刑貪』的格局，因此，你天生福份中運氣會差一些，而且也不敢貪了。貪的少，自然打拚力氣會少，機運差，所能獲得的財富較少，物質上的享受也會較少和層次低了。你也會只為一個普通人命格，一生成就也不高。

戊年生的人，在午宮有貪狼化祿、擎羊在福德宮時，你的命宮是廉府、陀羅，表示本命是『刑財』格局，會笨而刑財。在天生享受及運氣上，又是『刑運』加『刑財』的格局，因此你會性格油滑，自做聰明，貪些不好的享受，但又貪不到，易為桃花敗財，人生也成就不高。

貪狼、陀羅在福德宮時，會在寅、申、辰、戌宮出現。你的官祿宮會有擎羊在宮中，是『廉相羊』或『紫相羊』的『刑印』格局，表示在工作上無法掌權，會懦弱，智慧不高，工作不力，一生中的成就不高，同時你本身智慧差，較笨，天生喜歡貪一些笨事情，做事會拖拖拉拉，心中多是非，或頑固蠻幹而因笨敗事，會有精神上的折磨痛苦，一生勞心勞力所獲不多，財福和享受都差。

貪狼、祿存在福德宮時，表示你本性保守、小氣，貪也只貪一點點衣食之祿的運氣，你一生的運氣也只在小範圍的一點點的狀態中能有，你的享受也只有一點點衣食之祿的快樂了。因此你野心不大，打拚能力也不太強了，人緣桃花也不太多了。**癸年生的人，在子宮，有貪狼化忌、祿存同宮於福德宮時**，你人生中的好運是古怪又小的，你會保守、小氣，貪的少，貪的古怪，有時候是性格清高而不好貪的，亦會在某些特殊事物方面來打拚，你所享的福氣也會少，但更勞碌不停，有時也會根本享不到福，身心不清閒，精神上有耗弱現象，或有憂鬱等疾病。**在午宮，己年生的人，有貪狼化權、祿存在福德宮**，表示內心有強勢好貪、好掌權的心態和打拚力量，但也只在某些小範圍或小圈圈中打拚、強貪，所做的努力也有範圍限制，因此你一生所享的財福和權力、地位，以及桃花問題，都有限制在某一特定範圍之內了。所以你能享福，有錢，但財富不大，你有家窮和家宅不寧，錢財存不住的問題，一生在感情和財富享用上都會多遇困難和享受不多。

貪狼、文昌或貪狼、文曲在福德宮時，你會頭腦糊塗、政事顛倒，一生中會因糊塗敗事，而影響自己的人生。**在申、子、辰宮**，你還對金錢或財運、桃花運敏感，人也會長的斯文、美麗、外表精明、氣質略好。**在寅、午、戌宮時**，昌曲居陷，你在金錢上計算能力不佳，桃花是爛桃花，人也長相較粗俗，不美麗，氣質差，糊塗更甚，享受更不佳，或貪一些不該貪的東西，易受責罰。

貪狼、左輔或貪狼、右弼在福德宮時，**在子、午宮時**，你的官祿宮會有另一顆左輔或右弼和武相同宮，表示你天生好貪、好享受，會在事業上有左右手幫助你更貪、更勞碌。**在寅、申宮時**，你的命宮會有另一顆右弼或左輔和武府同宮，表示你天生好貪、好享受，在本命中財會多，也會有貴人相助你更貪、更勞碌。**在辰、戌**宮

時，你的財帛宮中會有另一顆右弼或左輔和武曲同宮，表示你天生好貪、好享受，會在錢財、財富上有左右手幫你賺錢、增富，使你多得而享受。凡有左輔、右弼和貪狼在福德宮的人，都會更貪、更勞碌，勞心勞力，所得的是物質享受，亦會有精神上的空虛感。

貪狼、火星或貪狼、鈴星在福德宮時，你是頭腦聰明、性格古怪，一生會大起大落，人生不穩定，操勞過多，辛苦，亦會有精神疾病的人。你會有暴發運，在錢財上易多得，亦能大富大貴，但人生無常，貪的多、貪的快，也會暴起暴落或貪錯或自己無法全部消受，故有精神疾病，或其他的意外之災。

貪狼、天空或貪狼、地劫在福德宮時，在子、午宮時，你的命宮有另一個地劫或天空和廉府同宮。在寅、申宮時，你的財帛宮會有另一個地劫或天空和廉貞同宮。在辰、戌宮時，你的官祿宮會有另一個地劫或天空和廉相同宮。這都表示你天生思想不實際，頭腦空空，企劃組織能力不好，智慧有缺失，所以你不愛貪了，人生中機緣也成空了，所以你天生能享財福的機會沒有了。你也會不忙、不打拚了，一生雖逍遙過日子，不會勞心勞力，但所得之財福也少了。倘若你仍想繼續打拚，找出人生的方向，則仍可賺到錢。

紫貪在福德宮

當紫微、貪狼在福德宮時，你是天府生命丑、未宮的人。表示你喜好享福，以及生活上的高級物質享受，或喜歡享受桃花情愛，因此你的打拚能力不算強。但仍用腦多，腦筋又不夠好，因此只是苦幹，做一點算一點，一生桃花會多，大部份在愛情和情色方面用心較多，你是早年辛苦，無福可享，晚年時能享一些福份的人，也能稍過好一點的生活。

紫貪、擎羊在福德宮時，你的命宮中有陀羅，你是有點笨又刑財的人，容易貪一些不好的邪淫桃花，在財祿上，無運，錢財少，耗財多，生活會更辛苦，勞碌而享不到福。

紫貪、祿存在福德宮時，表示你天性保守、小氣，貪只貪一點點，也只享受一點點，你會有家宅不寧和存不住錢的煩惱，內心喜於打拚賺錢，但會有愈打拚又更窮的思想，所以你一生仍勞碌多、享福少，人際關係也不算太好，桃花愛情也少。

紫微化科、貪狼、祿存在福德宮時，你會保守的，有氣質的，有方法的，去享受一丁點的小福份，例如衣食或桃花方面的享受，但在財福方面並不多。

紫微化權、貪狼在福德宮時，在你的夫、官二宮有陀羅出現，而且夫妻宮是武曲化忌、破軍，因此你會內心笨又窮，或是能力不佳、事業不順，能力有問題，但你天生有平復趨吉的力量。倘若是夫妻宮是武曲化忌、破軍、陀羅的人，表示你本人是內心理財能力不佳，又笨、心窮、小氣、內心有錢財是非，易不婚，或嫁娶到有債務、易受拖累的配偶，一生工作多起伏，自己愛享福，也未必肯打拚。如果是官祿宮有天相、陀羅，夫妻宮仍是武曲化忌、破軍，你會賺錢更少，有欠債之配偶，婚姻不順，也一生苦痛，未必真能享到福，桃花多一點罷了。

紫微、貪狼化權在福德宮時，是己年生的人，你會比較愛打拚，也愛享福，更能運用桃花及男女問題來幫助你在財福及情慾上多得及發洩，但你的命、遷二宮會有擎羊出現，你會是陰險、易有傷災或身體不佳的人，勞碌更多。

紫微、貪狼化祿在福德宮時，是戊年生的人，你會天生油滑、好享受、愛享福，在錢財用度上好一點，桃花多，喜貪色情享受，人緣也好一些。在你的命格中有擎羊會在子、田二宮出現，會有家宅不寧或子息較困難之傷剋的問題。你一生打拚的力量也不強，只能過普通人的生活。

紫微、貪狼化忌在福德宮時，你的命、遷二宮會有擎羊出現，你會性格保守、人緣差、且陰險多慮、勞心勞力，但白費力氣，享受的財福少。

紫貪、文昌或紫貪、文曲在福德宮時，你會天生糊塗、愛享受，但仍勞碌，老年時才能享福，但年青時易有糊塗桃花而傷害前程。**在酉宮**，你長相美麗，有氣質，外表還精明，對錢財精明，但其他的事會糊塗。**在卯宮**，你外表長相較普通，氣質也普通，易多糊塗，政事顛倒。

紫貪、左輔或紫貪、右弼在福德宮時，你的夫妻宮有另一顆右弼或左輔和武破同宮，表示在你的內心，有人、有事會幫助你更心窮，而使你天生福氣上會有助力更偷懶、想享福，或意志不堅定，做一些投機取巧之事想要享福，因此你的打拚能力不好，未必能有享福之機會或真正貪到好的享受。你是小氣更甚，吝嗇、格局不大的人。

紫貪、火星或紫貪、鈴星在福德宮時，你是性格古怪、勞碌，在財福上有暴發運的人。一生忙碌，但又常不知在忙什麼，一生有大起大落的現象，能有錢或富貴，但也耗財，錢只花在自己身上，對別人小氣。一生事業起伏大，只能享財福，桃花是偶而有、偶而沒有的狀態。一生對人不真誠。

紫貪、天空或紫貪、地劫在福德宮時，你的遷移宮有另一個地劫或天空和廉殺同宮，表示在外打拚能力不強，常不努力、不打拚、頭腦空空、不實際，故思想清高，享受也少，你也會桃花少，人較正派，而少色情桃花事件。會一生隨遇而安，易有憂鬱症、精神疾病，易入宗教中能身心平安。

武貪在福德宮

有武曲、貪狼在福德宮，你是天府坐命巳宮或亥宮的人。你會性格剛硬固執，在錢財略有一些好運，財的源頭有一些意外好運，但你接財能力和掌握運用的能力不一定好。你的官祿宮是天相陷落，財帛宮是空宮，這也表示你的智慧是不高，你只是能敏感的、感受好運和財運而已。實際是拿不太到，和賺不多的，你一生會勞祿，過普通生活，成就不高，陰男陽女逆行大運的人，較慘，一生會較窮困。陽男陰女順行大運的人，運氣稍好一點，你們都是在行運福德宮時，有暴發運和偏財運的人，會終日奔波，老年才稍為享福。

武貪、擎羊在福德宮時，丁年生，在未宮，表示你天生的財運和機運都受到刑剋，你會不想貪，工作不力或貪不對東西。你的命宮有天府、陀羅，你會較笨，或錯失良機，或因是非而阻礙錢財及好運來到，福德宮是『破格』，但仍會暴發，你也會有精神上的痛苦，多想、多思慮、又多是非，勞心勞力而成果不佳。難享財福或清靜。

在未宮，己年生的人，有武曲化祿、貪狼化權、擎羊在福德宮中，表示你天生有強悍的力量，好在財祿與掌權上多爭鬥，你的命宮有陀羅，因此會享福少一點，而勤勞、勤奮多一些，勞碌一些，凡事多管，你的成就和財祿的收獲會多一些、高一些。你會天生有一些富貴可享，但易享受不久。

在丑宮，癸年生的人，有武曲、貪狼化忌、擎羊在福德宮，表示你天生機運不佳，財運也少，你的命宮有陀羅出現，你會因為笨的關係，無福祿可享，暴發運也不發，為人孤獨、古怪，一生財少，老年易孤獨終老。

武貪、陀羅在福德宮時，**在丑宮**，是甲年生的人，**有武曲化科、貪狼、陀羅在福德宮**，你的官祿宮會有天相陷落、擎羊，表示是『刑印』格局，會不工作，或懦弱，掌不到權力，更易被欺負，或工作能力太弱。你天生有用笨方法找錢的生存能力，因此工不工作都沒太大關係。你也會破耗多，成就小。

在未宮，是庚年生的人，**有武曲化權、貪狼、陀羅在福德宮中**，表示天生對錢財敏感，腦子笨一點、慢一點，仍會賺錢。你的命宮有陀羅，做事會慢吞吞，但在賺錢和理財上仍是一把好手。

武貪、文昌、文曲四星同宮在福德宮時，**在丑宮**，昌曲居廟，表示你會長相好，性格剛直，桃花多，也喜好色慾方面的享受，但會有頭腦不清的現象，對錢財還精明，易遭人包養，而自己努力不多。**在未宮**，文昌居平，文曲居旺，表示你長相普通，性格剛直，桃花也不少，喜好色慾上的享受，頭腦不清，對錢財也不精明，易靠人吃飯，享受也不算太好。

武貪、左輔、右弼四星同宮時，表示你天生性格上依賴性強，也會有人幫忙你財祿和運氣。你天生有平輩貴人運，可靠人提攜而有好運及富貴，但人生仍會起伏不定，運好時，財多，運壞時，貴

人也不在了。但也容易敗處逢生。

武貪、火星或武貪、鈴星在福德宮時，表示你天生脾氣古怪、強悍、無福，但命格中有偏財運，會大起大落，人生不安定，起伏上下，如坐雲霄飛車。你也會性格衝動、火爆，人生易暴起暴落，運好時暴起，運衰時暴落且遭災，一生勞心勞力，有精神上的壓力和折磨。

武貪、天空或武貪、地劫在福德宮時，你的夫妻宮有另一顆地劫或天空星和廉破同宮，表示你會不婚或婚姻不長久。你會頭腦空空、內心不實際，有灰色思想，凡事往負面方向想，因此天生的財福、好運、享受都會成空。你是個有好的婚姻，就會有福祿的人，沒有好的婚姻，就代表你真的內心空空，沒頭腦，故也一生無福可享了。你會凡事都搞空、劫空，易向宗教上發展。

武曲化忌、貪狼在福德宮時，表示你天生的理財觀念和能力都不好，因此一生多遭錢財是非或債務拖累而勞碌、不清閒，你是頭腦不清的人，會給自己帶來許多是非和麻煩，亦容易遭金屬、石器之傷災。你的人生還有一點運氣，但都不在財運上，你宜做薪水族，用心工作，少惹麻煩，才能平安過日子。但一生較窮。

武曲、貪狼化祿在福德宮時，你的命、遷二宮會有祿存進入，表示為人保守、或環境保守，但天生運氣上有一點好運，做人也能圓滑一點，但你和家人和平輩的關係都不好，人生中只是向外尋找一點機會，偶而可有小的財祿和男女之情的享受而已。人生格局很小。

廉貪在福德宮

當廉貞、貪狼在福德宮時，你是天府坐命卯、酉宮的人。你一生的福份少，勞心勞力，思想平庸，又常多疑，對別人不信任，想貪的都是一些不實際或太超過你自己能力的東西。你會小氣、吝嗇，對人刻薄，對自己也不算大方。當廉貪在巳宮時，你會生活較困苦。在亥宮時，你的生活還過得去，但會東想西想，讓自己勞碌不停，身心皆忙。

當廉貪在福德宮時，對色慾有特別喜好，易晚婚或與人有不正常之關係，婚後也易有婚外情。這是天生有邪淫思想和偏好享受，也誤以為這就是福氣的人生。

當福德宮是廉貪時，你心中想貪的東西多，也易用品行不端的、和邪佞鬼怪的方法手段來爭取或奪得，但也多是非、災禍，更製造自己的勞碌和生活不穩定。同時你也會是天生運氣不好，無運氣，並且運氣很差，但又想翻身、又不信邪的人。所以內心掙扎多，內心永不平靜，有時也會異想天開，做些畫蛇添足或自找麻煩的事。但你會生性膽小、懦弱，做事又不敢當，會扯些另外的是非來掩蓋你的罪行。

廉貪、陀羅在福德宮時，是『風流彩格』格，你是本命淫賤的人，是個性格笨，做些笨事又以為自己在貪好處和好運的人，亦會以出賣身體、用邪淫的方式來賺錢，易為妓女或做小，但一生想貪又貪不到，最多有衣食溫飽而已。你的官祿宮有天相、擎羊，是『刑印』格局，會不工作，或工作不長久，工作能力不好。其人也會長相粗俗、懦弱無用，不算美麗。

在巳宮，己年生的人，**有廉貞、貪狼化權、陀羅在福德宮時**，亦是『風流彩杖』格帶化權，是更淫賤，更會主導風流淫賤之事的人，同時也是頑固要做笨事的人，貪心多，而且強力要貪不好的事物與東西，一生運氣差。官祿宮同樣是天相、擎羊，是『刑印』格局，可做老鴇或仲介淫媒，亦喜多管爛事，但管又管不好，多惹是非。一生勞碌，不為人尊敬，老年堪憂。

在亥宮，癸年生的人，**有廉貞、貪狼化忌、陀羅在福德宮時**，你是人緣不佳，多是非，會有爛桃花惹是非之人。一生運氣極差，也會有精神疾病和性病，又會是又笨、又悶，一生不開朗的人。

廉貪、祿存在福德宮時，表示你一生運氣不好，保守、小氣，但還有一點衣食之祿，也喜歡一點淫慾享受，但生性更膽小，亦會把自己命中的一點財祿搞光。

在巳宮，丙年生的人，**有廉貞化忌、貪狼、祿存在福德宮之中**，會頭腦不清，爛桃花多，是『祿逢沖破』的格局，亦會有官非、或身體上有問題及性病。你會一生不開朗，父母窮，幼年不好，有家宅不寧，一生都較窮的問題，故享受不多。一生勞碌、身心皆疲憊。

在巳宮，戊年生的人，**有廉貞、貪狼化祿、祿存在福德宮**，你仍是家窮，有家宅不寧的問題，人緣不算好，又保守、小氣，會喜貪色慾享受，較易靠情色來得財，或為貪財、貪色之人。一生福祿並不多，仍辛苦勞心勞力過一生。

在亥宮，是壬年生的人，你的遷移宮中有武曲化忌、七殺，福德宮為廉貪、祿存，你會一生窮困，環境中有債務，你又小氣、吝嗇，心地不佳，易在外為財而亡，或被殺。

廉貪、文昌或廉貪、文曲在福德宮時，在巳宮，你會稍美麗、有氣質，對錢財精明一些。在亥宮，聰明、氣質、美麗都較普通。你們都是桃花多，貪色慾享受的人，更會頭腦糊塗，政事顛倒，因色敗事，或因色而損失。你也易做小，或做色情行業，為人包養而沒有正常、高級的人生。

廉貪、左輔或廉貪、右弼在福德宮時，在你的遷移宮中會有另一個右弼或左輔和武殺同宮，表示天生有助力使你想法壞，好貪不好的東西或讓你貪色慾的偏好，而在你的環境中，也會有助力使你更辛苦、更勞碌。因此當你辛苦、忙碌又賺不到什麼錢時，你就會以色情或低下的工作來打拚了。因此你的福氣就愈來愈少。你也天生容易遭人引誘從事色情行業，無法自拔。你更會愈貪愈辛苦，無以自拔。

廉貪、火星或廉貪、鈴星在福德宮時，你具有暴發運，會在行運至福德宮時有好運，能多得錢財和機會。以在巳宮，爆發較大，在亥宮，爆發較小。你是一個品行不佳、脾氣壞、人緣壞、脾氣古怪的人，一生有點好運，但也暴落的很快。

廉貪、地劫、天空在福德宮時，你天生頭腦空空，易行邪佞之事，但爛桃花沒有了。可是一生也運不好，易早夭，或有精神疾病，宜入宗教、寺廟中生活躲災。運行福德宮時易遭災，運至三重逢合時，會夭亡。

廉貞化祿、貪狼在福德宮時，你是特別喜好色慾的人，在命、遷二宮會有擎羊出現，會『刑財』或環境多嚴苛、窮困，小心因財而亡，或車禍而亡。亦會身體不好，多病痛，一生辛苦，本命中財並不多。

福德宮為空宮

當福德宮為空宮時，有三種現象：

1. **福德宮在丑、未會為空宮，有武貪相照時**，你是紫殺坐命的人，表示你的福氣不強，福份較空茫，但也會有一些隱隱約約的財祿和運氣。你亦是性格堅強、剛硬、守信諾，對錢財小氣的人。你一生會較勞碌、智慧不算高，但會為錢財打拚、努力，生活過得去，但以享受物質生活為主，會精神空虛的人。

2. **福德宮在卯、酉宮為空宮，有紫貪相照時**，你是廉殺坐命丑宮或未宮的人。表示你的福氣不強，福份略小，會愛享福，有普通的財祿和運氣，喜歡精神享受或桃花愛情方面的享受，你一生較勞碌，但會為一些普通的興趣勞碌，實際上你的能力不算強，做一點小事，就會讓你忙個不停了。

3. **福德宮在巳、亥宮為空宮，有廉貪相照時**，你是武殺坐命的人，一生福氣差，會操勞，運氣也不佳，易頭腦頑固，但人生目標不清楚，也易白忙一場，或常重新開始。你的財的源頭是空茫無財的，自然手中能享的財福就少了。一生為錢財打拚，卻常在窮困之中，宜有固定職業及配偶，則有人生方向，人生以『主貴』為目標，在事業上發展，就會有美滿人生了。

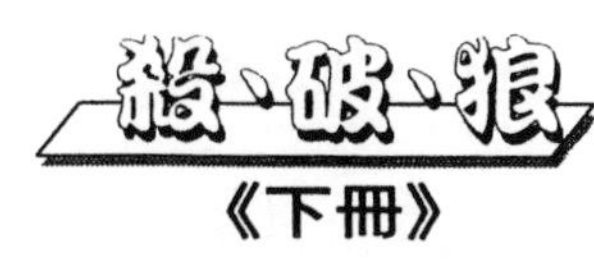

第七章　殺、破、狼在『父、子、僕』對人的影響

當殺、破、狼出現在父、子、僕等宮位時，即是殺、破、狼在六親宮之中了，皆屬不吉。有此格局時，同時也表示你是『機月同梁』格的人，命宮中或『命、財、官』皆有天機、天梁、天同、太陰這些星曜。因為你本身是性格溫和，具有溫情主義的人，而父母、長輩、子女、晚輩、朋友、部屬是屬於性格強悍、乾脆、動作快、說話大聲、做事迅速、不太重視他人感受的人，因此在思想和相處模式上和你不同調，彼此也無法在觀念上認同，是故『父、

子、僕』有『殺、破、狼』時，皆屬『刑剋』模式，較難溝通及彼此有隔閡的。當刑剋嚴重時，會有生離死別的情形，或你被送養他人，一生少見面。也會有讓你早日離家打拚工作，與父母少團聚的狀況。

命盤上的父母宮，是看父母與我們之間關係的宮位。命盤上的父母宮，也是我們對父母的感覺、看法，和我們自己對父母之間感情微妙關係變化的一種描寫呈現。因此在每一個人自己命盤上的父母宮，就是你自己對父母的看法和感覺的綜合性表現和紀錄。在我論命時，常碰到一些父母，看到自己小孩命盤中父母宮不好，都迷信說小孩是來剋他的，更加的對小孩凶悍、刻薄。其實，這不是小孩剋父母。父母宮不佳的人，都是被父母刑剋到了。在命盤上，你那一宮不好，就被那一宮所剋。當為父母的人，看到小孩的父母宮不好時，應當明瞭小孩和自己的磁場不同，想法不同，要更用心去瞭解小孩、加倍關心小孩，減少岐見。也要設身處地的為小孩多想想，從小孩的位置來想，並且要回想自己少年時，是不是也做過相同的錯事，做人要明理，親子關係能變好。當子女的父母宮有『殺、破、狼』及『羊、陀、火、鈴、化忌、劫空』時，尤其父母要注意自已對待子女的方式，要對子女更冷靜、更溫和、更富細緻感情的表達，否則會嚇到小孩，亦會有終生的遺憾。

當父母宮有『殺、破、狼』及『羊、陀、火、鈴、化忌、劫空』時，此人在嬰幼兒時，都和父母緣份薄，也都曾被父母嚇到。在受虐兒童命盤上的父母宮，肯定是很凶險的。在走失兒童、被拐騙兒童命盤上的父母宮，常是空宮或對宮有煞星在。在早夭兒童的父母宮常有地劫、天空出現，或劫空並坐在巳、亥宮的現象。這些都證明父母對小孩愛的不夠，或愛的沒方法所致的。

父母宮也是我們承受父母及長輩關懷及愛的宮位，倘若父母宮有殺、破、狼及其他凶星出現，你自己也要多用心想一想『為什麼你感受父母的愛是這麼困難？』以及『為什麼你感受不到父母的愛？』是你自己太固執、太天真了呢？還是你自己本身即對父母有偏見、太挑剔，以致於產生父子之間許多問題。

近來許多人向我問及有關『如何得到貴人運？』的問題。

我還是那句老話，想要有『貴人運』的人，就首先要具備長輩運，就要和父母、長輩相處融洽、親密，自然會有貴人提攜、照顧了。和父母相處不佳的人，容易見到長輩或長官到處躲避，怕見到年長者或地位高的人，自然沒有貴人運了。因此**貴人運是和父母宮有密切關係的。**

同樣的，**要有朋友運的人，要先友愛兄弟、兄弟和睦、待朋友如兄弟手足一般，就會有朋友運了**。有了這兩樣法寶，在外自然亨通。

父母宮大致也可看出父母職業取向，以及職位高低，但這是由該命盤當事者內心的認定，有時並不一定準確。例如機梁坐命者是父母宮為紫殺，因此凡是機梁坐命的人，都認為自己的父母是忙碌的，工作還高尚，有威嚴，是老闆和管理階層的人，沒錯。但老闆也有大小公司的老闆之分，某些人的父親也可能在軍警業中具有地位能掌權管人，這和在普通公司管人又不一樣。所以從父母宮來看父母的職業，會因個人內在感情因素，而有偏失。但子女可感受到父母是否受人尊敬，是否受人喜愛的狀況，是非常明確的。

父母宮會和疾厄宮相照，因此父母宮會影響你傳承的DNA，

也會帶給你遺傳疾病，當父母宮有『殺、破、狼』時，你易有頭臉破相或手足傷災、牙病。當化忌、劫空再在父母宮出現時，相照疾厄宮，也易有癌症問題，當父母宮有羊、陀、火、鈴出現時，也要小心腫瘤及癌症問題。所以父母宮的好壞也關係你的健康問題。

當殺、破、狼出現在父母宮時，父母對你較凶，或較冷淡，幼年時代較辛苦，父母對你的關愛少，或對你的愛護較無法得到你的接受。你易即早離家，躲避父母的關心。若是有此格局在父母宮的人，又離家時日很久，父母又已年老，接近油盡燈枯的時期，你是不適合輕易回家，與父母同住的，如此更容易造成刑剋，使父母早逝而留下遺憾。

當殺、破、狼出現在子女宮時，易子女少或無子，也易生出不好教養的子女。你對子女的關係也會冷淡或溝通不良，子女也容易

早日離家，在你的晚年是不容易得到好的奉養的。當你年老時，子女又離家時日太久，你也不適合和子女同住，也會有刑剋，使你早日離世。

當殺、破、狼出現在僕役宮時，你易有較凶悍、感情不深或言行誇張、彼此無法同心同德的朋友或部屬，也易有背叛之朋友和部屬。你一生較孤獨，你和同輩之間的感情易冷淡而沒有話講。你也易在事業、工作、生活上沒有助力，更會在職場上沒有領導力，影響升級或賺錢少。

第一節 『殺、破、狼』在父母宮對人的影響

七殺在父母宮

七殺在父母宮

當七殺在父母宮時，你是命宮有天梁星坐命的人。父母都對你很凶、很嚴格和強悍，讓你不敢反抗，會一板一眼的教導你和教訓你，或是你與父母會分開，或父母之一早亡，有生離死別之事。父母為固執、任性、性格剛硬的人。父母會做忙碌的工作，或做軍警業、法律界人士，或是做操勞不斷或粗重奔波的工作，父母一生都

很辛苦，沒有太多的時間關心你。當父母關心你時，你也會有畏懼之心。你和父母不能交心溝通，易早日離家、躲避父母的管束，親子間的感情是不算和睦的。你和長輩也不能融洽，會躲著他們。

七殺、擎羊在父母宮時，父母是性格強悍又不穩定的人，對你更凶，你會早日離家，很年輕就離家，或幼年即與父母分開，由別人養大。父母和你有生離死別的狀況。父母之一也會早亡。你一生和長輩型的人物不合，長輩和長官上司們也會常指責你，使你很痛苦。**當擎羊居陷時**（在子、午宮），父母與你刑剋較凶，你根本得不到父母的幫助，父母還處處對你置肘，也有虐待子女的狀況。**當七殺、擎羊在辰、戌宮居廟時**，有必要時，父母還是會幫助你，他們只是較強悍、愛管你，因為你有比較笨的兄弟姐妹，父母把你們一視同仁，都覺得子女較笨，故愛多管你們，使你厭煩，也不想或不敢父母對抗。

七殺、陀羅在父母宮時，你的父母較頑固、較笨，性格沈悶，不會和你溝通，父母的事業也做的不好，在你的田宅宮中有擎羊同宮，因此你會家窮，或家中不富裕、財少，也有家宅不寧的問題，家中人不和樂、多是非爭鬥，你是來整理修復家中問題的人。你會成就比父母高，賺錢比父母多，來復興家業。

七殺、祿存在父母宮時，父母是保守、小氣、性格硬的人，而且財不多，也很難溝通，父母對你又凶、又嚴格，還是會愛你多一點，只是一種保守、小氣的愛而已。你的命宮是天梁、陀羅，你會有些笨和反應慢，內心多是非，又是個悶葫蘆，不願說出自己的感受，因此父母對你的好，不一定是你喜歡的，彼此仍有溝通上的困難。

七殺、文昌或七殺、文曲在父母宮時，在申、子、辰宮，表示父母忙碌，是精明幹練的人，計算能力好，氣質、長相也較美麗、斯文，會在文職工作上打拚，對你的態度是有威嚴，但講理的管束。你也會尊敬父母，對他們有點怕和距離感。**在寅、午、戌宮時**，父母是忙碌，但不精明的人，氣質、長相也較粗，不算美麗，會做較粗俗的工作，對你的態度較凶，容易不講理，你也會對父母有沒大沒小的言行，仍然和父母有距離、不親密。有此父母宮時，父母之一也易早逝。

七殺、左輔或七殺、右弼在父母宮時，你易由他人養大，和父母不親密、有隔閡，父母之間感情也易不融洽、多爭鬥、有是非。**在子、午宮時**，你的田宅宮有另一個右弼或左輔和廉貞同宮，表示家中多爭鬥，或有桃花事件或官非而不合，因此你和父母的心靈離得遠。

在寅、申宮時，你的兄弟宮會有另一個右弼或左輔和廉相同宮，表示你和父母不親密有隔閡，或分離，但和兄弟感情好，能互相幫助。

在辰、戌宮時，你的疾厄宮會有另一個右弼或左輔和廉府同宮，表示你和父母不親密，但有家族性疾病、有脾、胃方面的毛病或血液、皮膚潰爛、牙病、婦女病等問題，會加重的情形。

七殺、火星或七殺、鈴星在父母宮時，父母脾氣火爆、衝動、言行粗暴，會對子女有虐待的傾向。父母也易有意外之災，易父母不全。父母會工作不穩定、精神有問題。

七殺、天空或七殺、地劫在父母宮時，父母易早亡，或父母忙碌，和你離的遠，似有若無，父母對你無助力。

紫殺在父母宮

當紫微、七殺在父母宮時，你是機梁坐命的人，父母是工作忙碌、職業、賺錢都還不錯的人。父母也易高高在上，對你較冷淡。你和父母的關係較普通，並不十分親密。

紫殺、陀羅在父母宮時，父母是忙碌，但有點笨的人，也許外表長相還體面。你的田宅宮有擎羊，表示家中多爭鬥、不合，會因錢財爭吵，故家宅不寧，幼年有不平靜的生活。

紫殺、祿存在父母宮時，你的命宮有機梁、陀羅，福德宮有擎羊，你自己比較笨，無福可享，辛勞奔波，情緒不穩定，而父母是保守、忙碌、小氣的人，能對你有一點點照顧，但不多。

紫殺、文昌或紫殺、文曲在父母宮時，在巳宮，父母長相體面，氣質較好，也精明幹練，對你講理。在亥宮，父母長相氣質普通，不算精明，對你還算好。你們的父母都是忙碌的人，不太有時間管你的事。

紫殺、左輔或紫殺、右弼在父母宮時，你容易和父母不親密，或由別人帶大，成年以後，父母也會幫你一些事，但你不喜父母管。你會有另一個右弼或左輔星在僕役宮中和廉破同宮，表示有壞朋友會和你同聲一氣，使你變得更壞，因此父母不一定能和你和諧相處。

紫殺、火星或紫殺、鈴星在父母宮時，表示父母脾氣壞，和你不和，常有衝突，父母也會有段時間很忙，有段時間不忙，故他們會偶而管你一下，就和你有衝突，忙起來時，無暇管你，就不與你衝突了。

紫殺、天空或紫殺、地劫在父母宮時，父母容易早逝或雙亡。父母不和你住在一起，較無刑剋。父母對你無助力，你也少得到父母的照顧。

武殺在父母宮

當武曲、七殺在父母宮時，你是同梁坐命的人。父母是辛勤努力，為錢財奔波，但錢財賺的少、較窮的人。父母也會是智力不高，只用勞力賺錢的人。父母的職業也易是軍警業。父母性格剛直、強硬，你和他們較難溝通。父母也會對你比較冷淡或少見面，你也易和父母分開，例如你很早到外地唸書，少在家中之類的情形。你會覺得父母較嚴格，是不苟言笑對你較凶的人。

武殺、擎羊在父母宮時，父母是性格凶悍，但有時又會懦弱的人，常有財務問題，較窮。父母對你很凶，又小氣、吝嗇，很苛刻。你很少感受到父母的溫情。你也易從小送人抱養，不知道自己的親生父母是誰。養父母對你也不會太好，亦是冷淡、態度凶，對你照顧不好的人，你命宮中有祿存，有自己應有之衣食之祿，因為兄弟宮有陀羅，無兄弟或兄弟笨，也相處不好，因此你幼年時代辛苦，要到中年晚年才有好運。你一生和長輩之間有隔閡，和結婚之後的家庭較親密。

武殺、祿存在父母宮時，你的命宮有同梁、陀羅，父母是辛勞努力，稍有一點衣食、溫飽之財的人，為人保守、小氣，但對你還不錯，可是你不一定能體會，會覺得父母還是對你凶、又小氣，愛你不太多的。你自己會有內心爭扎、心悶、又不說出來。

武殺、文昌或武殺、文曲在父母宮時，在酉宮，昌曲居廟，父母是辛勤努力、精明、長相、氣質好，口才好，但財不多的人，會做文職工作，對你嚴格、冷淡，但講道理，能教你一些東西，也會做榜樣給你看，父母易從事軍警業的文職工作。**在卯宮**，父母仍辛苦，長相、氣質、精明皆普通，口才不錯，會做文職工作，財會更少一點，對你嚴格、冷淡，少與你講道理，也少與你有互動關係，親子關係及感情是冷淡中有規律性、不親密的感情。

武殺、左輔或武殺、右弼在父母宮時，你的子女宮會有另一個右弼或左輔星和廉貪同宮，表示在你的環境中，會有助力讓你感覺父母份外辛苦勞碌、份外的凶和窮，父母對你很冷淡、緣份薄，你也易做養子。也會在你心中，覺得養子女是不值得、不好的事。因此你易對子女也態度壞，或根本不想生子女來自找麻煩，你易做頂客族，或晚婚、不婚，或與妻子商量不要生小孩，以免麻煩。

殺、破、狼
《下冊》

武殺、火星或武殺、鈴星在父母宮時，父母是言行暴躁、衝動的人，也會有古怪的聰明，會工作不順利。人生起伏大，也易和黑道掛勾。在家庭中易有家暴事件，你也容易和父母分離，偶而才見面，也易父母不全。

武殺、天空或武殺、地劫在父母宮時，易父母不全，缺一人、或少與父母見面，似有若無，父母是財少或無財之人，也會無工作或人生有大起伏，對你照顧不周。

武曲化權、七殺在父母宮時，是庚年生的人，**在卯宮**，表示父母特別強勢，愛管你，也刑剋你，父母特愛賺錢，對你會控制錢財上的花用問題。你疾厄宮有天府、擎羊，你本命是被金剋的人，也會腎臟、脾胃有問題，易開刀，身體不好。

在酉宮，有武曲化權、七殺、擎羊在父母宮，父母對你更凶，更

愛管，讓你受不了。父母愛賺錢管錢，但賺的少，理財能力也不好，一生都和你有錢財上的是非，你的身體健康也易出問題。流年逢父母宮，有開刀、車禍嚴重的問題。

武曲化祿、七殺在父母宮，父母是辛苦賺錢、不多，但稍有財祿的人，對你也較嚴格，但會給你錢財花用，仍會注意到你的人。你自己也能有穩定的薪水之資，能稍為孝順父母。

武曲化忌、七殺在父母宮，父母財窮，又常有債務纏身，頭腦不清楚，對你感情不好，易打罵你，也易不辨是非，或多惹是非，讓你頭痛。你幼年生活辛苦，夫、官二宮會有擎羊出現，因此你易感情不順或事業不佳，一生多波折。你的身體肺部與大腸也易有生癌症的現象，要開刀！

廉殺在父母宮

當廉貞、七殺在父母宮時，你是天梁坐命子、午宮的人。你的父母是腦筋頑固，性格保守，智慧及企劃營謀能力不高的人，也會是較窮困、或守著一點技藝在謀生的人，亦可能為軍警職的人。父母無法提供你較好的人生規劃與建議。你在幼年時就常易令雙親擔憂，因此你自幼年起就與父母意見不合，父母會用自己愚笨的方法對你嚴格，你會忍耐至離家讀書或能自立時獨立，即與雙親保持距離。父母之一也會早逝，親子關係很冷淡。要小心脾胃，以及心臟、血液等的病症。

廉貞化祿、七殺在父母宮時，你是甲年生的人，**在未宮時**，你的父母對你雖嚴苛，但偶而還會對你好一點，會給你錢花用，你也會

投其所好來巴結他們，但你的僕役宮有武曲化科、破軍化權，易結交壞朋友，耗敗家產，實則你是與父親不和，而得到母親溺愛的人，你的遷移宮中有太陽陷落帶化忌，因此你一生不吉，會多起伏，做了很多後悔之事。

在丑宮，父母宮有廉貞化祿、七殺、陀羅，表示父母較笨，或知識水準低，會用自以為對你好的方法來對待你。父母之中有一人也易早逝，也是母親對你較好，與父親較不合。你的遷移宮中亦有太陽居旺化忌，僕役宮也是武曲化科、破軍化權，你也易受朋友影響，破財或事業起伏，一生不算順利。更要小心流年、流月逢父母宮時有『廉殺陀』格局，有車禍傷災的情況。

廉貞化忌、七殺在父母宮時，你是丙年生的人，父母是頭腦不清，對你態度惡劣，不慈善的人。你易受到不公平的對待，幼年較辛苦可憐。也可能父母之中一人有精神疾病，較難撫養你，你也易被送養或自己辛苦長大。

在未宮時，你的命宮是天梁、擎羊，是『刑蔭』格局，表示你本身就難得到貴人或長輩的照顧。你也會計謀多，較陰險，但多思慮，心境不平靜，情緒多起伏，一生較勞苦，不容易享到福。你會和兄弟相依為命，自立更生。

在丑宮，你的遷移宮有太陽、擎羊，是『刑官』格局，會因家境不好，一生事業也易受阻，在外競爭多，朋友都是小氣又窮的朋友，施展不開。

廉殺、擎羊在父母宮時，你的父母對你有剋害，父母對你很凶、不慈愛，或是父母早逝，或父母狠心把你送給別人養，亦或是父母有傷殘現象。你幼年時代過得不太好，你的命宮有天梁、祿存，倘若你與親生父母同住，而又父母雙全的人，幼年有被虐現象。你一生都會保守、膽小，為人小氣吝嗇，深怕受人欺負。你與父母與長輩、上司的關係都不好，容易在升官的路途上較坎坷。

廉殺、陀羅在未宮為父母宮時，你是庚年生的人，表示父母頭腦頑固、較笨，父母比你的成就差。你的遷移宮中有太陽陷落帶化祿，你易做公職，有平順的生活，你的生活層次和人生層次比父母高。

廉殺、文昌、文曲在父母宮時，父母不凶了，是表面溫和但頑固，對你略微冷淡的人。**在丑宮**，昌曲居廟，父母相貌端正美麗，口才好，也精明，會講理，計算錢財的能力好，做事很打拚，有小康略富裕的生活。但你實際上仍不認為他們是智商高，或很聰明的人。**在未宮**，文昌居平，文曲居旺，父母的相貌普通、口才好，計算錢財的精明度與聰明度較更次一級，在財富上也更居於小康之中下等。他們是悶著頭打拚未必有結果的人。當父母宮有廉殺、文昌、文曲時，皆表示父母之中有桃花問題，但不一定影響父母的感情，有時父母會感情更好。但有羊、陀、火、鈴、化忌同宮或相照時，父母會因桃花問題而爭吵分開。

廉殺、左輔、右弼在父母宮時，表示父母是又笨又頑固，一味用自己愚笨的、嚴苛的方法教育你、要求你，有時你根本無法不聽他的，但是聽了他們的話，又對自己不利，因此心中常有抱怨，內心常不平衡。當你出外工作時，也常會碰到一些能力不好，又喜蠻幹，一旁又有些愛拍馬屁的同事助紂為虐，使你在工作上倍加辛苦。你也易為主管或老闆擦屁股，賺了錢還不受感激。有此格局在父母宮的人，幼年易被父母送給別人養，或是雖在父母名下，卻由別人帶大，與父母間的關係冷淡。左輔、右弼會更加深廉殺在父母宮的刑剋關係。

廉殺、火星或廉殺、鈴星在父母宮時，表示父母較凶，不算聰明，但常有怪怪的聰明，情緒不穩定，易衝動，常突發脾氣對你很凶。父母也易和黑道有關。父母的財運也常不濟，常是有一票、沒一票的在進賬，因此你幼年的生活辛苦。父母之間的關係也不佳，常有突發的爭執、吵鬧、爭鬥，家庭不算和樂。你會早日獨立或離家生活，父母也易離婚。

廉殺、天空或廉殺、地劫在父母宮時，你的子女宮中會有另一個地劫或天空和紫貪同宮，表示父母對你感情冷淡，父母之中有一人會先不在了，與父母緣薄。而你對子女的感情也會高高在上，不太關心，或亦冷淡。你也會兒子少，或無子。(可以有女兒)。家中人丁少。

破軍在父母宮

破軍在父母宮

當破軍在父母宮時，表示父母是性格、性情和你完全不一樣的人。父母是性格海派、爽朗、言行豪放、不拘小節、講話大聲、聰明、洞悉力很強，性情多疑，不會理財，破耗多，愛花錢，或行為沒有節制的人。父母也易意見不一，感情欠和，父母易離婚，你易有破碎或不完整的家庭。

當破軍居廟或居旺在父母宮時，你的父母自己還有些財力，但愛花錢，不見得會有很多財產留給你，但也未必會拖累你。他們只是與你的思想方式不一樣，性格也不相同，金錢價值觀也不同，因此親子關係無法溝通，你也易與父母有衝突發生。

當破軍居平陷在父母宮時，是武破或廉破在父母宮中，父母很窮，或身體不好，幼年你生活貧困，父母易離異，家庭不完整或破敗，也無法有財產留給你。父母也會對你的態度不佳，你也根本不會聽父母的話。因此你幼年的家庭教育也是不完整而欠缺的。如果你能略有成就，就需後天的自我教育成功才行。

當破軍在父母宮時，你會不認同父母說的話，而自有主見。在工作時，也易不認同老闆、主管或長輩說的話而我行我素，因此長輩型的貴人運都會失去，十分可惜。

當破軍在父母宮時，你會有些家族遺傳的病症，例如氣喘、支氣管炎、鼻炎，易感冒，身體敏感，過敏症，以及腎或膀胱、內分泌、淋巴系統的毛病。因為你的父母之中也會有身體不好，有宿疾或常開刀的毛病。

破軍化權單星居廟或居旺在父母宮時，表示父母很強勢，做事果斷，對你很強硬，會不徵求你的同意，強行替你做主。父母是意志力很強，做事很打拚，也會有一些成就的人。父母會有大起大落的人生，而你會較懦弱，不敢對父母反抗。父母是一個敢於投資，又會支配一切的人，你的成就沒有父母好，能力、財力都差，因此你會是一個懦弱又敢怒不敢言的人。

破軍化祿單星居廟或居旺在父母宮時，你是癸年生的人，他的父母是一個想花錢、想投資，就會去找到錢來花，來享用的人。他表面上對你還不錯，但會寅吃卯糧，易產生債務，常會讓你煩惱。你的遷移宮中都會有一顆巨門化權，所以你會管他，限制他，但父母仍會是你的負擔。

破軍、擎羊在父母宮時，父母與你有刑剋，小時候父母易把你送養給別人養。你的命宮有祿存入宮，兄弟宮有陀羅出現，表示你與家人都緣薄，你易受欺負及孤獨，也易懦弱。不過你會有自己的財來生存。但仍要小心有遺傳性疾病的問題。**當破軍、擎羊在子、午宮為父母宮時，擎羊居陷**，你的父母會疑神疑鬼、多慮、心態險惡、欺善怕惡，在對外界的凶惡勢力上會懦弱，他自己的賺錢、理財方式不好，他還會耗你的財，他會惟獨對你較凶，你的父母易有受傷或殘障的情形。**在辰、戌宮為父母宮時，擎羊居廟**。你的父母會做與刀、劍有關的行業或凶悍性的行業，在感情上較冷感，父母之間感情不佳，也會影響到你幼年不幸福。你是祿存坐命卯、酉宮的人，你的遷移宮會有天機化祿或巨門化祿，因此你會有自己的財來生活，亦會早日離家獨立。

破軍、祿存在父母宮時，是『祿逢沖破』的格局，父母是既保守、小氣，卻又在某些方面耗財的人。父母也會有專業能力，有一份固定的工作賺錢，但事業成就不大，有衣食而已。你的命宮會有陀羅出現，表示你自己比較笨，想法還和父母不一樣，雖然父母對你的好是屬於小氣、保守的，但你不一定領情。你也易離家，和父母有隔閡，但你在外受到委屈創傷時，才會回家。

破軍化祿、祿存在子宮為父母宮時，你是癸年生，太陽居陷坐命亥宮的人。父母宮雖有『雙祿』格局，但仍是『祿逢沖破』，表示父母是保守、小氣的人，但很會找錢來花，會用各式各樣的方法來賺錢、找錢。正派的、邪派的都有，他也會把錢給你花，但錢財都不是大錢。你的遷移宮中有巨門居旺化權，表示你口才特佳，也很會要錢，因此常可自父母手中要到錢。父母仍易離婚，父母也易是薪水族，但很會賺外快。

破軍、陀羅在父母宮時，父母與你有刑剋，父母是有些笨或知識水準不高的人，也會較窮不富裕。你的出身貧寒低微，完全要靠自己的努力來教育成長。父母也易為身體不佳，有殘障或有精神疾病的人。父母也易離婚或和你生離死別，有家庭破碎之象。當破軍居旺、陀羅居廟在父母宮時，父母會做軍警職或粗重破爛、低下的工作，是頑固、強悍、容易是死不認錯的人。當破軍居得地之位，陀羅居陷在父母宮時，父母易是知識水準不高，頭腦有問題，易做邪佞的事，或無法工作的人。也會窮困、潦倒，與子女相隔兩地，不負責任，不能照顧子女的人。

破軍、火星或破軍、鈴星在父母宮時，表示父母脾氣壞，火爆、常突然發脾氣對你很凶，也會突然做一些不好的，會危害你的事。父母的性格和你不一樣，是潑辣狂妄的言行，父母具有怪怪的聰明，也會不行正道，或與黑道有關。幼年時代父母對你的照顧不好，你也易受不正規的教育，父母也與你緣份淺，會發生突然的事故與你生離死別。

破軍、文昌或破軍、文曲在父母宮時，父母會較窮，這是『窮』的格局。**當破軍與文昌、文曲在申、子、辰等宮居旺時**，父母是外表氣質還不錯，略有文化修養的人，也會精明，有工作能力，只是一生的生活較清高、窮困、不富裕。因此你的幼年時代的物質生活雖不富裕，但精神生活豐富。父母雖和你的思想方式不一樣，仍能給你很好的、有氣質的教育，使你日後在人生中有用。

當破軍與文昌或文曲在寅、午、戌宮時，昌曲居陷，父母是外表較粗俗、較醜、言行粗獷、教養差、又窮的人，因此你無法獲得好的教育環境，一生想脫離困境也較辛苦與困難。

破軍、左輔或破軍、右弼在父母宮時，你的父母會十分忙碌，打拚努力。環境中有許多事需要他們來努力奮鬥，父母也易相互爭鬥不休，父母不合，易再婚，或有多次婚姻，根本無暇照顧你，而且還易牽扯很多事情拖累你。幼年時代，你易寄養他處，或由他人養大，長大後又受父母的拖累要養家，十分辛苦，父母對你的要求多，他們只會幫你破財或出紕漏，好事卻幫不上忙。你也容易與父母愈離愈遠，感情更壞或更冷淡。

破軍、天空或破軍、地劫在父母宮時，父母之中有一人會早逝或父母雙亡，亦或是與父母不生活在一起，距離較遠，感情冷淡，父母易似有若無，你若與父母生活在一起，也易父母前後仙逝。

紫破在父母宮

當紫微、破軍在父母宮時，表示父母是長相氣派，高高在上，有威嚴，但言行不一的人，父母也許桃花多了，易離婚，亦或是父母原先有很好的事業，而後來事業失敗或損失，或因故事業半途而廢，父母對你的態度也是表面上看起來是對你非常好的。但他們對你的管教卻都是不合你意的。你常會和父母意見相左，你不喜聽父母的話，你會自以為聰明，又常做糊塗事。父母有時對你強悍，有時又會不計前嫌而照顧你，你與父母的關係總是好好壞壞，但你的成就與財富比不上父母，因此你還是乖乖的和父母和解，接受父母

的照顧，父母也願意在你身上花錢，你與家人不合，在家中多是非，也讓父母頭痛。父母是既會對你好，又會高高在上對你凶的人。

紫破、擎羊在父母宮，擎羊居廟，父母是強悍，有權謀、威嚴，對你嚴格，挑剔，管你很凶。你與家人非常不合，你的命宮有天機、祿存，你會自私、小氣、只顧自己，深怕受人欺負、為人油滑，幼年也無法接受好的家庭教育與家庭溫暖，一生都在家庭是非中度過。

紫破、陀羅在父母宮時，陀羅居廟，父親是外表略體面，體型壯的人，非常頑固，又具威嚴、頭腦不開化，有些笨，或守舊，父親是做軍警職的人較好。父母對你的態度是強悍、蠻幹、不會徵求你的意見，也會對你凶及冷淡，或高高在上，重視自己所訂的規

則，較無人情味。你與父母的意見常不同，常易起糾紛、不合，問題很多，你也會自以為聰明而不服管教。

紫微、破軍化權、陀羅在丑宮為父母宮時，父母是外表氣派、喜愛打拚、事業會有成就，但事業也有起伏上下的人。父母對你非常強勢，愛管你，與你不合，你也會覺得父母某些事較笨，不圓通，你亦想反抗，但反抗不了，也未必會乖乖聽話，易和父母做對，也易父母不全。

紫微、破軍化祿、擎羊在丑宮為父母宮時，你的父母是外表長相還氣派，但理財能力不算好，常會破耗或愛花錢，到處借貸，而拖累你的人。你的父母會圓滑的有些陰險，表面上對你很好，但常會你帶來麻煩，實際上對你有剋害。

紫破、文昌、文曲在父母宮時，表示父母是長相氣派、美麗，

但是窮的，父母表面上感情好，但桃花多，也易有桃花問題，父母仍然會有離婚的可能，在你的身體健康方面也會有一些遺傳病症，如糖尿病、心臟病、或淋巴系統、泌尿系統及生殖系統方面的病症，要小心。親子關係表面和諧但不算很親密。

紫破、火星或紫破、鈴星在父母宮時，父母外表長相還不錯，但性格衝動，火爆、脾氣壞、言行較粗魯，沒有氣質，也易與黑道有關，不為善類。父母的頭腦有怪怪的聰明，常用在不好的地方，也會有突然對你發脾氣的狀況，親子關係不佳，父母一生也大起大落，不好的時候多。你對父母也冷淡，高興時才看看他們，也易父母不全。

紫破、天空或紫破、地劫在父母宮時，父母是和你感情不深，或根本不住在一起，或是父母中有一人早亡，父母不全，或似有若無的狀況。你幼年時代過得不好，一生也少受長輩照顧，家庭觀念較薄弱。在你的子女宮會有另一個地劫或天空和武殺同宮，表示你也不喜歡小孩，生子較困難，縱然有子女也照顧不好，對子女也情份薄，你也可能不婚，你本身的健康也易有問題，有容易生癌症的狀況，宜早做檢查。

紫微化權、破軍在父母宮時，你是壬年生的人，父母是性格強勢霸道，有權威的人，對你管得很嚴，你本身會懦弱，父母的經濟狀況較佳，你會靠父母照顧過日子，雖然你的內心常想反抗，對父母仍有微詞、不服，但基於現實狀況，仍屈服於父母的權威下過日子，你的子女宮有武曲化忌、七殺，表示你不一定會結婚生子，縱使結了婚、生下小孩，你也教不好，也會生下多病或財窮的小孩。你對子女也是照顧不好，親情冷淡之人。

紫微化科、破軍在父母宮時，你是乙年生的人。父母是外表長相氣派、氣質好，性格爽朗，事業做的很不錯的人，他們的性格和你不一樣，管束你的方法也常不被你接受，但很有方法照顧你，管束你。你和父母之間仍有小磨擦，但在外人眼中父母是對你很不錯的。

武破在父母宮

武曲、破軍在父母宮時，父母較窮，不富裕。你幼年時代也過得較辛苦，你是天同坐命辰、戌宮的人。你的父母也可能會從事軍警業。父母若做軍警業的話，生活就能小康，只是父母剛直、脾氣硬，對你的感情較硬，不夠溫柔、慈愛和親密而已了。

一般來說，父母宮有武破的人，父母都性格剛硬、脾氣壞，對你不太表達溫柔的親情，而且父母之間的關係也常緊張不佳，父母會離婚。父親的職業是以勞力、賺錢不多的行業為主，家中也易有經濟危機，你也易生長在一個不富裕，常是窮困的家庭之中。父母的金錢觀念差，不會理財，父親的事業也難有大發展，因此你的幼年時代是比較辛苦的，而且父母根本不瞭解你，常對你凶，你的性格是溫和、略懦弱的型態。你也容易和父母緣薄，或因父母窮困而送人撫養。你一生都容易遭父母、長輩、上司喝斥，要小心家庭遺傳的氣喘、糖尿病、血氣症、泌尿系統、淋巴等問題。

武曲化權、破軍在父母宮時，父母是喜歡管錢，但生活不算富裕的人，父親易能在軍警業中管軍需或財務，亦可能父親會在政治圈中打拚，但錢財不多。家中的主要經濟來源掌握在父親之手。父母對子女很權威，容易有軍事化的管理，你會對父母很敬畏，你的

命宮是天同化科，你是溫和有氣質的小孩，會尊敬父母，但與父母有距離，或懼怕父母，幼年時代感受父母的溫情很少，只有要錢時才畏縮的去找他們。

武曲化祿、破軍在父母宮時，**在亥宮**，父母是不算太富裕，但有基本上錢財進帳的人。父母也會在錢財上對你略大方一點，他們會用小小的錢財或物質性的東西對你表達溫情。父母在親情表達能力上仍不合你的需要，父母對錢財很看重，但仍不是很富裕的人。

在巳宮，有武曲化祿、破軍、陀羅入宮，表示父母仍會用小錢或物質性的東西對你表達關愛，但父母的理財能力不佳，耗財多，常也笨，表達能力不好，本身也不易留住錢財，仍會時而有錢，時而窘困，工作也有起伏，能賺一點衣食之祿而已。事業層次不高。

武曲化科、破軍化權在父母宮時，父母是自命高尚，花錢有氣質，但強力要破耗，喜花大錢的人，性格強硬，也很會打拚，努力去賺，但永遠是花的多，入不敷出，又常在窮困邊緣打轉的人。你會在父母的權威下過日子，父母高興時對你很大方，不高興時對你小氣，有家宅不寧的問題。

武曲、破軍化祿在父母宮時，父母是家道不富裕，又喜到處找錢來花的人，也易借貸多，而拖累家庭。父母對你還算大方，但大方之後會拖累你。

武曲化忌、破軍在父母宮時，父母是窮困又有債務在身的，對你在感情上也苛刻、吝嗇，對你凶悍、冷淡，父子、母女不合。**在亥宮，有武曲化忌、破軍、祿存在父母宮時**，是『祿逢沖破』，父母窮困小氣、吝嗇，對你不好，偶而對你好一點，你也感受不到，你的命宮是天同、陀羅在戌宮，你會有自己的人生。易找到比自己大的

配偶照顧自己的生活，出外也會有貴人相助給你錢賺。外面的人，會比你家中的人給你溫情較多。

武破、祿存在父母宮時，是『祿逢沖破』的格局，父母是小氣、保守、吝嗇的人，很窮，但有自己的衣食之祿，沒有餘錢。因此也會對你小氣吝嗇，父母給你的也只是衣食而已，長大後你會離家。你的命宮有天同、陀羅，不聰明，但有貴人運，會找到吃飯的地方。

武破、陀羅在父母宮時，你的田宅宮會有天府、擎羊，表示父母較笨、較窮，對你也不好，感情冷淡，常有衝突發生。你的家中常發生爭執、或錢財不易留存，有家宅不寧的問題。

武破、文昌或武破、文曲在父母宮時，父母非常窮困，而且對你感情淡泊。在巳宮時，父母是長相稍美麗、文質、有寒儒色彩的人。肯努力但仍賺不到錢。在亥宮，父母口才好，但做事能力不佳，仍窮困無財。

武破、天空、地劫在父母宮時，父母雙亡，或父母和你不住在一起，似有若無。你幼年生活辛苦，也要小心你的身體易生癌症、生命不長。

廉破在父母宮

當廉貞、破軍在父母宮時，父母是頭腦不好，言行舉止粗俗不堪，知識水準低，生活較窮困的人。你幼年也是生活窮困的型態，完全要靠你自己白手起家來打拚，父母根本不知道如何教育你，對你的感情也常是不和睦、親情少的狀況。你和父母之間無太多的交集點，彼此少交談，也不會把內心之事告訴父母。父母易離婚，或父母不全，父母的感情不佳，你幼時易嚐受家庭破碎或家庭窮困的悲劇。

有此父母宮時，要小心健康上的問題，易發生氣喘、心臟病、血氣病、淋巴、泌尿系統或血液上的毛病。流年逢父母宮時，小心破產、破財、車禍、血光、開刀事件。

廉貞化祿、破軍化權在父母宮時，父母是性格強勢、桃花多，容易離婚再婚，喜歡打拚，但行為不檢點的人。也會賺錢、花錢、大起大落，管子女很嚴，但自己行為不正，有自己的特殊嗜好，或喜好情慾，偶而對子女好一點，但對子女溫情極少的人。你是在一個亂七八糟的家庭中長大，家中是非多，你的遷移宮中有太陽化忌、巨門，和父親不和，多是非爭執，因此你會獨力生活，但也易事業不順，流年逢父母宮時，會愈打拚愈失敗，也會因桃花事件而

很慘。

廉貞化忌、破軍在父母宮時，父母是有官非纏身的人，或是因桃花問題糾纏終身的人，父母的頭腦不清，情慾關係很亂，使你幼年生活不佳，易送給別人養，或寄養在別人家，你一生與父母的關係很壞，也少與父母見面。

廉貞、破軍化祿在父母宮時，父母是既窮、頭腦不清楚，頭腦笨，會寅吃卯糧，到處找錢來花，也會為想耗財，想做生意來找錢，結果敗掉錢財。父母易有債務問題要子女解決，父母有時會對你好，但更會拖累你，讓你更辛苦。

廉破、擎羊在父母宮時，表示父母很窮，或父母不全，早逝，或父母身體不好，你幼年生活困苦，父母對你的照顧不好，你感受到雙親的慈愛亦少，父母亦懦弱無能。你的命宮有祿存星，因此有

自己的財、能自謀生活。**父母宮在酉宮的人**，你反而可在外靠朋友發跡，創造大財富，三十歲以後有富裕人生。**父母宮在卯宮時**，是甲年生的人，**父母宮是廉貞化祿、破軍化權、擎羊**，父母是為自己享樂而拚命耗財的人。對你很凶、很嚴，但自身亦會懦弱，成就不高，你本身是祿存坐命寅宮，遷移宮有太陽化忌、巨門，因此你亦是一生家宅不寧，事業也不順的人，和父母感情差，多糾紛。

廉破、祿存在父母宮時，父母是保守、小氣、窮困財少的人，一生不富裕，但有衣食之祿，或有一份錢財不多的薪水，也能把你養大，你是陀羅坐命寅宮或申宮的人，對宮有陽巨相照，你與父母的感情不深，也會瞧不起父母，會早日離家自己過日子。

廉破、文昌或廉破、文曲在父母宮時，父母很窮，又常有窮的思想，會做不賺錢或賺錢不多的工作，或是不工作。**在酉宮時**，昌曲居廟，父母外表表相還美麗，氣質好，人也精明，但桃花多，也易離婚。父母易是清高，有文質修養的人。**在卯宮**，父母的長相氣質略遜，工作能力也不佳，也會有桃花，而家庭不和，文質修養較差。

廉破、左輔或廉破、右弼在父母宮時，你的子女宮會有另一顆右弼星或左輔星和紫殺同宮，表示父母很窮又不合，還有很多問題使他們的關係更煩亂，而你會有能幹聰明的子女，會有另一股力量幫助他們打拚。你的父母也會對你更惡劣，你可能會在別的家庭中長大，而子女才能幫助你脫離窮困。

廉破、火星或廉破、鈴星在父母宮時，父母有古怪的聰明，行為有偏差，父母脾氣壞，可能和黑道有關。亦可能會虐待子女，父母亦可能有早逝、父母不合或突發意外災禍而生離死別。父母較窮，耗財又多，知識水準低，社會地位較低。父母和你的關係不佳，相處常有火爆場面。

廉破、天空或廉破、地劫在父母宮時，易有父母不全的狀況或與父母分離不同住，父母離得遠，幼年家中窮困，三十歲以前運不好，一生也較孤獨，你的僕役宮中有另一個地劫或天空和武貪同宮，朋友雖會帶財給你，但對你冷淡現實，你也不一定和他們親近。一生常遇而不遇，錯失良機。

貪狼在父母宮

貪狼入父母宮

當貪狼單星在父母宮時，你都是與父母不能溝通，和父母有思想上的出入，價值觀不同或思路上有歧見，父母是唯我獨尊的人，而且自我本位主義較重，常會有很多方面要求你，但這些要求都是你不想要做的事，而你想向父母要求的好處，父母都也不一定想給你，或是父母擅自做主不願給你，因此你和父母間在思想上是兩條平行線，永遠無法有交集的地方。

當父母宮是貪狼居廟時，你是太陰坐命卯宮或酉宮的人，當父母宮是貪狼居旺時，你是太陰坐命巳、亥宮的人，當貪狼居平在父

母宮時，你是日月坐命丑、未宮的人。你的命宮中都有一顆太陰星，是感情細密，多愁善感，情緒易波動的人，而父母是粗枝大葉，性格強悍、不溫柔、行動快速，不能體察你內心變化，也不能瞭解你內心需要的人。所以你始終和父母有代溝，也不願將內心想法透露給父母，你會覺得講了也沒有用。

當父母宮是貪狼單星時，父母都屬於運氣較好的人，他們會在事業上或金錢上比你較富足，但理財能力不好，喜歡花錢，耗財凶，你幼年時的物質生活富足，只是父母脾氣急，對你教育時要求較多又性急，使你承受不少壓力。

當父母宮是貪狼星時，父母的桃花多，父親與母親有桃花問題，易有離婚、再婚現象，父母也易分離，使你多感的心也會有創傷。倘若父母之間的感情還不錯，則你會和父母更疏離。

當父母宮有貪狼星時，因父母宮會相照疾厄宮，故你會具有的潛在疾症是神經系統的毛病，腰酸背痛，或手足酸痛，或顏面神經系統的毛病、肝臟不好、腫瘤、纖維瘤、或內臟纖維化等的毛病。

當父母宮有貪狼星時，你一生與長輩型的人物、或上司、老闆，有不能溝通、或溝通不良，彼此不瞭解，相處型式是有距離感的，保持表面上和諧，內心並不真心愛親近的，你也會對長輩、父母、上司有心存畏懼的感覺。

當父母宮有貪狼化權時，表示父母對你的教育很強勢，愛管你。父母的事業做的特別好，有地位，能掌權，你幼年的生活非常富裕、高尚，你很怕父母。你的成就會沒有父母高，亦會沒有像父母般有錢，但你一生會在父母、兄弟照顧下生活，只是在心態上，你無法和家人有心靈上的溝通。

當父母宮有貪狼化祿時，表示父母很圓滑，很會賺錢，父母對待你的方式也是以金錢來打發你的方式，表面上你也能和父母和諧相處。你的命宮中有太陰化權，你會愛管父母，又會存錢，所以你是父母的會計師，但父母也未必會給你管，父母的桃花多，易有家庭問題，父母也會為你帶來許多好運，但在心靈上仍無法有交集。

當父母宮有貪狼化忌時，表示你與父母不和、緣份低，也常有是非、糾紛，父母對你不好。父母也是頭腦不清、運氣不好的人，或是有古怪運氣的人，或是常不能把握運氣的人。你幼時生活不算富裕，你的命宮中會有太陰化科出現，表示你是一位氣質高雅、斯文的人，而父母較粗魯，較笨或有古怪聰明。你和父母不同路，故思想無交集點，常有衝突而彼此不合。你也易與父母分離，或被送養他人或是很早離家打拚與父母聚少離多，也並不想念父母。

當父母宮有貪狼、擎羊時，你與父母的關係很壞。你的命宮是太陰、祿存，你易做人養子女，或父母不全，父母易亡故，或有精神疾病，縱使有父母，父母會與你有刑剋、不和或離得遠，或有生離死別的現象。父母是運氣不好的人，父母之間也易多爭鬥。你一生比較孤獨、保守、小氣、不太信任別人，六親緣薄。生活的範圍也很狹窄，成就平平，仍要小心有遺傳上的疾症及癌症會發生，一生與長輩、上司、老闆、師長關係都不太好，也少貴人運。

當父母宮有貪狼化祿、擎羊在午宮為父母宮時，父母為圓滑、對人奸詐、不實在的人。父母稍有財祿，但對你仍不好，你的命宮是太陰陷落、祿存，你自己有自己的財可生活，你易被送養，自己性格保守、未來生活也較孤獨。

當父母宮有貪狼、文昌或貪狼、文曲時，父母會有時糊塗，有時精明。**在申、子、辰宮時**，父母會長相美麗，對錢財精明，但對是非黑白或行事上有糊塗、政事顛倒的現象。父母的桃花多，事業也能做得好，口才好，略有才藝，但對你不瞭解，較冷淡，還能講理、斯文，父母的運氣亦不錯。**在寅、午、戌宮時**，父母較粗俗，長相也普通，頭腦不精明，易不講理，對你的態度也會較粗魯，不能溝通，父母的運氣也不算太好。

當父母宮有貪狼、陀羅時，你與父母的關係不佳，父母是性格粗魯、笨拙，又自以為聰明、性格悶悶的人，父親的工作多半為武職或粗重的行業。父母不瞭解你，常粗魯的對待你，父母之間也關係不佳，父親與母親常冷戰或彼此多爭執、不講話，而你的田宅宮中有天相、擎羊，是『刑印』格局，有家宅不寧的現象，家庭形象不佳，也易讓親友欺負及看不起。你一生與長輩、上司、老闆、師長之間的關係冷淡、不和，易碰到笨的、性格悶悶的，不易親近的長輩。你也要小心手足神經系統不好，多酸痛等毛病。

當父母宮有貪狼、祿存時，你的父母是保守、小氣，只有一點點好運，又不太瞭解你的人，會對你給予基本衣食上的照顧，本位主義很深，照顧不多較自私。你的命宮中有太陰、陀羅，表示你自己是感情多起伏、有點怪，有點笨，內心常多想，把別人的好意扭曲，內心多是非的人。也是情感不穩定，多起伏，心情常不好，人生會悲觀的人。你自己的煩惱多，縱使父母對你有一點點的好，你也常不能感受，父母是財運小康，不算富裕的人。你一生中遇到的長輩型的人，也都是小氣、常冷淡對待你的人。**癸年生的人，有貪狼化忌、祿存在子宮為父母宮時**，是『祿逢沖破』，表示你與父母不和，父母為內向、財不多的人，父母與你多是非，他們有自己的財或少少的收入可生活，你長大後會離開，和父母少來往，你也易在小時候送給別人養。

當父母宮有貪狼、左輔或貪狼、右弼時，表示父母或你的身旁會有一股力量幫助，使你和父母更相互不瞭解，不能溝通，情況會更冷淡、不和。父母的運氣會不錯，或許他們會更忙，更無暇照顧你。你容易是別人帶大的小孩，也容易和父母分隔兩地，或父母離婚，把你寄養別處。你一生和父母、長輩的關係都像隔了一層關係，常難親近。

當父母宮有貪狼、火星或貪狼、鈴星時，父母宮是『火貪格』或『鈴貪格』，流年、流月逢父母宮時有暴發運或偏財運。但父母是脾氣火爆、性急的人。和你不和，或父母不全，或父母與你不住在一起，幼時對你照顧不佳。你與父母少見面，偶而才見面，一生的關係不親密，父母也易離婚，家庭易破碎不全。你與其他長輩或上司、老闆的關係也是起起伏伏，不太親密，也不太常見面。

當父母宮有貪狼、天空或貪狼、地劫時，會父母不全，或不常見面。父母與你的關係冷淡，根本無法溝通，你也常像沒有父母或家人的人一樣，獨來獨往，與人難親近，要小心身體上有癌症病症會發生，你一生少貴人運。

紫貪在父母宮

當紫微、貪狼在父母宮時，父母是具有高度學識或修養的人，事業地位也不錯，父母的身心健康，父母的桃花多，但表面上父母之間還和諧。你與父母在心靈、思想上不能溝通，父母雖對你好，但你與父母仍在某些方面不融洽。你是機陰坐命寅宮或申宮的人，你會與兄弟姐妹的感情好，有事與兄弟姐妹商量。父母讓你看起來是高高在上，不能侵犯，也不想麻煩他們的，所以親子之間有代溝存在。

當紫微化權、貪狼在父母宮時，父母是有無限權威，高高在上，會對你嚴格管束，又完全不顧你的感覺的人。他們對你的要求多，但對你在錢財上會給你較富裕的生活，你一生受父母照顧。你賺錢的能力也沒父母好，金錢觀念也不太佳。你的子女宮有武曲化忌、破軍，表示你會擁有更窮困、頭腦不清的敗家子，所以你是在父、子兩代相夾中生存的人。

當紫微化科、貪狼在父母宮時，你的父母是長相美麗有氣質，但不瞭解你的人，你也無法和父母溝通。你的命宮有天機化祿、太陰化忌，命、遷二宮還會有陀羅進入，所以你的財運不佳，仍受父母照顧。父母會很有方法的幫助你，父母比你聰明，但你卻是頭腦不清的人，不一定會認同或感激他們的做法。

若父母宮是紫微、貪狼化權時，你的父母氣勢強，愛管你，常讓你不服，但又無法反抗，父母對你好，你也不領情，你有家宅不寧的現象，你會有自己一份薪水族的工作以謀生。

當父母宮是紫微、貪狼化祿時，你的命宮有天機化忌、太陰化權，父母是桃花多，性格油滑，長相美麗、人緣好的人，父母的桃花事件多，而你會頭腦不清，喜歡管事，但又管不了事，你的成就和財運都沒父母好，最終還是靠父母支援財物。

當父母宮是紫微、貪狼化忌時，你的命宮有天機、太陰化科，父母是高高在上，和你不和的人。父母也是保守、人緣關係不好的人。你本人較斯文，有氣質，會和父母保持距離，少來往。

當父母宮是紫貪、擎羊時，表示你與父母的關係不佳，或父母不全，或父母不合，離異，你與家人的關係都不太好。你的命宮有機陰、祿存，庚年生的人，命宮是天機、太陰化忌、祿存，你是性格保守，財不多的人，父母是外表氣派，但對你不太好的人，你一生環境小康，也不會有大發展。你所遇到的長輩型、上司型的人物都是表面很高尚、氣派，但對你冷淡，不愛理你，或是表面對你還不錯，卻暗中剋害你的人。你的父母之間易有爭鬥，或父母因桃花問題危害家庭，而無法照顧你。

當父母宮是紫貪、祿存時，在酉宮，父母是外表氣派，略有財力，小康，保守小氣的人。對你也看起來不錯，但無法真正和你溝通，仍有高高在上的氣勢的人。你的命宮是機陰、陀羅，你會比較笨，心情又起伏大，內心多鬱悶，多煩憂，父母會照顧你，但給你的不多，也未必是你所想要的東西，親子關係仍不算和諧。**在卯宮，父母宮是紫微化科、貪狼、祿存**，表示你的父母對你雖不瞭解，也無法和你溝通，但很有方法給你少少的、一點點的照顧。父母是高尚，有氣質，明理、保守，小氣的人。而你的命宮有天機、太陰化忌、陀羅，你是更笨一點，也常有錢財上的問題，也常心情不好，父母對你的幫助也算是不無少補，算是不錯的了。

當父母宮是紫貪、文昌或紫貪、文曲時，表示父母是長相氣派、美麗、桃花多，又有才藝和口才的人。**在酉宮時**，昌曲居廟，父母的長相俊俏、美麗、斯文氣質好、才華好，父母對你還算明理。**在卯宮時**，文昌居平，文曲居旺，父母的長相還不錯，較普通，是普通中略美麗者，有普通斯文，才華也普通。父母會對錢財精明，但在某些地方會糊塗，政事顛倒，也會有糊塗桃花，而惹心是非，亦

可能惹官非。

當父母宮是紫貪、左輔或紫貪、右弼時，你會由別人帶大或養大。父母是高高在上，和你不太親近，溝通上不良，親子關係不圓融。在你的子女宮也會有另一顆右弼或左輔星出現，因此你也會用這種態度對待你的子女，亦或將子女交由別人去帶去養。

當父母宮是紫貪、火星或紫貪、鈴星時，父母是高高在上，脾氣急躁，性格衝動，脾氣不好、有些古怪的人，偶而高興時，對你好一下，但時間很短。你很怕父母，根本少與他們見面，父母也易不全，或分離、離婚，你在流年、流月行運至父母宮時有『火貪格』或『鈴貪格』暴發運，能得大錢財、或事業運，但要小心健康上易得脾胃、肝臟之火症，也易生皮膚病、腫瘤、酸痛等症。

當父母宮是紫貪、天空或紫貪、地劫時，表示父母不全，或是幼年即與父母離的遠，父母似有若無，你幼年的生活是表面高尚、富裕，但內在精神生活和感情生活貧乏孤寂的，你會一生較孤獨，也不想交朋友。

武貪在父母宮

當武曲、貪狼在父母宮時，你是同陰坐命的人。父母為性格強勢，剛直，硬梆梆，毫無情趣及幽默感的人。父母較會賺錢，在錢財上有好運，對錢財敏感，但又小氣、吝嗇、計較。常有小事和你算計，也會對你嚴格，做事有規格，有時也會對你實行軍事化的教育。你是個溫和、浪漫、性子慢，喜歡享福，喜歡優遊自在過日子的人。而父母是衝動忙碌，凡事精準計算，行動力強的人，因此你們在個性上不和。父母的事業會比你做的大，父母比你有好運，而且財富多。父母與你在價值觀上不同與不合，親子之間的關係不能親密溝通，有代溝或隔閡，長大後你也會與父母離得遠或一生在衝突之中度過。當流年、流月行經父母宮時，是『武貪格』暴發運格，你會有事業上的暴發運，或暴發大財富的運氣，可好好把握。

當父母宮有武曲化權、貪狼或武曲、貪狼化權時，父母的事業做得好、地位高，也都是性格強勢、管你特別嚴的人，但也會極力照顧你，你會臣服於他們。有武曲化權時，父母掌握主導你的財權（尤其是父親），一生都會由父親給你之錢財，但他更是小氣又強硬，剛直，說話難聽之人，且不容你反抗。有貪狼化權時，父母與你之間的關係更冷淡，惡劣，無法溝通，父母是強勢愛管你的人，你若在家就會被管，你也易產生不服氣的狀況，易離家，和父母有距離。**當父母宮有武曲化科、貪狼時**，父母是會運用方法賺錢的人，理財能力好，也較斯文，與你之間的關係，也較會運用錢財來打通你。

當父母宮有武曲化忌、貪狼時，父母較窮，有錢財上的糾紛和債務，事業多起伏，你幼年較窮，父母也對你不好，長大後，也會和父母有金錢糾紛。當父母宮有武曲、貪狼化忌時，父母是人緣不好、保守、經濟略好的人，但對你冷淡，不太搭理。也容易父母不全。再有擎羊同宮時，父母不全，或父母雙亡，或分離兩地，一生無法受父母及長輩照顧。

當父母宮是武貪、擎羊時，父母是愛錢、吝嗇，又對你凶的人。易父母不全，或與父母離的遠，父母對嚴苛、不合，你也易做別人養子。父母是性格強悍又略具陰謀的人。

當父母宮是武貪、陀羅時，父母易做武職。父母是性格強悍、蠻幹，但頭腦不聰明，性格又悶悶的人。你一生和父母不合。

當父母宮是武貪、火星或鈴星時，父母是性格怪異，有怪癖、衝動、脾氣壞的人。他們的財運也是有一票、沒一票的，父母偶而有大財運，你家中富足，但家中易會暴起暴落，且常有意外事端。父母對你不好，亦會父母不全，父母不和，常爭鬥，家中多是非，你在流年、流月逢父母宮時，亦有暴發運，能得大財富，有羊、陀時，暴發較少，也易拖、遲發。有火、鈴時，有雙暴發運，若是有化忌、劫空同宮則不發，或發了以後有鉅大災難而不吉，有性命存活之憂。

當父母宮是武貪、文昌、文曲時，父母桃花多，亦可能由桃花而暴發財富，父母是長相較美麗、富而好禮的人。亦可能暴發桃花運而離婚。父母亦會頭腦不清，政事顛倒，但只對錢財精明。

當父母宮是武貪、左輔、右弼四星同宮時，父母是特別強硬又運氣好、財富多的人。你幼時由別人帶大，與父母離的遠，長大後，父母對你在錢財上有幫助，會支助你，但在感情上會特別疏離。

當父母宮是武貪、天空或地劫時，你的子女宮有另一個地劫或天空和廉破同宮，你和家人的緣份薄，易不婚或離婚，也無子女在身旁。父母似有若無，與你關係冷淡，或父母不全，離得遠，父母也無法支助你錢財。你本身也無暴發運。

廉貪在父母宮

當廉貞、貪狼在父母宮時，你與父母之間的關係很壞，父母對你不好。父母是知識水準低，職位低或不工作、遊手好閒之人。亦會言行放肆難看及行為不檢點的人。父母之間也關係惡劣，有離

婚、再婚、多次婚姻。父母具有爛桃花，這也會影響到你幼年生活窮困不穩定。父母常吵架、打架，無寧日，有家宅不寧現象。父母也會是頭腦笨、自我本位主義重、自私及內向，人緣又不好的人。你對父母的看法不佳，也容易影響到日後自己的婚姻也會出問題。

當再有陀羅同宮時，為廉貪陀、『風流彩杖』時，你會是不名譽的性關係下所產生之人。父母有邪淫桃花，不正派，好酒色，或私下偷情，有不倫之行為。你與父母感情冷淡，也會生離死別，離得遠，或被送養別人做養子女，你也可能是父不詳的人。你的出身不好，容易在事業上再努力也永遠有陰影存在，衝不上去，有無力感。**己年生，父母宮在巳宮有廉貞、貪狼化權、陀羅**，父母是邪淫、且貪赧無度的人，爛桃花更多，你易是邪淫桃花或強暴事件下所生之子。父親或母親愛管你，反而與你關係更惡劣，你會離家、逃家。

癸年生，父母宮在亥宮，有廉貞、貪狼化忌、陀羅，父母不全，或亡故或被送養，或在孤兒院中長大，你是父不詳、不倫關係所生之子或根本不知父母是誰，與父母無緣，幼年時代窮困辛苦，一生也與長輩級、上司級的人物關係不好，冷淡與不來往，一生是非多，人生起伏大。

當廉貪與火星、鈴星同宮時，是『火貪格』、『鈴貪格』，流年、流月逢之有暴發運，人生會有意外突起之好運，但暴落很快。父母易不全，或脾氣壞，有凌虐你的現象，父母也易與黑道有關，言行乖僻、古怪、不為善類。你也易做人養子女，或是偶而才與父母見面，易有生離死別之現象。

當廉貪、天空、地劫同在父母宮時，父母雙亡，沒有父母，與父母緣份極低，或家中窮、被送養，養父母也易早亡。你毫無長輩緣，幼年生活辛苦難熬，長大後會好一點。

當廉貪、祿存在父母宮時，代表父母窮，但有衣食。對你冷淡、感情不佳，但會給你衣食。父母是感情薄弱、小氣、吝嗇、文化水準不高的人。也會是更自私、對你好一點就要求回報的人。**戊年生，父母宮在巳宮時，有廉貪、貪狼化祿、祿存時**，父母言行油滑不實，又小氣吝嗇，有爛桃花，會有時表面對你好，但要求你回報更多一些，你的命宮有太陰、陀羅，你會較笨，思想多起伏，又慢，情緒易變化，與父母的關係也時好時壞，但多半時間是不好的。

當廉貪與文昌、或文曲在父母宮同宮時，父母爛桃花多，且有頭腦不清楚的現象，父母會是男女關係較複雜的人。**在巳宮**，父母還長相稍美麗、斯文、對錢財精明、口才好，與你關係不好，但仍肯講理。**在亥宮**，父母長相普通，也未必夠斯文，但爛桃花更重，父母與你的關係不好，常胡亂打罵你或胡鬧。

當廉貪與左輔或右弼同在父母宮時，你與父母的關係更冷淡、更壞，會有被送養給別人的狀況，或將你寄養別處，會有生離死別之現象。父母更窮，嫌你累贅。你也會懦弱、孤獨。你也易是父母離婚、或父母有爛桃花所生下之孩子。

第二節 『殺、破、狼』在子女宮對人的影響

當殺、破、狼在子女宮時，你的『父、子、僕』三宮位中就是『殺、破、狼』格局，因此易有六親不合的現象。這也表示你的性格是屬於溫和及妥協型的人，你的長輩、晚輩與平輩都較強勢，而

你夾在中間，從人緣關係的角度來看，你和周圍人的磁場就不易相合，所以你會活的較辛苦一點。你會不瞭解他們的想法，他們也不易瞭解你的想法。

當子女宮有七殺、破軍、貪狼時，易生出性格和自己不相同之子女。他們的價值觀和思想模式和自己不一樣，彼此在心靈上不能相通，因此子女比較不貼心。子女也會任性頑皮、反抗心強，性格狂妄，油滑，或與自己離得遠，讓你精神苦惱。未來在奉養父母方面做的不好，也會不合你的心意，讓你挑剔多。你對子女的教育方式亦會放任、溺愛、懶得管，你會用一種高高在上的方式命令他們，但是當命令不動時，就放任不管了。你根本不瞭解子女內心中在想些什麼，也不想用心多瞭解，其實你是怕麻煩，覺得帶小孩是十分辛苦的，因此會用自以是的觀念模式來對待他們，因此親子關係不算合諧。子女在未來成就發展上，也會不如你的期望。但這未必是壞事。子女和你有不一樣的想法，也許你期望他做老師，他卻去從政了，亦可能更有發展。

但當子女宮中有殺、破、狼時，你的子女中必有無用之人，或脾氣不佳、成就不好的人。並不是子女成就全都是好的。**子女宮有殺、破、狼的人，也容易晚婚、不婚**，因為子女宮總是有刑剋色彩，子女會遲來，或不來，子女也易身體不佳，或嚴重時，子女有傷殘或重病現象。子女宮有殺、破、狼時，表示你遺傳給子女的遺傳因子不好，子女易生特殊的疾病，或子女幼年不好帶養，身體弱，易有呼吸道的疾病、氣喘、過敏，或神經系統不良症，會讓你操心、辛勞。**子女宮有殺、破、狼時，表示你的小孩出生的時機都不太好**，不是你較窮，或晚婚年紀稍大，急於生子而沒有看清楚狀

況，選不對時間懷孕。也可能你的身體不佳，或你與配偶之間的關係有微妙變化中懷孕，**子女宮有殺、破、狼時，亦表示在你們夫婦懷孕生子女時，都是在人生有重大變化的時候**，也許是正當你事業上有變化，也許是正當你心情起伏大的時候，你會對子女照顧不周，子女未來會離家外出，離你較遠，或緣份不強，冷淡以對。

子女宮亦代表男性的性能力，當子女宮有殺、破、狼時，代表性能力較強，但未必是你所滿意的性生活。無法有性靈合一的快樂，你也容易沈緬於不倫的性關係之中。

子女宮亦代表個人之才華，當子女宮有『殺、破、狼』時，表示你一般普通的才智雖還不錯，但在藝術、美術方面的才華，可能很少或古怪發展。你通常是缺乏才藝的，但子女宮的星曜不同時，也會有特殊怪異的獨門才藝出現。當你的才藝方面不強時，你會做普通的上班族過日子，當一天和尚敲一天鐘。當你有特殊怪異才藝時，你會靠此才藝為生，辛苦過日子。

子女宮會相照田宅宮，子女宮有羊、陀、火、鈴、劫、空、化忌進入時，子女宮不好，也會家中人丁少，與子女關係不佳。亦會家中走動的人少，家門空虛，冷清。你也會錢財存不住，有財無庫，或有庫無財，一生的努力像是白做了一場。子女宮會沖照田宅宮，**田宅宮亦代表女人的子宮**，子女宮不佳時，會無子女，或你的子宮有問題，女性易有子宮或生殖系統的毛病。凡子、田二宮不好的人，都不容易存留住財富，會大起大落，耗敗而光。

七殺在子女宮

七殺單星在子女宮時，表示主孤或只有一子。有羊、陀、火、鈴、化忌、劫空時，無嗣。縱有子女，多為不成器或強橫、不服管教，或橫敗家產之子。或子女一出生，身體即有問題或殘缺，有古怪病症，須要耗費龐大醫藥費。你會對子女用一種笨又蠻橫的管教方式，管不動時，就不管了，放任他自行發展，有時候就是溺愛、懶得管。

當子女宮是七殺、擎羊時，你與子女相互有刑剋。你剋子女時，會晚婚、不婚、不生小孩、或生出有傷殘現象之子女。其實你也並不喜歡小孩，你比較喜歡自己。子女剋你時，你是只喜歡自己的小孩，很自私，會溺愛小孩或偏心孩子中的某一個人，或有重男輕女的觀念。**當擎羊居陷時**，小孩會懦弱陰險，會倍受寵愛後仍會對父母無情，或弒殺親生父母。**當擎羊居廟時**，你對小孩管得凶，但小孩反抗的力量也強，易有逆子或有生離死別之事發生。**當子女宮是七**

殺、擎羊時，女子容易失去子宮，男子容易精蟲少或無生殖能力，無法生小孩。

當子女宮是七殺、陀羅時，你的子女是又笨、又狠、又蠻幹、性格是悶不吭聲的人，你會內心保守、小氣，也找到性格保守的配偶，對子女所付出的感情愛心不多。而子女也會是成就不高的人，或身體有殘障的人。

當子女宮是七殺、祿存時，你會有一子，但你的夫妻宮有擎羊，財帛宮有陀羅，故你可能不婚，或有抱養來的子女，或易結婚後離婚，有身體不佳之子女，需要你照顧。你賺錢及理財能力不佳。子女宮又是『祿逢沖破』，子女稍長總會離開。

當子女宮是七殺、火星或七殺、鈴星時，會無子、或有女兒，或無子女。子女是有古怪聰明，但性格暴躁不佳的人。也會早早離開，和你關係不好。子女亦可能和黑道有關，不行正道。子女亦可能生怪病而離開父母。

當子女宮是七殺、天空或七殺、地劫時，無子女，或生下子女即分離，親子關係疏遠冷淡，即使再見面也無法親近。

當子女宮是七殺、文昌或七殺、文曲時，昌曲居旺時，子女是外表略有氣質，長相還不錯，對錢財略精明，口才好，與你感情冷淡、不合的人。昌曲居陷時，子女是外表粗俗，又蠻橫不講理的人，與你感情不佳，會頂嘴、反抗心重，和你緣薄的人。

當子女宮有七殺、左輔或七殺、右弼時，你易不婚或晚婚，或靠人工受孕多次而不成功，從有子女也是靠別帶大，你與子女永遠不親密，問題很多。縱使生子女，也像是替別人養的。

紫殺在子女宮

當紫微、七殺在子女宮時，親子關係不和睦，你會以為自己的子女很好，很高貴，只准自己罵、自己嫌，不准別人批評。但你自己照顧子女也照顧的不算好，會溺愛子女，但並不知道子女內心在想什麼，且易有身體不好的子女，子女幼年多病痛，讓你辛苦煩心，但未來子女會比你的成就高。子女也會為你帶來好運，他是既使你辛苦又能改變你人生境界的人。但你也會偏心疼愛某一個子女。

當紫微化權、七殺在子女宮時，會有霸道不講理的子女，但子女也能為你帶來好運，你可能是以子為貴的父母，或生下長孫，子女會讓你在家中有地位，將來子女往軍警、政界發展，也能為你帶來很高的地位與尊敬。

當紫微化科、七殺在子女宮時，子女是有氣質，長相還不錯，也很有方法帶給你一些好運的人。但子女的能力普通，與你感情冷淡，會保持適當距離。

當紫殺、陀羅在子女宮時，子女是性格強，外表普通，又有些笨，會蠻幹的人，你講的話他都不愛聽，喜聽外人的話，也容易即早離家。你是內心保守、小氣的人，對子女也會吝嗇，親子關係不良。

有紫殺和火星或鈴星在子女宮時，表示子女少或無，脾氣壞，長相普通，但拔扈、衝動，易不學好，你也無法教育他，你也會對子女態度不佳，不耐煩，子女也易離家外出，和你相處不和。

有紫殺、天空、地劫在子女宮時，無子女。你也容易不婚。

當紫殺、祿存在子女宮時，只有一子，可有數個女兒，子女是性格保守、小氣、財不多的人，你的夫妻宮有擎羊，故易離婚或不婚，也未必會生子女。**在亥宮，有紫微化權、七殺、祿存**，可能只有一性格霸道又保守之子。子女能帶給你的好處不多，你們雖不算和睦，但你仍會在心靈上依賴他。

有紫殺、文昌或文曲在子女宮時，**在巳宮**，昌曲居廟，子女長相較美、較斯文，也會對錢財精明，讀書較好，略有才藝、口才好，成就較好。你對子女也會較明理一點。**在亥宮**，子女的桃花較多，人緣較好，但與你未必親密。子女的長相較普通。

有紫殺、左輔或右弼在子女宮時，子女幼年會交由別人帶大，或你們夫婦不易懷孕，由人工受孕，需要醫生幫忙。子女長大後也與父母不太親近，你與子女之關係也時好時壞。

武殺在子女宮

武曲、七殺在子女宮時，主孤或有傷殘之子。親子關係不和睦，子女是財窮且性格剛直粗暴的人，也會是幼年身體不佳，不好養的人。你自己的本命是天機坐命子、午宮的人，你自己很聰明，常覺得子女笨，只喜歡蠻幹，但你又教不好子女，只能隨他自由發展。你常會對子女不耐煩，子女小時用打罵教育或放任不管，子女長大後也與你感情淡薄。你和子女間常會因錢財起爭執，容易養出不肖子。子女未來成就也差，會做賺錢不多又辛苦的工作，或根本不工作。你自己的性生活也常不能得到滿足。

武殺、擎羊在子女宮時，易不婚或結婚後有一不肖子或傷殘之子。**在卯宮，有武曲化科、七殺、擎羊在子女宮**，表示子女外表會略斯文，會很有方法向你要錢，也會陰險的向你劫財，要小心犯上忤逆之事。**在酉宮，有武曲化權、七殺、擎羊在子女宮**，子女會強悍的向你要錢，忤逆之事更容易發生。凡有武殺羊在子女宮時，要小心子女會弒父弒母，也要小心子女會因劫財身亡。

有武殺、火星或武殺、鈴星在子女宮時，子女會窮困，有古怪的聰明，走上邪路，易有財窮而邪門歪道的子女。子女脾氣壞，易犯上。你也容易晚婚或不婚，或無子。

有武殺、天空或武殺、地劫在子女宮時，無子女，或有一子，而感情不深，或不住在一起，似有若無。你也容易不婚，而無子女。

武殺、祿存在子女宮時，可有一子，但子女是財窮，保守、小氣、不富裕的人，因為是『祿逢沖破』，故你與子女也緣份不深，你的夫妻宮有擎羊出現，表示你是心態計較，胳臂肘往內彎的人，因此對子女也較嚴苛。親子關係也不算太好。

武殺、文昌或武殺、文曲在子女宮時，**在酉宮**，昌曲居廟，子女是外表長相稍美麗、斯文、明理，但財少之人，也會略有才華和口才，幼年不好養，長大後做文職，工作較辛苦，賺錢也不多。**在卯宮**，子女長相普通，才華少，幼年不好養，長大後，也會較窮，能力也不算太好。

武殺、左輔或武殺、右弼在子女宮時，常靠人工受孕來生子女，生子不易，或小孩是領養的。你不太會帶養小孩，易交由他人撫養，親子關係不佳。子女未來亦會愈辛苦愈窮。

殺、破、狼
《下冊》

廉殺在子女宮

當廉貞、七殺在子女宮時，你是天同坐命辰、戌宮的人。子女是聰明智慧不高，脾氣不佳，但性格悶悶的人。凡事喜苦幹、蠻幹，但成就也不算好的人。會做一般的工作，成就不高。子女也易是愛胡思亂想，為人吝嗇的人。親子之間常有衝突，你不清楚子女在想什麼，也無法照顧子女很好。你會子女少，有子一人，或女兒多。子女也易是愛胡鬧之人。子女幼年身體不好，不好養，長大後也會身體弱。你也易生出殘障之子或智能有問題的小孩。

廉貞化祿、七殺在子女宮時，子女雖不算很聰明，但人緣桃花略好，與你之間的關係也較好一點，但未來長大後多桃花問題，會讓你煩心。**在丑宮，會有廉貞化祿、七殺、陀羅在子女宮**，表示子

女會有些笨，會有桃花糾紛，你在流年流月逢子女宮時，也要小心車禍喪命的問題。你與子女也易有糾紛，不太和睦。

廉貞化忌、七殺在子女宮時，子女是頭腦糊塗或智障之人，你與子女關係不佳，易生是非，你也易不婚，或是子女有血液上的問題，或是生下殘障子女要常開刀，子女的健康不佳，要小心生下唐氏症的子女。

廉殺、擎羊在子女宮時，子女易傷殘、或身體多病痛，易開刀，你本身生子不易，身體不好，也易不婚，易可能你所生下之小孩，不是太笨，就是太聰明，親子間有刑剋，女子有此子女宮者，你也易於生小孩時開刀，或血崩而亡。也容易子宮開刀，無法生育，你在流年、流月逢子女宮時，亦要小心車禍，有性命之憂。

廉殺、陀羅在子女宮時，子女是笨又蠻幹的人，會較窮，工作能力不好，也易身體上有傷殘現象。你與子女緣分薄，不睦，流年、流月逢子女宮，小心車禍喪命。

廉殺、火星或廉殺、鈴星在子女宮時，無子或有殘障之子女，子女脾氣壞，會不服管教，與黑道有關，不行正路，有古怪聰明，但做的是笨事，你對待子女的方式也是衝動、凶惡、蠻幹、火爆的方式，子女易無家庭溫暖，也與你離的遠。

廉殺、天空或廉殺、地劫在子女宮時，無子，或易流產或子女早亡，或有一個子女而與你離的遠，似有若無。無法傳達關愛，你與他心靈無法溝通，也常忘記他的存在。你對子女或晚輩都沒有太多的感情付出。

廉殺、文昌、文曲四星同宮於子女宮時，**在丑宮**，昌曲居廟，子女是表面乖巧、斯文、秀氣的人，可略有成就，桃花多，會為桃

花阻礙前程。你的子女也許是你在桃花事件中生下的子女。你易做小，或沒有正式婚姻。**在未宮**，也一樣，子女是長相較普通，但仍桃花多的人。

廉殺、左輔、右弼四星同宮在子女宮時，會發生各種原因，使你與子女關係淡薄，你也易不孕或必須藉由人工受孕才有小孩，你也可能為後母或繼父，替別人養小孩，而無自己的親生子女。你與這些子女永遠有隔閡心結，無法真正體會做父母的快樂。

破軍在子女宮

破軍在子女宮

當破軍單星在子女宮時，有居廟、居旺、居得地之位，都在旺位以上。入廟，兒子有三人，女兒不算，居旺、得地之位等而減少。與羊、陀、火、鈴、空劫、化忌同宮，子女少，有一人，或無子。親子之間感情不和睦，常有爭執、爭鬥，子女有離鄉背井之現象。你是太陰坐命或日月坐命的人。你的子女是性格思想和行為模式都和你不一樣的人。子女也是性格大膽、爽直、或狂傲、多疑、不好管教的人。你自己對於子女的管教方式也多半採放任態度，很難控制。子女會讓你破財多，花費大。

當破軍在子女宮時，是先損後招，你容易有多次流產，或子女不好養，嬰兒時期易夭折，幾次之後才能留下子女。女子是易有流產現象，男子則可能是血液有問題，子女生下需換血才能生存。你們也易生下有先天性病症的小孩，幼年時即須花費龐大醫療費，子女嬰幼兒時期也易讓父母奔波在醫院之間。

當破軍在子女宮時，子女易遠離，有時是因你離婚的關係，有時是你想法上古怪，或想給子女好的教書環境，你也易讓子女做小留學生。子女易背井離鄉遠離身旁。有時也是因你未婚生子，將子女送養他人或寄養他處。

當子女宮是破軍時，你對待子女的方式古怪。高興時，很體貼、親密，什麼愛的字眼、愛的動作都大膽表現，也會和子女沒大沒小，不拘輩份，或母親與兒子，女兒與父親形同情侶般對話。但不高興時，對子女懶得搭理，形同陌路，你是性情多變的人，因此在教育子女上沒有原則。

當子女宮是破軍時，你的事業也十分古怪，會在正事上才華少，而在其他休閒娛樂或不重要的事情上才華多。你也會喜歡新奇的事物，凡事三分鐘熱度，也會探求新的戀情和性愛方式，易有影響生殖機能的病症。

當子女宮是破軍時，子女來的不是時候，你會不小心懷孕，或你正處於心情低潮期，或是你正當事業走下坡，或事業破敗之時，或是有不正當（沒有婚姻）的性關係之時，或是你正較窮之時，因此子女會讓你覺得有負擔。但過一陣子，你又不感覺如此了。

當破軍化權在子女宮時，子女是任性、不好管教的小孩，你和子女的關係會較惡劣。你也易被子女影響而改變生活。子女是強勢要破耗的人，你也會為子女破財嚴重。你更可能在生育子女後有生育上的問題，而不能再生。子女未來會早日離家打拚而有出息。

破軍化祿在子女宮時，子女性格油滑、特別聰明，會挖你的錢財。他會到處找錢花用，一生未必為有用之人，你本身也會具有投機取巧的才華。

破軍化祿、祿存在子女宮時，子女是小氣、保守、能力不強，會挖父母的錢，只進不出，一毛不拔的鐵公雞。你只有一子，他與你不同心，未來你也未必能享他的福。

當破軍、擎羊在子女宮時，你會不婚、無子女，或生下傷殘子女，或有性格強悍之敗家子。女子有此子女宮易子宮開刀，不能生育。男子則有生理機能和心理因素而不生育，有時免強生育，也與子女緣份淺，不和，有生離死別之痛苦，或有讓自己無法輕鬆生活的困擾。你在才華上，也易因意外事故而受到創傷。你也易因意外事故而失去生育能力。

破軍、陀羅在子女宮時，子女是頭腦笨、性情乖張的人，會悶悶的，與你不合。你也會常罵他，對他不好。子女易遠離，和你緣份淺，未來子女的成就也極差。你本身的才華也少，或粗俗無才華。

破軍、火星或破軍、鈴星在子女宮時，子女少或無子。子女有古怪聰明，不行正道，易與黑道有關。親子關係火爆、衝突多，子女會早離家，你也會對子女態度不佳，或不聞不問。你也易有怪怪聰明的才華。

破軍、天空或破軍、地劫在子女宮時，無子女或與子女離的遠，與子女情份薄，恍如陌路。你可能不婚無子女，或離婚、未婚生子，而子女不由你撫養。

破軍、文昌或破軍、文曲在子女宮時，子女是窮困的人。子女數也會較少，只一、二人而已。**在申、子、辰宮**，昌曲居旺，子女是長相較美麗、斯文、思想清高而不實際的人，不會理財，也不重錢財。**在寅、午、戌宮**，子女是長相普通，不美麗，言行粗俗，毫無才華，未來也窮困。無財的人，也會較笨。

破軍、祿存在子女宮時，只有一子，子女是性格保守，懦弱、自私，心態又反叛心強的人。親子關係不合諧，未來也未必奉養你。

破軍、左輔或破軍、右弼在子女宮時，你可能要靠人工受孕而生子。子女與你關係不佳，要花錢破財時會對你好，不想從你處得錢財時，與你不合，衝突多。子女也易由別人長大，或是你會做繼母、繼父，替別人養大小孩，子女也和你不親。

紫破在子女宮

當紫微、破軍在子女宮時，紫破是『淫奔大行』的格局，你易生下私生子，或不能入籍之子女。當子、田二宮有羊、陀、火、鈴、化忌、劫空時，你也不一定有自己的親生子女。你的子女是長相氣派、言行豪放、不拘小節，也會不守規矩之人。你的子女會讓你破財多，有較高貴的花費。你會對子女在錢財上大方，但並不一定瞭解他們內心的需求。你也容易與子女分離，或不住在一起。將來子女也會有出息，但必是早年離家、離開你的子女。你本身的才華是表面看起高尚之多才多藝，但實際上是無用的才華，並不會為你帶來名聲或財富。

當子女宮是紫微化權、破軍時，子女是性格霸道、拔扈，與你不合的人，但會為你改變人生境遇，使你地位增高，你會母以子貴或父以子貴，但子女與你緣薄，離的遠。你的才華就是能卑躬屈膝，能看準及巴結貴人往上爬。子女會為你帶來權勢。

當子女宮是紫微化科、破軍時，子女是表面氣派、略有氣質、言行大膽之人，也能有方法使你生活平順，或帶來吉運使你平順。你與子女稍微和睦，但不長久，子女易離開發展。

當子女宮是紫微、破軍化權時，子女是長相略好，氣派、叛逆心強的人。幼年時代，你會為他耗財多，而子女年長時，也愛打拚，經過成敗起伏，亦能有成功之日。你的祖孫三輩都易有婚姻不正的問題。

紫破、擎羊在子女宮，生子不易，或不婚無子，或生有懦弱或傷殘之子，很讓你頭痛。子女也可能是長相還好，但性格凶險、強橫之人。你與子女緣份不深，也對子女較凶惡，子女在未來也成就低。你也可能會不孕，或子宮開刀不能生育。**紫微、破軍化祿、擎羊，在丑宮為子女宮時**，子女是耗敗家產，與你有刑剋之人。

紫破、陀羅在子女宮時，子女會較笨又強悍，不聽話，易離家，或離開你發展較好。他是性格悶與你不合之人，也會易有傷殘現象。

紫破、火星或紫破、鈴星在子女宮時，子女不多子女是聰明古怪，性格衝動，叛逆之人。也易與黑道有關，親子間常有衝突不和，也易有生離死別之事，或子女有傷殘現象。

紫破、天空或紫破、地劫在子女宮時，無子女，或不婚，或子女不在身旁，離的遠，似有若無。你的生殖機能不佳，易精蟲稀少，或失去子宮或卵巢，無法生育，未來你也會家中不富裕，才華也空虛。

紫破、文昌、文曲四星同宮在子女宮時，在丑宮，子女長相美麗，但財窮。子女也易是邪淫桃花所生之子女。子女桃花多，會靠人過日子。**在未宮**，也一樣，但子女長相較普通，不算美麗。

紫破、左輔、右弼四星同宮在子女宮時，子女由別人帶大，或子女是別人所生，而你幫別人養的。子女和你思想不一樣，但能和諧相處，有時也能對你有幫助。

武破在子女宮

當武曲、破軍在子女宮時，子女少，有子一、二人，女兒可較多。子女是較窮及身體不佳的人。當你生子女時即在窮困的狀況不懷孕的，因此易生下財窮之子女。子女的性格剛直、強悍、又會反覆無常。你是機陰坐命的人，你的內在情緒亦多變，會對子女凶巴巴的，愛挑剔，沒耐心。子女也不太聽你，有時也陽奉陰違，有時子女也會表面懦弱、乖巧，但並不真正聽話。你自己本身在才華上也會較貧乏，或是有不能生財之才華，或是有耗財多，而無用之才華。

武曲化權、破軍在子女宮時，子女喜賺錢，性格強勢，但仍不算富裕。子女性格剛直、易與你有衝突，未來易在軍警界、政界發展。

武曲化祿、破軍在子女宮時，子女愛賺錢，有小康生活，表面圓滑，但與你仍有衝突，不能溝通。在巳宮，加陀羅，子女較笨，易離家，與你多是非。

武曲化科、破軍化權在子女宮時，子女外表斯文、氣派強勢，會花錢花得漂亮，強力要破耗，你會為錢財問題和子女不和。

武曲、破軍化祿在子女宮時，子女是窮困又愛到處找錢花的人，你會為子女損失大，耗財多。子女會騙你的錢財來花用。你也會給了錢又不甘心，與子女再起衝突。

武曲化忌、破軍在子女宮時，有頭腦不清，理財能力差，常製造債務問題之子女，你也會受子女連累而損失慘重，你與子女關係很差，易不來往。

武破、陀羅在子女宮時，子女是愚笨、又窮又破耗凶，有傷殘現象的人。你與子女不和，多是非。

武破、火星或武破、鈴星在子女宮時，子女較窮，會與黑道有關，也會有古怪聰明，不行善道，親子關係惡劣，你對子女照顧也

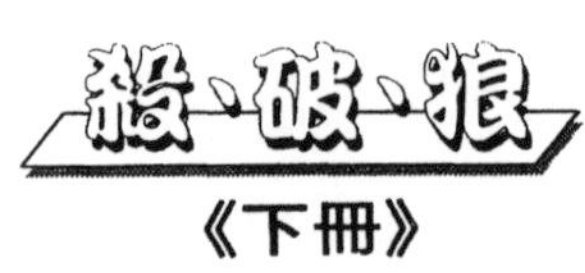

少，會有生離死別之狀況，或子女有傷殘現象。

武破、天空、地劫同宮時，無子女，或不婚，無子女。縱使有子女，也易早夭、不孕。

武破、文昌或武破、文曲在子女宮時，子女十分窮。**在巳宮**，子女還長相美麗、斯文有氣質，才華多，思想清高，不實際，賺錢不多。**在亥宮**，子女長相普通，才華少，仍窮。你與子女感情冷淡。

武破、左輔或右弼在子女宮時，子女易由別人帶大，你與子女不親密，緣份低，子女會使你更窮。或是你替別人帶大子女，子女多耗你的財，但也與你緣份薄，關係不佳。

廉破在子女宮

廉貞、破軍在子女宮時，子女一人，或子女中有傷殘、身體不佳的人。亦可能無子或與子女分離，有生離死別之痛苦。你是同陰坐命子、午宮的人，你本身就不喜歡小孩，對兒孫輩或晚輩沒興趣，也不喜歡和他們相處。你會覺得子女較笨，很麻煩，也不好管教，對子女也採取放任態度。因此子女會教養不好，也較窮，子女要離家才有發展，在你的身旁易成無用之人。親子關係疏離而彼此不和。子女也會來的不是時候，你容易在運衰時或窮困時、或身體不佳時生下子女。你是天生喜歡享福，也有福享的人。因此不會多花精神去學習技藝，故也才華少。或有古怪、無用之才華，或是有喜愛享福、愛花錢之才華。

當子女宮有廉貞化祿、破軍化權時，表示子女是不正常關係下所生之子女。子女的性格強，不服管教。但日後離家有異途顯達之貴，你本身也會在男女情色上花錢較多。子女也未必會來報達你的養育之恩。**在卯宮，還有擎羊同宮**，易有弒父弒母，反叛不肖之子女。

當子女宮是廉貞化忌、破軍時，子女是頭腦不清或身體傷殘、或有智障的人。子女也會是邪淫關係下所產生之人。你也可能不婚、結不成婚，而無子女。

當子女宮是廉貞、破軍化祿時，子女是窮又行為不良之人，會坑矇拐騙你的錢財。

廉破、擎羊在子女宮時，會不婚無子女。或與子女生離死別，或是子女有傷殘現象，須你照顧。子女會陰險、懦弱，無用，也會

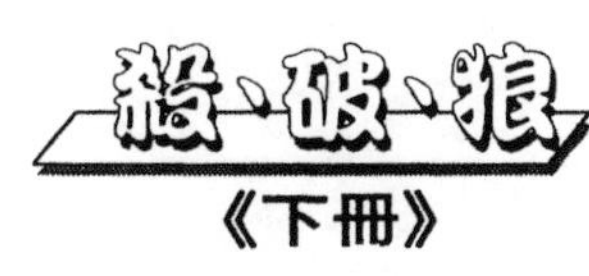

剋害你，宜與子女分開來往為佳。也要小心有反叛不肖之子女。

廉破、祿存在子女宮時，可有一子，是財窮之人。子女也保守、小氣，與你關係不佳，你的夫妻宮有擎羊，你也會為人陰險自私，而對子女不好。更易不婚無子女。

廉破、火星或廉破、鈴星在子女宮時，子女少或無。子女也會是性格火爆、衝動、品行不佳、與黑道有關之人。亦會與子女有生離死別之狀況。**有廉破、天空或廉破、地劫在子女宮時**，無子女或不婚，或與子女生離死別，離的遠，似有若無。

廉破、文昌或廉破、文曲在子女宮時，子女非常窮，且與你不親近。**在酉宮**，子女還斯文，但不算美麗，**在卯宮**，子女長相更差，子女是只會破耗、不事生產，又頭腦清高的人。

廉破、左輔或廉破、右弼在子女宮時，會不能生育，或由人工受孕生子，子女也不會由你撫養。子女會讓你更窮，或家庭破碎，或你未婚生子交由他人撫養，或為人養傷殘或不肖之子，你與子女離得遠。

貪狼在子女宮

貪狼單星在子女宮

貪狼單星在子女宮時，你是天梁坐命丑、未宮的人，和陽梁坐命及天梁陷落坐命巳、亥宮的人。你與子女溝通不良，子女為頑皮、任性、反抗心強的人。子女會較聰明，愛搞怪，你完全不能應付他們，你也會無暇顧及他們的感受，卻常因子女的問題給你自己帶來精神苦惱。

當貪狼在子女宮時，你自己在性生活上較放任，但無法滿足，你也會在才華上用心不多，或不知自己有何才華，或才華沒有重心。才華是馬虎、不能成事的才華。

貪狼在子女宮時，廟旺可有二子，居平時，只有一子。你對子女的態度較冷淡，子女未來也會向外發展，離家或和你感情疏離。

貪狼化權在子女宮時，子女是特別任性頑皮、反叛之人，你根本沒法管教，子女也許會管你，親子關係不和，但子女長大離家會有好的發展。**在午宮**，**有貪狼化權**、**祿存時**，有子一人，是性格強悍又保守的人，未來會有自己的路子，略有成就，但仍和你不合。

貪狼化祿子女宮時，子女較圓滑，人緣好，雖任性頑皮，但不討厭。子女未來會往財富上發展。與你的關係是表面還和諧，但不常見面，也不會講內心的話。

在午宮，有貪狼化祿、擎羊時，子女是陰險圓滑的人，和你不和，也易耗你的錢財，子女也身體不好，幼年時期即讓你頭痛。

貪狼化忌在子女宮時，你會不婚或無子女，或與子女緣薄，不相往來，內心有心結。子女頭腦不清，會很悶，話少，也人緣不好，或子女有智能低落的狀況。

貪狼、擎羊在子女宮時，無子、或子女與你不合，多是非，子女是運差的人，也易有傷災消損而亡。你在性能力上有問題，亦容易有傷殘之子。

貪狼、陀羅在子女宮時，子女較笨，又會自做聰明，與你不合，彼此悶不吭聲，感情冷淡，多是非。

貪狼、祿存在子女宮時，有子一人，是保守，但反叛心強的

人，與你心性不合，感情冷淡。但你還是會對他好。

貪狼、火星或貪狼、鈴星在子女宮時，子女是脾氣古怪的人，也是衝動、脾氣不好的人，和你份外不和，常有衝突。但你在流年、流月逢子女宮時，有『火貪格』或『鈴貪格』的暴發運，會多得錢財。

貪狼、天空或貪狼、地劫在子女宮時，子女少或無，你與子女感情冷淡，少見面，子女是運氣缺乏的人，你本身也才華少，沒有情趣。

貪狼、文昌或貪狼、文曲在子女宮，在**申、子、辰宮**，子女是有才華，長相美麗，氣質好，但會頭腦糊塗，與你不親密之人。**在寅、午、戌宮時**，子女長相粗，才華少，頭腦笨又糊塗，沒氣質，與你不合，也是和你少溝通或少聯絡的人。

貪狼、左輔或貪狼、右弼在子女宮時，你會因環境的關係和子女離得遠，相處較冷淡不合，子女也會由他人撫養，或你會幫他人養大小孩，但小孩和你有距離不親。

紫貪在子女宮

當紫微、貪狼在子女宮時，子女是長相氣派、體面、俊美、聰明的小孩。你會為子女得意，但子女仍與你有距離、不親密。你是天梁坐命子、午宮的人，你本身容易有男女關係複雜的狀況，因此容易有婚外情所生之子，或未婚懷孕之子。

當紫微化權、貪狼在子女宮時，子女性格強，長相氣派，子女會為你帶來好運，但你管子女很權威，子女與你不合，會離你很遠，或受你照顧而不親密，未來子女從政會地位高。

紫微化科、貪狼在子女宮時，子女是長相氣派、斯文、有氣質的人，但仍和你不和，但他也會帶給你好運。

紫微、貪狼化權在子女宮時，子女是反叛心特強的人，而你又特別喜歡管他，親子之間衝突很厲害，子女易遠離，不在你身旁，子女離開你，反而會有成就。

紫微、貪狼化祿在子女宮時，子女是長相美麗、性格圓滑的人，與你的關係稍好一點，但仍不算親密。

紫微、貪狼化忌在子女宮時，子女是頭腦不清，人緣關係不佳的人，也會和你不合，有衝突，或不常見面，離的遠。你和子女都是才華不佳的人。

紫貪、擎羊在子女宮時，與子女不合，有刑剋、或是有爛桃花生下子女，或是家窮，子女會送人撫養，與你緣份低。縱使子女由你養大，也與你感情不佳，相互衝突，子女也遲早會離開，子女是讓你頭痛的人。

紫貪、祿存在子女宮時，只有一子，子女是保守、小氣、長相不錯的人。你的夫妻宮有巨門陷落、擎羊，易離婚或家宅不寧，夫妻不和，子女與你不算親密，但兒子離開或無子，你就會失去生活重心，家中也會無財。

紫貪、火星或紫貪、鈴星在子女宮時，子女是脾氣古怪，衝動，火爆的人。和你不和，但你能在流年、流月逢子女宮時有暴發運，能多得錢財。子女也易有突發事件受傷或消損。

紫貪、天空或紫貪、地劫在子女宮時，你與父母與子女皆不親密，家中也可能都是單傳。子女也易離的遠或早亡。

紫貪、文昌或紫貪、文曲在子女宮時，在酉宮，子女長相美、斯文、氣質好，但會有政事顛倒的現象。**在卯宮**，子女長相普通，仍會有頭腦不清、政事顛倒的現象，與你的感情都不算親密，你會有文藝或口才上的才華，但浮而不實。

紫貪、左輔或紫貪、右弼在子女宮時，子女易交由他人撫養，或由人工受孕而生子，易不孕。或你也易幫他人帶養小孩。子女對你有幫助，但仍溝通不良，或有距離而離的遠。

武貪在子女宮

武曲、貪狼在子女宮時，子女是性格剛直、強悍的人，有二人，子女間不和睦，或有多次流產現象，或子女中有早夭者，後來生的才養大。你與子女不親密，易遠離，或無法溝通，你會對子女凶巴巴的，言詞強硬，但子女也不吃你那一套。你是機梁坐命的人，與你最不和的那個子女較會賺錢，也較會帶財給你。你也會在流年、流月逢子女宮時，有暴發運，得到大財富。

武曲化權、貪狼在子女宮時，子女是性格剛硬，會掌財權的人。你也會在子女幼年控制他的錢財，並施以壓力。未來子女在財富上會具有好運，能賺較多的錢財，但他們的反叛心也強，未必會把大錢給你花。

武曲化祿、貪狼化權在子女宮時，子女能出人頭地、事業有成，但你是家窮或家宅不寧的人，有錢也存不住。**在未宮，子女宮還有擎羊同宮**，子女的財富與成就會減少，你也會與子女不和睦，有爭執。

武曲、貪狼化祿在子女宮，子女是性格油滑，貪財吝嗇的人，表面上對父母還好，但內心上仍不想與父母溝通。

武曲化忌、貪狼在子女宮時，子女是頭腦不清，不會理財，常有債務問題的人。也會因錢財問題和父母多是非、衝突。

武曲、貪狼化忌在子女宮時，子女是頭腦不清，人緣不好的人，彼此不和睦，也和父母離的遠，一見面就有是非，而且子女運氣與成就不佳，但能自給自足，未必能孝順父母。

武貪、擎羊在子女宮，子女間彼此不合，也與父母不合，會性格強悍，好爭鬥，宜做軍警業。子女間會為錢財爭鬥，相互連累。你也會對子女嚴苛、態度冷淡，只重視自己的錢財。

武曲、貪狼化忌、擎羊在子女宮時，子女是相互不來往，爭鬥凶，人緣不佳，頭腦不清的人，與你關係也惡劣。流年、流月逢子女宮，你也會突然遇災而亡，子女又會相互爭奪賠償金。

武貪、陀羅在子女宮時，子女是粗壯又笨的人，子女間相互是非多，爭鬥多，會冷戰不來往，你也不瞭解子女，與子女不合，多衝突是非。

武貪、火星或武貪、鈴星在子女宮時，子女是性格古怪，相互間多爭鬥，容易有大起大落的人生，以及脾氣不好，有時也有突發之意外災禍的人。你與子女緣薄不合，少來往，或子女少。你在流年、流月逢子女宮時會有雙重暴發運，能得大財富。

武貪、天空或武貪、地劫在子女宮時，子女少，或有子一人或無子而女兒有一、二人。你與子女感情不深，常分離，或有生離死別之事。子女之間也少來往。

武貪、文昌、文曲四星同宮在子女宮時，**在丑宮**，子女長相美麗，桃花多，與你不合，子女能靠桃花事件及男女情愛獲得錢財。**在未宮**，子女長相普通，亦有桃花，會靠人過日子。

武貪、左輔、右弼在子女宮時，子女易是人工受孕而生的。子女易由別人帶大，和你緣份低，但你可由子女的關係得到錢財。親子關係較現實。你也容易為別人養子女，能得到好處，但親子關係仍不合，除了錢以外，感情上無法溝通。

廉貪在子女宮

廉貞、貪狼在子女宮時，你是同梁坐命寅宮或申宮的人。有子女二、三人，子女是懦弱、陽奉陰違、品行不佳、虛多實少、成就差、也會窮的人。你與子女間的關係不合，子女會表面聽你的話，私下另做一套。常常要別人告訴你，你才知道小孩幹了什麼壞事。事實上，你常溺愛小孩，也不願相信自己的小孩不好，但你管教的方式不好，對子女有心無力是事實。你一生都難瞭解自己小孩心中在想什麼，也和子女難以溝通，小孩有事也不會跟你講。

廉貞化祿、貪狼在子女宮時，子女是油滑，言語不實，虛多實少，桃花多，有特殊不好的嗜好的人。易靠色情生活，親子關係是表面好，但虛浮不瞭解的狀況。

廉貞化忌、貪狼、陀羅在巳宮為子女宮時，子女是頭腦不清，有邪淫桃花而遭災或易做強暴犯或被強暴的人。子女也易是不名譽而生下之子。

廉貞、貪狼化權在子女宮，表示與子女不合，子女是拔扈、強橫之子，你會愛管他又管不住，親子關係惡劣。**在巳宮，有廉貞、貪狼化權、陀羅**，子女是邪淫桃花不名譽之關係所生下之子，或是受強暴所生下之子，子女會霸道又笨，無法管教，也會幹下強暴或邪淫的事件。

廉貞、貪狼化祿在子女宮時，子女是圓滑、桃花多、會用桃花賺錢的人。與你表面關係好，但不算真的親近。

廉貞、貪狼化忌在子女宮時，子女是人緣不佳，人見人厭的人。他也會性格保守、內向。你與子女關係不佳，常有衝突，子女也會頭腦糊塗，沒有工作能力或離家。

廉貪、陀羅在子女宮時，是『風流彩杖』格，子女是不名譽所生下之子，會未婚生子，或受強暴所生之子，或是不倫關係所生之子。子女頭腦笨、知識文化低、令人討厭、不受尊重。未來子女也會發生同樣不名譽的色情事情。

廉貪、祿存在子女宮時，只有一子，子女是懦弱，膽小之人。人緣差，較孤獨，你也會內心多煩惱，夫妻間爭鬥凶，家宅不寧，家裡較窮。

廉貞、貪狼化祿、祿存在子女宮時，子女會油滑不實又保守、懦弱之人，你的家中也錢財不多，也窮。

廉貪、文昌或廉貪、文曲在子女宮時，子女是爛桃花多，虛多實少的人，而且頭腦不清，政事顛倒，會靠人過日子，或靠桃花來維生的人。

廉貪、左輔或廉貪、右弼在子女宮時，子女是與你份外關係淡薄，無緣之人。易由別人帶大，交由他人撫養，你與父母的關係也淡薄、不佳，因此你會不婚，或未婚生子、子女送給別人養。

廉貪、火星或廉貪、鈴星在子女宮時，子女是性格古怪、人緣不好的人，也會品行差，行為乖僻。也會子女少或無，你在流年、流月逢子女宮時，會有暴發運，能稍得一些錢財，但暴落很快。

廉貪、地劫、天空在子女宮時，無子女，或子女易早夭，或子

女與你離的遠，似有若無。也會易不婚。

《有關子女宮的問題，請參考法雲居士所著『如何為子女找一個好生辰』。》

第三節 『殺、破、狼』在僕役宮對人的影響

當七殺、破軍、貪狼在僕役宮時，表示朋友運不佳。朋友都較凶悍，與你不真心交往。也會愛佔你的便宜或侵害你的權益，因此皆要小心。你不宜和人合夥做生意，你宜做上班族，因為你的兄弟宮會較好，你宜結交如兄弟、手足般交情的朋友，才真正會對你有利。有羊、陀、火、鈴、化忌、劫空同在僕役宮時，朋友會剋害

你，多是非爭鬥，會沒有朋友，也不具有領導力，做不好主管，無法勝任管理階級的工作，你也容易被欺負、多遭倒債，或遭朋友殺害，或有背主叛離之事。

七殺在僕役宮

七殺單星在僕役宮

七殺單星在僕役宮時，你是日月坐命、太陰坐命卯、酉宮及太陰坐命巳、亥宮的人。**七殺若在居廟、居旺之位**，表示朋友或部屬是頭腦不算聰明，有些慢和笨，但會蠻幹、較凶，會硬爭硬搶利益的人。因為你本性溫和、注重感情，有時很生氣也不會表現出來，是會吃了虧之後，再消極的躲避他們。你一生不宜和人合夥或投資，以防有失。**有擎羊同宮時**，朋友是陰險、凶惡之人，小心被朋友陷害、謀財。**有陀羅同宮時**，朋友是又笨又凶的人，也會刑剋你，暗中害你。**有火星、鈴星同宮時**，朋友間爭鬥凶，朋友不善，易是黑道，朋友也常為你常來突發的災禍。**有地劫、天空同宮時**，朋友不多，也離得遠，你較孤獨，對朋友也冷淡。**有祿存同宮時**，是『祿逢沖破』，朋友仍是較凶，保守的人，對你無利有害，多少坑你一點點好處和錢財。你對朋友也是小氣、保守的人，但仍會受騙上當。**有文昌或文曲時**，朋友是言語不實的人，在申、子、辰宮，朋友還斯文，有氣質。在寅、午、戌宮，朋友粗俗，更凶，朋友運更不佳。**有左輔、右弼和七殺同宮時**，朋友會加倍凶惡，表面對你好，但會使你更辛苦、忙碌、劫財。

紫殺在僕役宮

紫微、七殺在僕役宮時，你是同陰坐命的人，朋友和部屬是地位高，長相氣派，但對你冷淡，來往較少的人。**有陀羅同宮時**，朋友中較少地位高的人，朋友和部屬較笨，是非多，不和。**有祿存同宮時**，朋友較保守、小氣，也不和，對你利益少，你也會對朋友小氣、保守。**有火、鈴同宮時**，朋友間爭鬥多，是非多，朋友也與你不和，易有黑道中地位高的朋友，但來往少。**有地劫、天空時**，朋友少，沒朋友，你較孤獨，不喜和人來往。**有文昌、文曲同宮時**，朋友還表面氣派、斯文、口才好，但對朋友仍冷淡，不真心。**有左輔或右弼時**，有事時，朋友會幫你的忙，但平常各忙各的，很冷淡，少聯絡。

紫微化權、七殺在僕役宮時，朋友地位高，會對你趾高頤指，你會較勢利、巴結權貴，雖朋友關係不親密，但也能靠朋友照顧或發達。

紫微化科、七殺在僕役宮時，朋友是有氣質、生活好，忙碌，對你冷淡客氣，維持基本禮貌的人，必要時也會伸出援手幫忙你。

武殺在僕役宮

武曲、七殺在僕役宮時，朋友和部屬皆是較窮、財少、工作辛苦賺錢少的人。武殺是『因財被劫』的格式，故朋友對你也冷淡、強硬。朋友皆是性格剛直，凶悍或有些不講理的人。你是太陰坐命辰、戌宮的人。要小心朋友劫財，對你不利。**有擎羊同宮時**，你易因錢財遭人殺死，流年、流月逢僕役宮要小心。**有祿存同宮時**，是

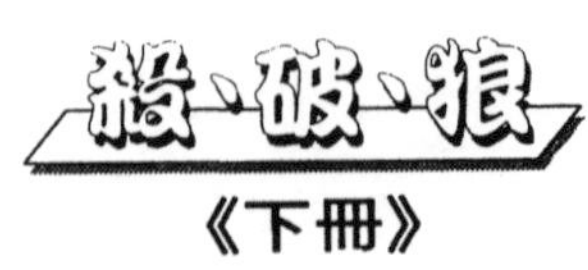

『祿逢沖破』，朋友是保守、小氣、不富裕的人，也會易遭劫財。**有火星、鈴星同宮時**，朋友間爭鬥多，朋友也易是黑道，不為善類。你易和朋友起爭執，也易因意外而遭朋友連累。**有天空、地劫同宮時**，你會較孤獨，不易交到好朋友，一生也對朋友懷疑不信任。**有文昌、文曲同宮時**，朋友仍是窮的，在酉宮，朋友還有文化水準，較斯文，但對你無多大利益。在卯宮，朋友斯文度差，也無利益，朋友易用口才來騙取你的錢財。**有左輔、右弼同宮時**，朋友更窮、更凶，更會刑剋你，刑你的財。

武曲化權、七殺在僕役宮時，朋友是窮朋友，但能掌財權，你會受制於他，靠朋友賺一點小錢。

武曲化祿、七殺在僕役宮時，朋友是小康、不富裕的人，會較圓滑不實在，對你的好處不多。

武曲化忌、七殺在僕役宮時，朋友是窮鬼，你和朋友多錢財是非，小心因財生恨而遭砍殺。

武曲化科、七殺在僕役宮時，朋友較窮，但稍會理財，對你雖感情冷淡，還講理，但有時還能有方法劫你的財。

廉殺在僕役宮

廉貞、七殺在僕役宮時，朋友是有些笨笨的、蠻幹型的人。智慧不高，也會成就不高，對你也冷淡，不熱絡。你是機陰坐命的人，朋友都是中產以下階級的人，你也對你他們不熱情，少來往，朋友對你幫助不大，這些人更會因為知識程度不高而拖累你。**有擎羊同宮時**，朋友是陰險又不聰明的小人，會剋害你，陷害你，你不喜與他們多來往。流年、流月逢僕役宮，要小心朋友暗害或車禍身亡。**在丑宮，有廉貞化祿、七殺、陀羅**，朋友是又笨、桃花多，或有特殊嗜好，會自食惡果的人。流年、流月逢僕役宮，也要小心車禍血光或貪色身亡。

廉殺、火星或廉殺、鈴星在僕役宮時，朋友表面笨，但內心有古怪聰明，不行善道，與黑道有關，朋友爭鬥凶，會危害於你。

廉殺、天空或地劫同宮時，朋友少，或少來往，不合。

廉殺、文昌、文曲在僕役宮時，朋友還斯文，但聰明度不高，多桃花情愛方面的朋友，也多喜愛享福、工作能力不強的朋友。你的朋友在玩樂時，與你還志同道合，但平常對你較冷淡。

廉殺、左輔、右弼在僕役宮時，朋友是特別笨，又頑固，又凶的人。常有別人幫他們一起對你凶，對你不算友善。朋友也會讓你更辛苦、更忙碌、更讓你吃虧。

破軍在僕役宮

破軍單星在僕役宮

當破軍單星在僕役宮時，你是天梁坐命丑、未宮的人、陽梁坐命的人，以及天梁陷落坐命巳、亥宮的人。你們會有言行狂妄，使你耗財多，行為放蕩不羈的朋友。你的朋友皆是破朋友、壞朋友，三教九流都有，你必須花費大才能交到朋友，或必須有利益上的交換才能有好朋友。你在交朋友的擇友條件上太寬鬆，因此常吃虧，也易受騙。因此不宜為人作保或和人合夥。**有擎羊同宮時**，朋友是陰險會剋害你的人。朋友好爭鬥，要小心被騙或被人殺害，**有陀羅同宮時**，朋友是又笨、又無賴的人，你也易遭災、受累，你與朋友多是非糾紛。

有火星或鈴星同宮時，朋友之間多爭鬥、不和。朋友也易是黑道中人，你與受牽連遭災。**有天空、地劫同宮時**，朋友運不佳，你會孤獨，朋友少，不想和朋友來往。**有文昌或文曲同宮時**，朋友都是窮朋友，在申、子、辰宮，朋友還斯文，有文質氣質。在寅、午、戌宮，朋友是粗俗又窮的人，也對你無益。**有左輔、右弼同宮時**，朋友會更複雜，龍蛇雜處，爛朋友一大堆，也帶來更多是非，讓你更頭痛。**有祿存同宮時**，朋友是保守、自私、又品行不佳的人，也對你無益。

破軍化權在僕役宮時，朋友是性格強勢，有地位的人，也會積極、打拚，對你有影響力，也易刑耗你的財，使你破耗多。

破軍化祿在僕役宮時，朋友是油滑不實，會是為要花錢而到處

找錢的人，也會讓你破財、損失多，你易受騙。

紫破在僕役宮

紫微、破軍在僕役宮時，你是同梁坐命的人。你的朋友多半是地位高、或長相氣派，但言行放肆、大膽、狂妄、不拘小節的人，也會讓你耗財多。朋友之中少數是對你好的，會幫助你的。大多數是會坑騙你，佔你便宜的人。**有擎羊同宮時**，朋友是表面高尚，內心險詐的人，對你爭鬥多，朋友運不佳，你會受害，他們會說一套、做一套。**有陀羅同宮時**，朋友是表面高尚，但內心笨也會多惹是非，讓你嘔氣的人。朋友運不佳。**有火星、鈴星時**，朋友間多爭鬥、不合，且易與黑道有關。**有地劫或天空同宮時**，朋友似有若無，表面上朋友中有高貴地位者，但幫不上你的忙。**有文昌、文曲**

同宮時，朋友長相美麗，但較窮，多與桃花或色情有關，你易靠人過日子。**有左輔、右弼同宮**，朋友中有幫你好的，幫忙增高你的地位和財富的人，也有幫你壞的，幫你破財或幫你壞事的人，你的朋友會更複雜，三教九流都有。最後是成也在朋友，敗也在朋友。

武破在僕役宮

武曲、破軍在僕役宮，朋友都是窮朋友。你是天梁坐命子、午宮的人。朋友是性格剛直、很衝、言行大膽、強硬，又天不怕地不怕的人。朋友、部屬中也易多軍警人員。你的環境比較好，易用錢財施惠來結交這些朋友和部屬。**僕役宮有陀羅時**，朋友是笨又窮的人，也易多是非、爭鬥。你不太想和他們多來往。**有火星、鈴星時**，朋友、部屬常有突發衝突，也會與黑道有關，會引來災禍。**有**

地劫、天空同宮時，無朋友，你會孤獨，不想和人來往。**有祿存時**，朋友是不富裕、且保守、小氣、略窮的人。你的遷移宮中有擎羊，因此你也少外出，交朋友保守，不想和人多來往。**有文昌或文曲時**，朋友特窮，**在巳宮**，朋友還是有文化氣質。**在亥宮**，文化氣質低。**有左輔、右弼時**，朋友也更窮，會對你愈幫愈窮，朋友中多是非，更不和睦。

廉破在僕役宮

廉貞、破軍在僕役宮，朋友都是爛朋友、窮朋友。你沒有領導力，你是機梁坐命的人。你的朋友大多是地位低、文化水準低、不聰明、智慧低、沒品行，又易耍無賴的人。你容易上當受騙，也不信任人。你對朋友也不好，也容易和他們一樣不講信用。**有擎羊同**

有祿存同宮時，會有陰險狡詐之朋友，小心易遭綁架、殺死。**有祿存同宮時**，朋友是又小氣，又自私，沒品行的人。有時對你好一點，但一定會要回好處。你的遷移宮有擎羊獨坐，表示環境原本就險惡，故朋友運也不好。**有火星或鈴星同宮時**，朋友與黑道勢力有關，不為善類，且爭鬥凶，會有意外事故及是非讓你遭殃。**有天空、地劫同宮時**，朋友窮又少，你也懶得理他們。偶而理一下，就會破財成空。你會孤獨，少與人來往。**有文昌或文曲時**，朋友非常窮，地位低，**在酉宮**，朋友還文質、有氣質，自命清高。**在卯宮**，氣質普通。**有左輔或右弼同宮時**，朋友是幫你更窮、更破，地位更低，對你毫無好處。你也易與沒品行的人做朋友。

貪狼在僕役宮

貪狼單星在僕役宮

貪狼單星在僕役宮時，表示朋友對你冷淡，會溝通不良，相互不瞭解，也容易少來往。朋友對你漠視，你也對朋友的感情很馬虎，不重視。你易和朋友屬下發生爭執，亦可能受朋友連累而遭災。因此你易沒有領導力，獨來獨往，為獨行俠。但人生的機會就少很多了，而且成就也不會太大。**若有擎羊同宮時**，朋友不但對你冷淡，且刑剋你，你孤獨的更厲害，朋友運不佳，易遇小人暗害，一生的錢財也會較少。**若有陀羅同宮時**，朋友是笨又是非多，對你冷淡、不合的人。你易受小人排擠，也會孤獨、保守、小氣、放不開、為人也較自私。**若有祿存同宮時**，朋友是小氣、保守、運氣少的人，你的遷移宮中有擎羊，故你也是保守、不喜外出的人，朋友也少，較孤獨。**有火星或鈴星同宮時**，朋友是性格古怪，衝動，偶而才來往的人。你也易與朋友不合。朋友宮是『火貪格』或『鈴貪格』，朋友也會為你帶來暴發運。流年、流月行運至僕役宮，你會暴發財富。**有地劫或天空同宮時**，朋友少，非常冷淡。同時朋友中也多無運或衰運的人。你較孤獨，少與人來往。**有文昌或文曲同宮時**，朋友會頭腦不清，政事顛倒，在申、子、辰宮，朋友還氣質好，有文質修養。在寅、午、戌宮，朋友是粗俗、冷淡的人。**有左輔或右弼同宮時**，朋友會為你帶來好運，但同時會對你更冷淡、不合，你也會對人更不真心，唯利視圖。

紫貪在僕役宮

紫微、貪狼在僕役宮時，你是天同坐命辰、戌宮的人，朋友是地位高、長相美麗或品行好的，但對你冷淡之人，有時他們也會帶給你一些好運，但不多，也會不希望你回報。朋友之間來往少，不算親密，你要到老年時，能得到真正的好朋友。**有擎羊同宮時**，朋友是地位高，但假意對你好，陰險的人，但也會剋害你，對你不利，要小心。**有祿存同宮時**，朋友是地位高，或品行好，性格保守、小氣的人。你的遷移宮中有擎羊、巨門，環境中多是非、爭鬥、讓你頭痛，故只有地位高或品行好的人、保守的人才會接近你。但他們也會較冷淡，不熱情。**有火星、鈴星同宮時**，朋友是古怪的人，但能為你帶來好運和暴發運，但平常是和你少來往，也冷淡的，流年逢僕役宮有暴發運。**有地劫或天空同宮時**，朋友不力，多冷淡，不來往，會較孤獨，或有地位高又孤的朋友。**有文昌、文曲同宮時**，朋友還斯文，有禮貌，但冷淡，會有情色桃花的朋友。**有左輔或右弼同宮時**，朋友有時對你愈發冷淡不合，有時又會幫助你帶給你好運。朋友中有些對你不好，有些會特別對你好，有兩極之差別。

武貪在僕役宮

武曲、貪狼在僕役宮時，你是空宮坐命寅、申宮，對宮有陽巨相照的人。你的朋友是性格強悍、又愛賺錢、有好運的人，同時他們大多是有錢人。朋友運就是暴發格，因此可靠朋友暴發，但是他們平常小氣吝嗇，對人冷淡，勢利，你需要聰明一點，拿捏清楚才

知如何利用朋友替你賺到錢。若你是不聰明的人，你是只能感覺到朋友態度剛硬、冷淡、勢利，對你毫無幫助了。**有擎羊同宮時**，朋友強悍、勢利，會剋害你，爭鬥多，你不喜歡朋友、爭不過他們，會較孤獨，也常喜歡防著他們。**有陀羅同宮時**，朋友強悍，又笨，是非多，有暗中爭鬥，不和、冷淡、少來往。**有火星、鈴星同宮時**，朋友古怪，但會為你帶來雙暴發運，但仍冷淡，少來往，或和你易起糾紛、爭鬥，流年逢僕役宮有暴發運，易得大財富。**有地劫、天空同宮時**，朋友是冷淡強悍，來往少的，有時對你無益，不一定會為你帶來財運或好運。你易較孤獨。**有文昌、文曲同宮時**，朋友是強悍、又頭腦不清、政事顛倒的人，會與桃花情色有關，朋友還長相美麗，或是有頭腦聰明，或是具有情色關係的朋友會為你帶來財運。**有左輔、右弼同宮時**，朋友是又幫助你得財富，又帶給你好運的人，你會很快的發達，運氣特佳，但他們是性格剛直、又特別冷淡、不熱情的人。

廉貪在僕役宮

廉貞、貪狼在僕役宮時，表示朋友運很壞。朋友中多品行不佳、虛浮、不實在的人，或討厭的人。你的朋友常更換，或多是非爭執，你容易遭受朋友的陷害、損失、連累。你也沒有領導能力，會有背叛的部屬，給你帶來災害。**有陀羅同宮時**，是『風流彩杖』格，朋友中多好色之徒，或很笨及品行不好的人，相交無誠信可言，又會為你招災，**有祿存同宮時**，你的朋友是小氣、吝嗇、自私，又品行不佳的人。他們也會對你冷淡、給你臉色看，但有時也略有幫助。**有火星、鈴星同宮時**，朋友脾氣壞、性格古怪，人緣不

好，常有是非衝突。但你在流年、流月逢僕役宮時有偏財運。**有天空、地劫同宮時**，沒有朋友，朋友常不來往，或容易吵翻而斷絕來往，你較孤獨，也不喜與人來往。**有文昌或文曲同宮時，在巳宮**，朋友略斯文、美麗，但人緣不好，相當冷淡。朋友皆是易有爛桃花、頭腦不清的人。**在亥宮**，朋友長相普通，人緣更不佳，朋友易是頭腦糊塗，是非不分的人，也會對你冷淡，品行不佳，爛桃花多。**有左輔、右弼同宮時**，朋友是更幫助你會人緣不好及品行不佳的人，因此你會受朋友影響做人更差、更不實在。

《有關朋友運的問題，請參考法雲居士所著『紫微成功交友術』。》

用顏色改變運氣

法雲居士⊙著

顏色中含有運氣，運氣中也帶有顏色！
中國有自己一套富有哲理系統的用色方法和色彩學。
更可以利用顏色來改變磁場的能量，使之變化
來達成改變運氣的方法。
這套方法就是五行之色的運用法。

現今我們對這一套學問感到高深莫測，
但實則已存在我們人類四周有數千年
歷史了。

法雲居士以歷來論命的經驗和實例，
為你介紹用顏色改變運氣的方法和效力，
讓你輕輕鬆鬆的為自己增加運氣和改運。

如何尋找磁場相合的人

法雲居士⊙著

每個人一出世，便擁有了自己的磁場。
好的磁場就是孕育成功人士、領導人、有
能力的人能造福人群的人的孕育搖籃。同
時也是享福、享富貴的天然樂園。壞的磁
場就是多遇傷災、破耗、人生困境、貧
窮、死亡以及災難無法躲過的磁場環境。
人為什麼有災難、不順利、貧窮、或遭遇
惡徒侵害不能善終的死亡？
這完全都是磁場的問題。

法雲居士用紫微命理的方式，讓你認清自
己周圍的磁場環境，也幫你找到能協助
你、輔助你脫離困境、及通往成功之路的
磁場相合的人。
讓你建立一個能享受福財與安樂的快樂天堂。

第八章　殺、破、狼在『兄、疾、田』對人的影響

兄弟宮、疾厄宮、田宅宮等的三個宮位所形成的三合宮位，不但在你的生命中形成輔助力量。同時也是你的生命資源儲存的庫房基地，因此對每一個人也都有同等的重要性。當『兄、疾、田』三合宮位上正坐『殺、破、狼』格局時，表示你在先天的資源或後天所儲有的生命資源有了刑剋、破洞。其實這些問題也會在你的八字中顯現出來的。紫微命盤所展現的資料只是更確切明白的展現出刑剋的狀況而已。

第一節　『殺、破、狼』在兄弟宮對人的影響

七殺在兄弟宮

七殺單星在兄弟宮

七殺單星在兄弟宮時，你是『天同坐命卯、酉宮』的人、『天機坐命巳、亥宮』的人或『空宮坐命丑、未宮，有日月相照』的人，你會和兄弟姐妹不和睦，兄弟較凶，脾氣壞，也會體弱多病，或有傷殘者，是性格古怪、孤僻的人。**有擎羊同宮時**，會相互剋害、不來往，或是有身體傷殘會拖累你的兄弟，或是兄弟間爭鬥多。你們

會用彼此憎恨、相互欺負的方式往來。兄弟易因生病或意外而亡。**有陀羅同宮時**，兄弟是又凶、脾氣壞、又笨、性格會悶悶的，話少，與你不合，感情淡薄，兄弟也易因意外而亡或受傷。**有祿存時**，兄弟仍不和，兄弟是性格保守、小氣、對你冷淡的人。但必要時，仍會對你伸出援手，但幫助不大。**有火星或鈴星同宮時**，兄弟脾氣衝動、急躁，和你多是非爭鬥，也易和黑道有關。也易發生意外而亡。**有天空或地劫同宮時**，兄弟不和、冷淡、離得遠，也會無兄弟。**有文昌或文曲時**，在申、子、辰宮，兄弟是較斯文、冷靜、性格強悍的人。與你不合，但他仍講理。你們只是觀念不同而已。在寅、午、戌宮，兄弟是強悍又粗魯的人，也會對你不講理。**有左輔或右弼同宮時**，有人幫兄弟更凶悍、脾氣更壞，更好爭鬥。兄弟也會對你加倍刑剋不和。

紫殺在兄弟宮

紫微、七殺在兄弟宮時，兄弟是長相氣派、體面、性格強悍、很酷的人。他會幼年身體不好，長大後會忙碌打拚，他的成就比你好，但仍會對你冷淡或態度強悍，不太和睦。**有陀羅同宮時**，兄弟是表面氣派、性格頑固、強悍又笨一點的人，與你易生是非、不和。但他仍是成就高於你的。**有祿存同宮時**，兄弟是體面、頑固及保守、小氣、性格很酷的人。必須非常必要才會幫助你。

有火星、鈴星同宮時，兄弟性格衝動、火爆、是非多、好爭鬥、打架，常有突發狀況，你不敢惹他。**有地劫、天空同宮時**，無兄弟或有兄弟離的遠，不想認，似有若無。**有文昌、文曲同宮時**，兄弟仍是面貌酷酷、對你冷淡的人。在巳宮，兄弟還斯文、美麗。

在亥宮普通。**有左輔、右弼同宮時**，兄弟會更高高在上，氣高頤指，有事才會找你，平常更冷淡。

武殺在兄弟宮

武曲、七殺在兄弟宮時，兄弟是性格剛直、脾氣硬、較窮，常和你發生爭執的人。而且常因錢財問題發生爭執，易和你爭家產。你是太陽坐命辰、戌宮的人。兄弟比你窮，成就比你差，心態上也慳吝、一毛不拔。兄弟易是在軍警武職工作的人較佳，刑剋財不會太重。**有擎羊同宮時**，兄弟一、二人，常相互爭鬥，會因錢財問題、家產問題相互砍殺，兄弟是較窮又凶的人。**有祿存同宮時**，兄弟一人，兄弟是保守、小氣、不富裕的人，兄弟仍不和，但會偶而聊幾句，錢財上少來往。**有火星、鈴星同宮時**，兄弟少，兄弟是脾氣壞，又窮，與黑道有關，不行正道的人，常和你有突發的衝突，也易相互砍殺。**有天空或地劫同宮時**，兄弟少或無，不和，也離得遠，你常忘記兄弟的存在，彼此冷淡，少見面。**有文昌、文曲同宮時**，在酉宮，兄弟會斯文，在卯宮，則普通。兄弟仍是較窮，與你不合及冷淡，少來往的人。**有左輔或右弼同宮時**，兄弟間會有外人或事故幫助，爭執更凶，更不合或不相往來。

廉殺在兄弟宮

廉貞、七殺在兄弟宮，兄弟一人，你是空宮坐命寅宮或申宮，對宮有機陰相照的人。兄弟感情不和睦，常有爭執發生。兄弟是頭腦頑固、不聰明、智慧較低，喜歡蠻幹的人，也會悶著頭蠻幹，對你冷淡，毫無情份可言。**有擎羊同宮時**，兄弟一人相互剋害，他是

陰險、強橫、好爭鬥的人，你會家窮、鬥不過他，兄弟也易是有身體傷殘的人，或易夭亡。**有陀羅同宮時**，兄弟更頑固、相爭鬥、多是非、頭腦較笨，會性格悶悶的和你暗鬥，身體也易傷殘或夭亡。**有火星或鈴星同宮時**，兄弟性凶、火爆、衝動、和你是非多，易和黑道有關、不學好，兄弟少或易折損夭亡。**有天空或地劫同宮時**，兄弟感情冷淡，離得遠，或無兄弟。**有文昌及文曲同宮時**，兄弟較斯文，桃花多，與你不算親密。**有左輔和右弼同宮時**，兄弟間會有外人或事故幫助，爭執更凶，更不合，衝突更大。

破軍在兄弟宮

破軍單星在兄弟宮

破軍單星在兄弟宮時，兄弟有二、三人。兄弟是性格豪放、開朗、不拘小節、言行大膽、粗俗、或不守法紀、不按牌理出牌的人。他的性格善變、衝動、好爭鬥、打拚力強，但也人生起伏大。在思想上、價值觀上都和你不同，也和你不和，常與你有衝突，會侵害你的權益，你會怕他們，少與他們來往。**有擎羊同宮時**，兄弟一人，兄弟間爭鬥多，是剋害你很深，使你遭災嚴重的人，會不相往來。兄弟也可能有傷殘現象，會彼此痛恨、冷淡。**有陀羅同宮時**，兄弟是又笨、又和你不和的人。彼此多是非，糾纏不清。你的命宮有祿存出現，故你是心態保守、小氣的人，兄弟會耗你的財。**有祿存同宮時**，兄弟一人，兄弟是又吝嗇保守、自私、又言行放肆的人，對你無助力而有拖累，不太和諧。**有火星、鈴星同宮時**，兄弟間爭鬥多、不合。會有意外事故發生，兄弟會不存。**有天空、地劫同宮時**，兄弟不合，少來往，感情不深，無助力。**有文昌或文曲兄弟宮**，兄弟較窮，又不合，彼此冷淡。在申、子、辰宮，兄弟還斯文、美麗。在寅、午、戌宮，兄弟粗俗、更窮。**有左輔、右弼同宮時**，兄弟是促使你更破耗多的人，他也會在壞的事情幫助你，使你遭災。也會兄弟間爭鬥多或拖累多，更為不和睦。

紫破在兄弟宮

紫微、破軍在兄弟宮時，兄弟有三人或為異母所生之兄弟，彼此不和，兄弟是高高在上，會欺負你的人。兄弟也是長相好、性格多變、行為乖張的人。**有擎羊同宮時**，兄弟間爭鬥多剋害你更深，易不來往。**有陀羅同宮時**，兄弟是又笨、又強悍的人，和你多是非糾纏的人，也會不和而離開。**有火星或鈴星同宮時**，兄弟中有與黑道有關之人，會衝動、脾氣壞、也易做不法之事。兄弟間多衝突。**有天空、地劫同宮時**，兄弟間相互冷淡，少來往，或兄弟漸減少，生病或意外身亡。**有文昌、文曲同宮時**，兄弟是長相還不錯，但較窮的人。桃花多，易生是非，易靠桃花維生，與你不算和睦。**有左輔、右弼同宮時**，異母所生之兄弟多，好的、壞的都有，是非多。你有領導力，但仍不和諧。

武破在兄弟宮

武曲、破軍在兄弟宮時，兄弟較窮或和你情份少、不和，或離得遠。兄弟易做軍警職，兄弟是小氣、吝嗇、或言行粗魯的人。**有陀羅同宮時**，兄弟是又笨又窮的人。會更粗魯一些，與你不合。**有祿存同宮時**，兄弟一人，是保守、小氣、吝嗇、刻薄的人。與你不算和諧。**有火星或鈴星同宮時**，兄弟間常有衝突，他是脾氣壞，或與黑道有關之人，兄弟易意外身亡消損。**有天空、地劫同宮時**，無兄弟，或離得遠，似有若無，或會因意外失去兄弟。兄弟感情冷淡不合、緣份淺。**有文昌、文曲同宮時**，兄弟更窮，也不合。在巳宮，兄弟還斯文，美麗，口才好。在亥宮，長相普通，無才華。

廉破在兄弟宮

廉貞、破軍在兄弟宮時，兄弟一人，感情差，兄弟是頭腦笨、言行粗鄙、又窮的人。也會是品行不佳，肆無忌憚的人。兄弟不和，常有爭執，他會欺負你。長大後會少來往。**有擎羊同宮時**，兄弟易傷殘，也會剋害你很深，會陷害你、拖累你，也容易不相往來。**有祿存同宮時**，兄弟是保守、小氣、言行粗俗、放肆的人。與你仍不和，相互剋害。**有火星或鈴星同宮時**，兄弟間爭鬥凶，兄弟易與黑道有關，也會無兄弟。**有天空、地劫同宮時**，無兄弟，或不相往來，感情淡薄。**有文昌、文曲同宮時**，兄弟窮，不和，冷淡。在酉宮，兄弟還斯文，美麗一點。在卯宮，兄弟長相普通。

貪狼在兄弟宮

貪狼單星在兄弟宮

貪狼單星在兄弟宮時，兄弟有二人是自私、以自我為中心的觀念重，對你冷淡，漠不關心，兄弟間無法溝通，也易受兄弟拖累而蒙受損失或傷害。家中易有不婚或晚婚的兄弟姐妹，兄弟不合睦。**有擎羊同宮時**，兄弟會剋害你，和你更不和，兄弟也是運衰之人，成就很差。**有陀羅同宮時**，兄弟是較笨又對你冷淡、不和睦的人，會和你多是非、或不來往。**有火星或鈴星同宮時**，兄弟性格古怪，脾氣壞，和你不和，但在流年、流月逢兄弟宮時，你會有暴發運或偏財運。**有天空、地劫同宮時**，兄弟少、冷淡、不來往。兄弟是運氣差或沒有運氣及成就的人。**有祿存同宮時**，兄弟一人。兄弟是冷淡、吝嗇、保守的人。**有文昌、文曲同宮時**，兄弟是頭腦不清、政事顛倒、黑白不分的人，對你冷淡、少來往。在申、子、辰宮時，兄弟還斯文、美麗、外緣好，桃花多。在寅、午、戌宮時，兄弟是較粗俗、桃花少的人。**有左輔、右弼同宮時**，兄弟會對你更冷淡、不合，但會帶給你一些運氣。易有異母所生之兄弟。

紫貪在兄弟宮

紫微、貪狼在兄弟宮時，兄弟三人，會有長相還不錯，氣質好，但晚婚或不婚的兄弟姐妹。他會成就比你好，也會高高在上，對你冷淡，不親密，但必要時會照顧你。**有擎羊同宮時**，兄弟不和，多爭鬥，相互剋害、拖累。**有祿存時**，只有兄弟一人，他對你雖冷

淡，在錢財上小氣、吝嗇，但偶而會幫助你。**有火星或鈴星同宮時**，兄弟古怪，和你不合，也多是非。你在流年、流月逢兄弟宮時，有暴發運和偏財運。**有天空、地劫同宮時**，兄弟少，或離的遠，更冷淡，緣份淺。**有文昌、文曲同宮時**，兄弟會頭腦糊塗，政事顛倒，和你不親密。在酉宮時，兄弟斯文、美麗、氣質好、桃花多，但仍有晚婚者。在卯宮，兄弟長相較普通，但仍是美麗的人，易會晚婚。**有左輔、右弼同宮時**，兄弟中有晚婚者，會高高在上，性格冷淡，但長兄、長姐會照顧你，幫助你。易有異母之兄弟姐妹，其中也有對你好的人。

武貪在兄弟宮

武曲、貪狼在兄弟宮，兄弟二人，與你不合，常有爭執。兄弟是較富裕，錢財多，財運好的人，性格剛直、強悍，對你冷淡，吝嗇，兄弟也易是軍警職的人。**有擎羊同宮時**，兄弟間爭執多、爭鬥凶，會為錢財爭鬥，兄弟雖富裕，但較陰險凶悍，人生多起伏，兄弟也會剋害你。**有陀羅同宮時**，兄弟是強悍又笨的人，和你是非多、糾纏不清。**有火星或鈴星同宮時**，兄弟性格古怪、脾氣壞，和你衝突多。你在流年、流月逢兄弟宮時，有雙暴發運，會獲得大財富。**有天空、地劫同宮時**，兄弟較有錢但與你見面少，緣份低。**有文昌、文曲同宮時**，兄弟是富裕多財，桃花多的人，但會頭腦不清、政事顛倒，對你仍不算很親密。**有左輔、右弼同宮時**，兄弟是幫助你有富貴的人。他為人雖冷淡、剛直，但都會為你好，也帶給你好運。

廉貪在兄弟宮

廉貞、貪狼在兄弟宮時，兄弟會相互拖累、招災、不和睦、是非多。兄弟且易是品行不佳、人緣不佳的人。平常也對你冷淡、不幫助，有事才來找你的人。**有陀羅同宮時**，是『風流彩杖』格，兄弟是笨又與淫色有關之人，有異母之兄弟姐妹，是非多，不和睦。**有祿存同宮時**，兄弟只一人，是保守、小氣、品行不佳或懦弱的人，彼此不算和睦。**有火星或鈴星同宮時**，兄弟性格古怪、無人緣、脾氣壞，和你多是非。在流年、流月逢兄弟宮時，有暴發運或偏財運。但所暴發的錢財少。**有天空、地劫同宮時**，無兄弟。**有文昌、文曲同宮時**，兄弟會頭腦不清、糊塗、人緣差或有爛桃花。在巳宮，兄弟長相還美麗、斯文。在亥宮，兄弟長相普通。但都是性格潑辣的人。**有左輔、右弼同宮時**，會有人或事幫忙你的兄弟和你感情更壞，更彼此拖累或更少來往。

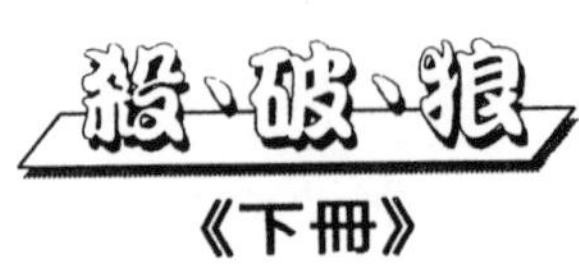

第二節 『殺、破、狼』在疾厄宮對人的影響

七殺在疾厄宮

《請參考法雲居士所著『紫微命格論健康』上、下冊》

七殺單星在疾厄宮

七殺單星在疾厄宮時，主幼年多病、不好養、有呼吸道、支氣管及肺部之疾病，要小心肝炎刑肺之疾，成年後有痔瘡、腸炎或腸

癌的問題。**有擎羊同宮時**，還易有手足傷災，頭臉破相，易常開刀，心臟、肝病、脊椎骨有問題，也易有車禍血光。**有陀羅同宮時**，易有牙齒、手足之傷災，易開刀，肺部不好。**有祿存同宮時**，則還易有腎臟、脾胃的問題。**有火星或鈴星同宮時**，還易有意外傷災及皮膚病、過敏症、長腫瘤的危險。**有地劫或天空同宮時**，身體差易生癌症，大腸癌、肺癌、肝癌可能性高。**有文昌、文曲同宮時**，則肺部、氣管、大腸、下半身寒冷問題較多。**有左輔或右弼時**，要小心傷災及脾胃、肝、腎及婦女病的問題。

紫殺在疾厄宮

紫殺在疾厄宮時，大致健康，但小時亦多感冒，肺部、氣管較弱，也易有脾胃之不適，易常感身心疲乏、四肢無力。**有陀羅同宮**

時，頭面有破相，牙齒不佳或有傷，大腸、肺部較弱。**有祿存同宮時**，脾、胃、腎臟要小心。**有火星、鈴星同宮時**，小心皮膚病、或火症、怪病、腫瘤。**有天空、地劫同宮時**，必有癌症，壽命不長。**有文昌或文曲同宮時**，有大腸、肺部的問題，以及腎虧或婦女病，生殖系統的問題，下半身寒冷。**有左輔或右弼同宮時**，還要小心脾胃、肝臟、婦女病的問題。

武殺在疾厄宮

武曲、七殺在疾厄宮時，自襁褓時就多災，頭面有破相、幼年身體不好，易有血液循環不佳，膽病，或暗疾，也會有肺部、氣管、大腸等毛病。**有擎羊時**，易有手足傷殘，開刀或車禍或遭災而亡。或心臟、脊椎骨、頭部、大腸、肝臟、眼目有問題。**有祿存同**

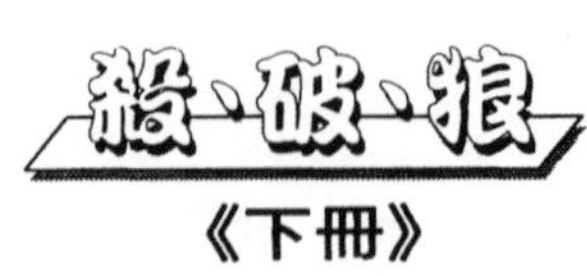

宮時，還有腎臟、胃部方面的毛病。**有火星、鈴星同宮時**，有意外之災，還有皮膚病、腫瘤之現象。**有天空、地劫同宮時**，還有易生癌症的問題。**有文昌、文曲同宮時**，還易有大腸癌、腸炎、肺炎等問題，以及婦女病或生殖系統較弱的問題。**有左輔或右弼同宮時**，還有胃病、腎臟病，及婦女病，上火下寒之毛病。

廉殺在疾厄宮

廉貞、七殺在疾厄宮時，年幼多瘡或腰足之災，也會有血液方面的問題，或易感冒、肺部、腸部等問題，以及眼目之疾。**有擎羊同宮時**，還要小心車禍、手足之傷，易傷殘或喪命。**有陀羅時**，要小心肺、大腸、傷災血光，牙齒不佳，傷災等問題。**有火星、鈴星同宮時**，要小心火症、腫瘤、皮膚病、過敏症、怪病、車禍傷災、血光。**有天空、地劫同宮時**，要小心有癌症。

破軍在疾厄宮

殺、破、狼
《下冊》

破軍單星在疾厄宮

破軍單星在疾厄宮時，會在子、午、寅、申、辰、戌宮，幼年呼吸道、支氣管、肺部較弱，幼年易有過敏、皮膚病或膿腫之症。也易腎虧或易有膀胱、泌尿系統有問題。**有擎羊同宮時**，要小心傷災而亡或傷殘，易有心臟、脊椎骨、頭部、肝臟、眼目等問題。**有陀羅同宮時**，要小心傷災、手足傷殘、牙齒的問題，肺及大腸易生病、腎虧等病症。**有祿存同宮時**，有腎臟、脾胃等問題。小心開

刀。**有火星、鈴星同宮時**，有意外之傷災，血光。與水火不協調，發炎、發燒、或過敏體質，或有怪病，長腫瘤等狀況。**有天空或地劫同宮時**，有癌症而亡之跡象。**有文昌或文曲同宮時**，為肺部、氣管、氣喘、大腸之病變，及下半身寒涼，生殖系統不良症。**有左輔、右弼同宮時**，還有脾胃、腎臟、開刀或婦女病、下半身寒冷、生殖系統較弱的毛病。

紫破在疾厄宮

紫微、破軍在疾厄宮時，要有心臟、血壓及神經系統不調合之病症。亦要小心過敏、皮膚病、肺部、氣管不好，及脾胃的毛病，腎臟虛弱等問題。**再有擎羊同宮時**，手足易有傷殘現象，易開刀，多傷災，還有眼目、心臟、肝腎之疾。**有陀羅同宮時**，會有手足傷災、牙齒傷災或齲齒、肺部、氣管、心臟、腎臟的毛病，也易有心臟。**有火星或鈴星同宮時**，易有意外的病災或古怪的病症，高血壓、心臟病、頭部病症、皮膚病、長腫瘤等現象。**有天空、地劫同宮時**，易發生癌症。**有文昌、文曲同宮時**，有心臟病、大腸、肺、肝、膽部要小心。**有左輔、右弼同宮時**，要小心心臟、脾胃、上火下寒的毛病與生殖系統的毛病、婦女病。

武破在疾厄宮

武曲、破軍在疾厄宮時，襁褓即多災，有手足頭面之傷，肺部、氣管不好，常感冒，也會影響腎臟、膀胱、有目疾。**有陀羅同宮時**，一生多病，會拖拖拉拉，傷災也多，易開刀。**有祿存同宮時**，幼年多病，不好養，還是氣管、肺部以及腎臟、膀胱、目疾的

問題。**有火星、鈴星同宮時**，有突發的病症與怪病現象，也易生腫瘤及水火不調之病症，皮膚病、過敏症等。**有天空、地劫同在疾厄宮時**，易生癌症，與肺癌或大腸癌、肝癌、膀胱癌有關。**有武曲化忌、破軍在疾厄宮時**，要小心肺癌及大腸癌、膀胱癌。**有文昌或文曲同宮時**，要小心肺部、氣管及大腸的毛病，以及肝、膽的問題，易早逝、因病而亡。**有左輔、右弼同宮時**，還要小心脾胃及上火下寒和生殖系統或婦女病的問題。

廉破在疾厄宮

廉貞、破軍在疾厄宮時，要小心肺部及呼吸道、氣管之疾病，以及血液方面的毛病，易開刀，身體不佳。也易有破相，易長瘡及有腰足之災。**有擎羊同宮時**，手足易傷殘。小心腦震盪、肝病、心臟病、眼目有疾、車禍傷災、易開刀，或有腎臟、膀胱之毛病。**有祿存同宮時**，還有脾胃、或腎臟的毛病。**有火星、鈴星同宮時**，小心意外之傷災和古怪之病症，多有發燒、發炎之狀況，以及長腫瘤或皮膚病、青春痘、過敏之症狀。**有天空、地劫同宮時**，易有癌症。**有文昌、文曲同宮時**，易有肺部呼吸道、大腸、泌尿系統之病症，**有左輔、右弼同宮時**，還易有脾、胃方面的毛病，以及生殖系統和婦女病的毛病。

貪狼在疾厄宮

貪狼單星在疾厄宮

貪狼單星在疾厄宮時，貪狼居旺時，一生少病災，居平時，毛病較多。貪狼五行屬木，凡貪狼在疾厄宮時，要小心肝膽的毛病、神經系統的毛病或關節炎等狀況。**有擎羊同宮時**，易有傷災、肝病、心臟病、手足酸痛、腎臟病、眼目之疾皆要小心。**有陀羅同宮時**，要小心鈍傷，手足酸痛、肝氣刑肺之症、牙齒傷災等問題。**有祿存同宮時**，要小心腎臟、肝病、脾胃等問題。**有火星、鈴星同宮時**，要小心突發的怪病或突發之傷災，有後遺症。亦要小心過敏症、神經性的腫瘤，常發炎、發燒等症狀。流年、流月逢疾厄宮有暴發運或偏財運。**有天空、地劫同宮時**，要小心癌症，肝、膽或神經系統的癌症。**有文昌或文曲同宮時**，要小心肺部纖維化、或神經系統纖維化、手足酸痛、肺、肝、大腸、膽部的問題。**有左輔、右弼時**，要小心脾、胃、肝、膽不好，以及生殖系統、婦女病、手足酸痛等問題。**有貪狼化忌在疾厄宮**時，要小心癌症，是與肝、膽和神經系統有關的癌症。

紫貪在疾厄宮

紫微、貪狼在疾厄宮時，要小心房事過度，腎虧等毛病，亦要小心脾胃、肝膽不適，以及手足神經酸痛等毛病。**有擎羊同宮時**，還要小心頭部、心臟、高血壓、血液的問題，手足傷災、腎臟不好及眼目之疾。**有祿存同宮時**，還要小心脾胃及腎臟、膀胱的問題。**有**

火星或鈴星同宮時，要小心皮膚病、過敏、長腫瘤、以及突發的怪病。**有天空、地劫同宮時**，要小心癌症，與肝、膽、神經性的腫瘤有關。**有文昌、文曲同宮時**，還要小心脾胃、大腸、肝、膽、生殖系統、泌尿系統的毛病及性病。**有左輔、右弼同宮時**，要小心脾胃、腎臟等毛病，以及婦女病、泌尿系統的毛病。

武貪在疾厄宮

武曲、貪狼在疾厄宮時，大致健康，要小心頭面破相、肺部、氣管、肝、膽較弱，以及手足酸痛的問題。**有擎羊同宮時**，易有傷災和心臟、肝病、眼目之疾，腎臟較弱。**有陀羅同宮時**，易有傷災及肺部、氣管不佳的毛病，手足酸痛，肝氣刑肺之症，大腸炎、手足長雞眼等毛病。**有火星、鈴星同宮時**，還要小心痔瘡、皮膚病、古怪的瘋瘡、腫瘤等等。流年、流月運疾厄宮有暴發運或偏財運。**有天空、地劫同宮時**，一定要小心肺部、大腸、肝膽的癌症。**有文昌、文曲同宮時**，肺部、氣管、大腸的問題要特別小心，肝膽的問題，腎虧及婦女病、性病都要注意。**有左輔、右弼同宮時**，脾胃及婦女病，泌尿系統的毛病亦要多加注意。

廉貪在疾厄宮

廉貞、貪狼在疾厄宮時，有眼疾、腎虧、腎臟不好，有性無能的毛病。亦會泌尿系統多病，還要注意有血液雜質和肝膽不佳、神經系統失調等症。**有陀羅同宮時**，還易有傷災，和花柳病，身上易長瘡，有腰足之災。**有祿存同宮時**，還有脾胃或腎臟、膀胱等泌尿系統的毛病。幼年即身體弱，有先天性之性無能的毛病。**有火星或鈴**

星同宮時，易有皮膚病、長瘡、性病、上火下寒、性無能、目疾、腫瘤等病症。**有天空、地劫同宮時**，身體不佳，易生癌症，易早亡。**有文昌、文曲同宮時**，易有肺部、大腸、神經系統、泌尿系統的毛病，也易腎虧、性無能、有性病或婦女病、肝膽的毛病。**有左輔、右弼同宮時**，還有脾胃的毛病、婦女病、上火下寒等症。

第三節　『殺、破、狼』在田宅宮對人的影響

當**『殺、破、狼』等星在田宅宮時**，表示你儲存資源和財富的能力是受到刑剋的，田宅宮是一個人的『財庫』，也就是說此人的財庫有了問題。當七殺星在田宅宮時，是財庫有殺神看守，會『因財

被劫』，有劫財的問題，很辛苦也存不多。有破軍在田宅宮時，破星當道，財庫有了破洞，破得很厲害，守不住財。有貪狼在田宅宮時，與錢財無緣、財庫也會空虛。因此有『殺、破、狼』在田宅宮時，都有刑剋財庫的狀況。

田宅宮是看與房地產的緣份問題，有『殺、破、狼』時，皆與房地產緣份淺。即使已擁有房地產，也會耗光，不易留存。

田宅宮亦是看家中人丁旺弱與家人相處之狀況，更能看出家中是否美麗，是否富裕，是否會裝潢美麗。**田宅宮更是看人生結果**，是否能多存留財富，享受安逸，以及生活穩不穩定，及勞碌是否有成果等的狀況。

田宅宮還代表女性的子宮，有化忌、劫空、羊陀、火鈴時，該女性子宮會有問題、無法生育。

七殺在田宅宮

七殺單星在田宅宮

七殺單星在田宅宮時，表示你辛苦一生，老年時能有一棟房子。即使青年、中年有房子，也會中途賣掉，或房地產進進出出、不易留存。你也存錢不易，必須很努力賺錢，但花費大，容易入不敷出，但你很希望買房地產來存錢。你也會稍為裝潢一下家中房屋，但房屋仍不算美麗，容易破舊或常需修繕。你家中的人會是性格頑固、笨笨的，會蠻幹、彼此冷淡、不合諧，或有衝突的。家中也易常無人在家，各忙各的。當你是女性時，子宮、卵巢會弱，易有開刀現象，或有月經不調的現象，子宮較弱，生子不多。**有擎羊**

同宮時，家中錢財和房地產留不住，易家窮或錢財遭騙或損失，進財少。房屋不美、雜亂、有破洞、裂縫，家中人爭鬥多、相互冷淡、爭吵侵軋、不和睦。若是女性時，會子宮開刀，或失去子宮，家中空虛、是非更多。**有陀羅同宮時**，你擁有的房地產少、且存不住，易有是非糾紛和爭執、問題很多。你的家中不美麗、醜陋、易破舊、毀敗。家中的人是性格頑固、冷漠、很笨、又凶、彼此冷淡、話少，悶悶的，家中是非多。若是女性，其身體狀況是子宮、卵巢易有痼疾，也易開刀或失去子宮。**有火星、鈴星同宮時**，家中的錢財及房地產不易留存。會快進快出，家中能居住的房子會樣子古怪或屋頂有尖狀物，有尖尖的突出物。你家中常有古怪的人進出或居住，易生是非衝突，家人不和，常有火爆的場面。若是女性，子宮會有突發病症，或長腫瘤。易流產、開刀或失去子宮，也易有血崩的現象。**有一個天空或地劫同宮時**，表示你的房地產易起起落落，常空虛沒房子。即使有房地產，仍要小心會失去。家中錢財易空虛、存不住。你家中易簡單，無太多的傢俱、裝潢。你家中的人也會冷淡、互動少，家人稀少。若是女性，易流產，子宮易開刀、不存，也易生子宮方面的癌症。**有祿存同宮時**，有一棟房地產，但仍要小心不易存留。家中的錢財少，有衣食之祿。家中人是保守、小氣、吝嗇、冷淡、不太和睦的狀況。你的房地產也外表孤獨、寒酸，少裝潢。若是女性，子宮、腎臟、膀胱較弱，也易開刀。**有文昌或文曲同宮時**，在申、子、辰宮時，昌曲居旺，表示能精明的擁有房地產，但不多。你的房地產常裝潢、修繕，會較美麗一點。你的家中也會裝潢或整理的整齊美麗一點、注重生活品質。家中的人，文化素質較高，較斯文、有禮貌，但仍冷淡相處。若是女性，要小心子宮較弱易開刀的問題。在寅、午、戌宮時，昌曲居陷，表示房地產不易留存，家中錢財少，不會理財，常易鬧窮。家中不美麗、會雜亂、無章。家中人多是非，冷淡不和，且多粗俗、沒禮貌和沒品行之人。若是女性，子宮易出問題，易開刀。**有左輔或右弼同宮時**，你的房地產不易留存，會負擔重，或有其他的問題牽扯而留不住。錢財也易留不住。房地產靠別人幫忙打拚，但也受制於人，不見得會是你的。家中人爭執凶，是非多，且有幫忙製造混亂的人。若是女性，子宮問題多，婦女病多，要小心開刀，或子宮不存。

紫殺在田宅宮

紫微、七殺在田宅宮時，你能自置房地產，但留存的為數不多。而且易賣掉，不過你會住好一點的房子，但房子不是你的，或不在你的名下。你的錢財也不易留存。你喜歡享福、裝潢房子，但易做白工。你家中的人是表面生活有小康型富裕，相處冷淡、不和諧。若是女性仍要小心子宮易出問題。**有陀羅同宮時**，不容易擁有房地產。家中人較笨，彼此不合，你是財少、保守的人。若為女性時，子宮易有問題麻煩。**有祿存同宮時**，能有一棟房地產，大多是父母留給你的。你工作能力不強，全靠家人照顧。家中是小康，有點錢的家庭。父母家人會保守、孤獨，家中人丁少，但對你還不錯。若是女性時，要小心子宮較弱或開刀的問題。**有火星或鈴星同宮時**，房地產不易留存，易突然而有，突然賣掉，家中財少。房屋易是古怪形狀或有壁刀、尖狀物突起之房屋，也易生壁癌。家中之人衝突多，是非多，性格火爆，不和睦。家中也易有突發災禍。家中人有古怪的聰明。若是女性時，要小心子宮突發病變，要開刀，或失去子宮。**有天空、地劫同宮時**，沒有房地產。家中人冷淡，各分東西，常家中無人。家中也無錢，較窮。若是女子，易失去子宮或生子宮癌症。**有文昌、文曲時**，在巳宮，昌曲居廟，能自置房地產，理財能力好，家中會裝潢美麗，家人會有氣質、明理，相處雖冷淡，尚稱和諧，在亥宮，文昌居平，文曲居旺，亦能自置房地產，但家中普通，家人還溫和、冷淡，家中人少。若是女性，要小心子宮較弱。**有左輔或右弼同宮時**，會有家人或朋友幫忙你自置房地產，但有進出，留存不多。家中人有些會幫助你，有些與你不合。若是女性，要小心子宮、婦女病拖太久而無法生育的問題。

武殺在田宅宮

武曲、七殺在田宅宮時，你會對不動產不關心，或以為買進又賣出沒關係，事實上會對房地產的緣份低。武殺是『因財破劫』的格式，故錢財也不易留存。家中常不裝潢，或裝潢花了很多錢，但你用不到，白費了。家中常有是非爭鬥，皆是因為錢而起的問題。家中易常鬧窮，家中是非多。若是女性，子宮較弱，也易開刀，受損傷，生子不易。**有擎羊時**，無房地產，家中無餘糧、餘錢、較窮。家中爭鬥多，爭吵無寧日，骨肉離散，生離死別，家中也常是醜陋、破敗、雜亂之象。當女子有此田宅宮時，子宮易開刀，無法生育。**有祿存同宮時**，老年時可有一棟房地產，也易不存。也會是不值錢，能遮風避雨的房子而已。家中有吃食、不富裕，父母會照顧你，你的工作能力不強，或事業不順。若為女性時，身體和子宮都較弱，要小心易有病，難生育。**有火星或鈴星時**，易無房地產。家中人爭鬥多、火爆。你易住在古怪的地方與有古怪造型、多尖銳形狀的房屋中，家人是非多、不和睦。若是女性時，子宮易有腫瘤或突發狀況出血、或需做開刀手術。亦可能無子宮。**有天空或地劫同宮時**，無房地產，家人易分散或人丁少，家人不和睦，家中財少。若為女性時，易子宮衰弱有病痛，無法生育或切除。**有文昌、文曲同宮時**，與房地產緣份不強。**在酉宮**，家人還斯文、冷淡、不和。為錢財衝突，家中窮，但會整齊美麗。**在卯宮**，家人不太斯文、不和，為錢多爭執，家窮，且不算整齊。若為女性有此田宅宮，則小心子宮弱，身體較虛，生子不易。**有左輔、右弼同宮時**，家中更多是非，有人或事幫忙製造更多爭鬥，不和睦，與房地產無緣，愈做愈窮。若為女性時，子宮有病變，婦女病較嚴重，子宮易開刀不存。

廉殺在田宅宮

廉貞、七殺在田宅宮時，會與不動產無緣。亦會將祖先之產業變賣殆盡。你家中的人是不和、好爭鬥、是非多，且家人較笨、不聰明，彼此又冷淡的人。若是女子，子宮易有出血狀況，身體差，與不孕。也易子宮開刀。**有擎羊同宮時**，家中爭鬥凶，無房地產，錢財存不住。家中較醜陋、雜亂。若為女性，會無子宮，被切除，或有癌症問題，無法生育。**有陀羅同宮時**，無房地產，家中人較笨會悶悶的，又冷淡不和，多是非，會暗鬥，家中醜陋、破敗。若為女性時，子宮易生問題，易不孕或開刀。**有火星、鈴星同宮時**，無房地產，家中多爭鬥、是非，易有突發災禍，較窮。家中多出現奇怪的人，並且家人有怪怪聰明，不和。若為女性時，子宮易開刀，或長腫瘤或生怪病，與子宮開刀拿除，難生育。**有天空或地劫同宮時**，無房地產，家中無積蓄，無餘錢，家人不和，分散，或生離死別。若為女性時，小心子宮有癌症。**有文昌、文曲同宮時**，與不動產無緣，家中多桃花，會住裝潢美麗的房子，但未必是你的房子。家人溫和懦弱。若是女性，要小心性病，子宮不好，難生育。**有左輔、右弼同宮時**，家中多是非爭鬥，與不動產無緣。若是女子時，要小心婦女病、子宮弱、生產不易。

破軍在田宅宮

破軍單星在田宅宮

破軍單星在田宅宮時，房地產不易存留，易大起大落，家中較窮或破敗、凌亂、繁雜，易生活不穩定。家中多爭鬥，家人不和睦，家人是性格多變，不同心的人。也會多耗財、不能積聚財富。若是女性，子宮易有病變，易開刀或流產。**有擎羊同宮時**，無房地產，家中多爭鬥，不和，相互剋害，你不喜歡待在家中，易四處飄泊。也會家中窮困，住屋破敗醜陋。若是女子時，易切除子宮或有先天性不孕的問題。**有陀羅同宮時**，無房地產，或有破敗，不值錢的房地產。家中醜陋、破敗。家人愚笨、不同心，相互剋害冷淡，家中窮。若是女子時，易有子宮病變、拖拖拉拉、易開刀或不孕問題。**有祿存同宮時**，房地產也不易留存，家中有衣食、不富裕，亦可能有一棟不值錢的房子。家人保守、小氣、不和。若是女子時，子宮弱不易生育。**有火星或鈴星同宮時**，無房地產，你易住在外型怪異的、破敗的房子中。家人古怪，或與古怪的人同住，家中不富裕、較窮，家中多爭鬥、不和。若是女子時，子宮易有突發病變，長腫瘤或血崩現象、不孕、流產或子宮開刀。**有天空、地劫同宮時**，無房地產，家人少，或四散分離，家中窮或空蕩蕩的。若是女子，則子宮弱或無子宮，不能生育。**有文昌、文曲同宮時**，家中窮，無房地產。**在申、子、辰宮時**，家中整理整齊，還清爽美麗，家人斯文，有氣質，相處還和諧。**在寅、午、戌宮時**，家中粗俗、雜亂、破敗，家人也較粗魯，氣質差，相處不合。若是女子，要小心

婦女病、子宮較弱，不易生育。**有左輔、右弼同宮時**，房地產進出多，不易留存，家中易破敗雜亂，耗財凶，家人多是非，不同心，各有心機，不聚財，且有人、事所造成之環境幫忙破耗不全。若是女子時，要小心婦女病、難生育。

紫破在田宅宮

紫微、破軍在田宅宮時，易賣掉祖產，而後再自置。你的家中表面看起來還好，但內在易空虛、雜亂。家人意見多，不和。財庫也易漏財。你的家人是外表看起來美麗，但言行不一，不實在，好吹噓的人。若是女子時，也要小心子宮虛弱的問題。**有擎羊同宮時**，財庫有漏洞，存不住錢，房地產無法留存，家中多爭鬥，是非災禍多。家人不和。你易住在多是非、爭鬥之處所，外表也複雜，

不算美麗。若是女子時，易不孕或子宮易開刀、生育不易，或易子宮動切除手術。**有陀羅同宮時**，自置也不易，多進退不成。家中較醜陋，家人較笨，多是非不和，錢財不易留存。若是女子時，子宮易有病變，難受孕。**有火星或鈴星同宮時**，房地產自置不易。家中有古怪的人同住，家中多是非、相互爭鬥凶，易分離。錢財不易存，若是女子時，小心子宮有突發病變、腫瘤，或血崩問題。**有天空或地劫同宮時**，與房地產無緣，易賣掉祖產，無力或不想再置。家人易分離或人丁少，緣薄。錢財不易留存。若是女子時，子宮空虛，易流產或受孕難。**有文昌、文曲同宮時**，家中窮，但可能住有裝潢的房子，但房子不是你的。家人會斯文美麗，但不同心，存不住錢。若是女子時，子宮較弱。**有左輔、右弼時**，易賣掉祖產，但也許有人會幫助你自置。家人中有些對你好，會幫助你，有些和你

不和，家中是非多。但有人幫助你生活平順。錢財仍不易留存。若是女子時，要小心婦女病，受孕難，易做人工受孕。

武破在田宅宮

武曲、破軍在田宅宮時，是破蕩家產，有不動產也不能長久留存。你會家中窮，存錢不易，生活也不穩定，易常搬家。家中易破敗、醜陋、雜亂之象，家人相處不合諧，易有是非、爭鬥、若是女子時，要小心子宮易開刀、出血、易不孕。**有陀羅同宮時**，家產不存，家窮，家中易破敗、雜亂、醜陋。家人較笨、較窮，相互不和，是非多。若是女子，其子宮多病變，易不孕。**有祿存同宮時**，老年可有一棟房子，家中不富裕，家人是小氣、保守、感情不深的人。有衣食而已。若是女子，子宮較弱，生育少。**有火星、鈴星同**

宮時，家中窮，是非爭鬥多，家人不合，家中有古怪、衝動的人。家人也易和黑道有關，家中易多生災禍，房地產留不住。若是女子時，子宮易有病變，腫瘤，突發狀況要開刀，或子宮切除。**有天空、地劫同宮時**，家中窮，家中常無人，人丁少，或住寺廟中，家人易生離死別而分離。若是女子時，易無子宮，或子宮生癌症，需切除，或子宮衰弱，無生育能力或易流產。**有文昌或文曲同宮時**，家中窮，無房地產。**在已宮**，家人還斯文、美麗，感情不深，家中易有裝潢或整理清爽整齊。**在亥宮**，家人氣質普通，感情較冷淡，家中不算整齊。若是女子時，其子宮較弱，可能無法生育，或生得少。**有左輔、右弼同宮時**，家中窮，無房地產，會愈來愈窮，家人相互拖累不合，會靠人過日子。若是女子時，易做人工受孕，本身子宮弱，有不易懷孕的問題。

廉破在田宅宮

廉貞、破軍在田宅宮時，家窮、無恆產，生活易不穩定，易奔波飄蕩。**在酉宮時**，幼年還可能曾有不動產，但易賣掉，至老年再自置。**在卯宮**，一生都窮，與不動產無緣。你的家中是醜陋、不整齊、易破破爛爛、破舊不堪的。你的家人也不和睦，易分東離西，緣份薄，或家人少。若是女性，則子宮易開刀，或不易生育。**有擎羊同宮時**，家窮，無恆產，存錢不易。家中破敗、醜陋，家中多爭鬥或家破，人丁少或生離死別。若是女性，易子宮有病變，切除子宮。**有祿存同宮時**，家窮，但有衣食而已。家中人保守、孤獨、人丁少，相處冷淡不和。若是女子，則子宮弱，生育不易，較少。**有火星、鈴星同宮時**，家窮，還易有意外事故招災。家人不和、多爭

鬥，無恆產，家中多奇怪的人，或性格古怪的人。家中雜亂、醜陋。若是女子時，子宮有突發病變，易生腫瘤，或切除，也易有血崩現象。**有天空、地劫同宮時**，家窮、一清二白，無恆產，家人少，或分離、相處冷淡不和。常家中無人。若是女子，子宮易生癌症，或子宮易切除。**有文昌、文曲同宮時**，家窮，無恆產。**在酉宮**，家人還有文化氣質，家中還算整齊，家人不親密。**在卯宮**，家中更窮，不整齊，破敗較凶，家人不和，較懦弱。若是女子時，子宮弱，易不能生育。**有左輔、右弼同宮時**，家中多遇災難禍事，愈來愈窮，家人也易生離死別，漸漸減少。若是女子時，人工受孕也不易成功。

貪狼在田宅宮

貪狼單星在田宅宮

貪狼單星在田宅宮時，對不動產緣份低，或無興趣。你的家人相處是彼此冷淡以對的人，相互不瞭解也不能溝通。你對家庭的向心力少。你的理財能力差，也不想多瞭解理財之事，故錢財易無法留存。若是女子時，會月經不順或少，不易懷孕。**有擎羊同宮時**，無房地產，和家人不和，家中人多爭鬥是非、相互不往來，你的錢財也存不住，你的家中雜亂、醜陋。若是女子時，不易懷孕，或子宮有病變，易切除。**有陀羅同宮時**，無房地產，你的家中破敗醜舊。你的家人較笨，對你冷淡，是非多，不和。錢財守不住。若是女子時，不易生育。**有火星、鈴星時**，與房地產無緣，即使有也是失掉得快。你家中的人很古怪，和你不和，脾氣衝動但冷淡。但你在流年、流月逢田宅宮時，易有暴發運、偏財運，也易有突然得到古怪的房地產，但也很快失去。若是女性時，要小心子宮突發病症，腫瘤及開刀切除子宮，不能生育。**有天空、地劫同宮時**，無房地產，家中人少又冷淡，或家中常無人。若是女子時，易流產或易無子宮或失去不能生育。**有文昌、文曲時**，會頭腦不清與不動產無緣。**在申、子、辰宮時**，家中整齊、美麗，家人還和睦，但冷淡。家人有氣質，不同心。**有寅、午、戌宮時**，家人較粗俗，沒氣質，家中較雜亂、不整齊，家人更不和睦、冷淡。若是女子時，其子宮較弱，未必能生育。**有左輔、右弼同宮時**，有事件或人助長你與房地產無緣。你與家人也更相互冷淡、不和。你會較窮或自己打拚。若

是女子時，即使做人工受孕也未必會成功，生子不易。

紫貪在田宅宮

紫微、貪狼在田宅宮時，父母有不動產留給你，但你未必想要繼承。你也會對不動產沒興趣，或看得到家產，但還無緣分到，可能要等很久。你所住的房子會外觀美麗，裡面卻不一定漂亮。你的家人也是表面祥和，但內心較冷淡，少溝通的人。你存錢不易，但會力求打平。若是女性時，能生養小孩，但子宮仍易有毛病需調理。**有擎羊同宮時**，無房地產，錢財存不住，家人不和睦，多爭鬥是非。你的子宮也易開刀，或切除，生子不易。**有祿存同宮時**，家中小康，可有一棟房地產，很遲才有。略有積蓄，家人多保守、愛面子、感情不深。你的子宮較弱，要多保養。**有火星、鈴星同宮**

時，家中錢財快來快去，房地產易留不住。家中有古怪的人，家中人相處不和，離多聚少。你的子宮要小心腫瘤或怪病，易流產或墮胎。在流年、流月逢田宅宮時，易有暴發運及偏財運。你也能得到意外之房屋，但來去很快。**有地劫或天空同宮時**，房屋不易存留。或與房地產緣份低，錢財也易留不住。家中人常不在家，或人丁少，或各自分離。你的子宮也易虛弱，不易懷孕或易流產。**有文昌或文曲同宮時**，你會住美麗、精緻的房子，但房子未必是你的。你的家人長相美麗、有氣質，還和睦。你的子宮會較弱，宜保養。**有左輔或右弼同宮時**，有人幫你得到房地產，也有人幫你和房地產無緣，故你可能只有家產，而不會自置。或只能自置而不能得到家產。家中人外表對你好，但你不一定會感覺很溫暖、溫馨。你的子宮也較弱，易做人工受孕。家中也易常有其他的人來同住。

武貪在田宅宮

武曲、貪狼在田宅宮時，家中雖富裕，但你易與房地產無緣，晚年時才會有房地產。你家中的人性格較剛硬、冷淡，易不和睦，或有衝突。若是女性時，你的子宮也較弱，生子不易。在流年、流月逢田宅宮，有暴發運。**有擎羊同宮時**，無房地產或易賣掉，財庫有破洞，不牢靠、存錢不易。家中多是非，爭鬥，不和，也會爭家財。若是女性時，你的子宮易開刀、或切除、生子不易。**有陀羅同宮時**，易無房地產，或易賣掉、財庫不牢，存錢不易，家中富不久，有破敗現象。家人較笨，魯鈍、強悍、話少、悶悶的、不合、多是非。若是女性時，要小心子宮有病變。**有火星、鈴星同宮時**，表示家產不易留存、或緣份淺，易賣掉或拿不到。家人性格古怪、

或家中有古怪的人出現。若是女性時，要小心子宮長腫瘤，或易流產、墮胎。在流年、流月逢田宅宮，有暴發運。**有天空或地劫同宮時**，表示與房地產緣份淺，錢財留存不易。家中尚富裕，但家人少親密，會冷淡、不和、少溝通。若是女子時，要小心子宮虛弱，不孕及易流產。**有文昌、文曲同宮**時，與房地產的緣份不深，家中尚美麗、喜裝潢，但家人較冷淡、不親密。家人易有桃花問題而形成之是非。若是女子時，易墮胎、流產而造成子宮較弱。**有左輔、右弼同宮時**，有機會得到別人幫助所買之房地產，但也容易失去。家中富裕，但家人不親密，對你較冷淡。若是女子時，會易做人工受孕，才能生子。家中易有其他奇怪的人同住。

廉貪在田宅宮

廉貞、貪狼在田宅宮時，會與家產無緣或將家產變賣殆盡，家中窮，無房地產，也無法自置。家中多是非，家人關係很差，家中有沒品行的人，家宅不寧，爭吵無寧日。錢財不夠用，也存不住。若是女子時，會因房事過多而子宮不好。**有陀羅同宮時**，無房地產，家中醜陋，或有淫亂事件、家人不和，家人也會較笨，又惹事生非。你的工作能力差，家窮。若是女子時，會過於淫亂或房事過多而不能生育，或生畸型兒。**有祿存同宮時**，會有一棟寒酸的房子，家中不富裕，能有衣食而已，錢財存的少。家人是小氣、寒酸的人。若是女子時，子宮弱，要小心病變。**有火星或鈴星同宮時**，房地產留不住或無不動產，家窮，房子醜陋、奇怪，但偶有意外之財。家人不和、爭鬥多。若是女子時，你的子宮會有意外病變，有腫瘤或流產、墮胎之事。流年逢田宅宮，有偏財運。**有天空、地劫同宮時**，沒有房地產，家人少或無家人或家人分散不住在一起。你也會居無定所，非常窮困，或靠人生活。若是女子時，易流產或根本無生育能力。**有文昌或文曲同宮時**，家窮，無房地產，正在打拚。**在巳宮時**，還能住整齊一點的屋子，家中多淫亂之事，家人是懦弱，還斯文的人。**在亥宮**，屋內雜亂、家窮，家中多淫亂之事，家人易不和。若是女子時，你的子宮較弱，是房事過多的結果。**有左輔、右弼同宮時**，無房地產，有人幫助你更窮，家中複雜、居住人口複雜。若是女子時，子宮不好，也易流產或不孕。

第九章 『殺、破、狼』在大運、流年、流月行運時對人的影響

一般來說，每個人對於『殺、破、狼』格局的感覺未必有特別深刻的感覺。即使是『殺、破、狼』坐命的人，也只是覺得自己是性格乾脆、爽朗、不拖泥帶水、做事努力、認真，是一個肯打拚的人，蠻好的。即便有些病痛也無大礙，並不會對『殺、破、狼』有特殊的好惡之感。但是在對於行運間運氣上的好壞，就十分敏感、有分別了。因此我來分析一下在每個人行運屬於自己的『殺、破、狼』格局形式的運程時，所會發生的狀況，以及對人生的影響。

『殺、破、狼』的層次與等級

倘若你命盤上的七殺、破軍、貪狼三顆星（包括紫殺、紫貪、紫破、武殺、武貪、武破、廉殺、廉破、廉貪等星）完全沒有和羊、陀、火、鈴、化忌、劫空同宮，破軍也沒有和文昌、文曲同宮或相照（因為會窮），『殺、破、狼』其中的一顆星也沒有和祿存同宮（會被祿存拘限住），『殺、破』兩顆星也沒有和左輔、右弼同宮（會更增其凶猛、勞碌、破耗），那你的『殺、破、狼』格局就是最高層次的『殺、破、狼』格局了。你就可能在每逢三年一次行運之中，有突破逆境往上衝的機會了，人生也會漸次增高。（紫貪、武貪、廉貪和火、鈴相逢有暴發運是特殊吉運格局。貪狼和左輔、右弼同宮會更增好運，是例外的）。

倘若命盤中『殺、破、狼』只要有一個和上述煞星同宮，就形成『殺、破、狼』的破格。鼎足而立的『殺、破、狼』格局就會癱塌了一角，在行運時，就會造成你人生的黑洞，每次走到破格的運程時，就跛腳了、摔了一跤，使人生不順利。

當『殺、破、狼』三顆星全都是和有害的星曜同宮時，人生是沒有奮鬥力的，也會和成功離的很遠，人生常在不順利的地方，辛苦如鴨子原地划水，心有餘而力不足了。這也是人生最大的遺憾了。

第一節　七殺在大運、流年、流月中對人的影響

七殺運是一個努力奮發、辛苦勞碌、任勞任怨、埋頭苦幹，會不理會身旁人、事、物的干擾，一心想做事，對著自己設定的目

標、目不邪視、心無旁騖的、一心努力的一個運程。七殺運並不聰明，但有苦幹、實幹的精神。是用勞力血汗、不在乎時間和空間的浪費，一心為達成目標而努力。七殺運也不會管別人的是非，只在乎自己的利益，是自顧自的努力。**七殺運也有傷剋**，例如身體上、健康上的消耗大、易有傷災、血光、開刀等事。或是因為七殺運並不聰明，看錯了目標投資，愈努力愈損失等狀況。七殺運在大運、流年、流月之中，人的身體和腦子不由自主的動了起來。這是運程的影響，完全不受人的控制，想不忙都不行。對一般人來說，大致都還算是好運的。七殺的對宮都有一顆天府星或紫府、廉府、武府。當你走七殺運時，外界環境都富裕、美好，因此七殺運是能賺到錢財的好運、吉運。倘若是有健康上、破產、失敗等問題，則一定是有破格現象所造成的。

破格現象如下：

七殺、擎羊同宮時，逢到此運時，爭鬥凶，有傷災、耗損、爭的辛苦，易失敗、破產。**擎羊落陷時**，有懦弱及笨的想法，會怯步。**擎羊居廟時**，太強悍而自己吃虧、受傷。

七殺、陀羅同宮時，大運、流年、流月逢到此運時，爭鬥凶，自己較笨、想得多，裹足不前或拖拖拉拉，自己敗下陣來，也會有傷災、血光、耗損、破產。**七殺、祿存同宮時**，會保守、打拼力不強、自私，只打拼一點點，有衣食溫飽就可以了，不愛多做事、財祿少。**七殺、火星、鈴星同宮時**，意外災禍多、有車禍、血光、突發怪病要開刀，或工作上爭鬥多、耗損多，自己有古怪聰明、衝動而敗事。**七殺、天空或地劫同宮時**，思想不實際、不打拼、不努力而耗財多，或愈做愈空。**七殺、左輔或右弼同宮時**，愈做愈忙碌，愈辛苦，旁邊有助力使你更忙更累。但也使你收獲更多，要小心破耗、傷災之事。

有文昌居旺或文曲居旺同宮時（在申、子、辰宮），是做文化性、有氣質的打拚和忙碌，會有聲有色，屬於吉運。**在寅、午、戌宮，昌曲居陷**，是做粗俗、粗糙、愚笨的打拚和忙碌，工作會沒有意義或無實質利益，屬於凶運，亦要小心肺部、心臟、大腸，下半身不好，會開刀。

紫殺運

紫殺運在大運、流年、流月中還不錯，忙碌也會有好結果，是屬於一種高貴的忙碌，人生會增高、主貴、財運也不錯，但會一面忙一面享福，拚命用力並不太花狠勁和心思。而且對宮的天府也只

在得地之位，環境中的富裕也有限。但仍是好運。**有陀羅同宮時**，會有傷災，也有些笨、多是非，打拚能力受阻，凡事易拖拖拉拉，使不上力。**有祿存同宮時**，打拚的力量較小，得財也較小，是保守、小氣的只使出一點點力氣打拚而已。是只求溫飽的打拚力量。**有火星、鈴星同宮時**，是非多、爭鬥多、太衝動、好運不多，但有時紫微的力量仍能平復，只是會有一陣、沒一陣的打拚。也易因衝勁不足而失敗，易有突發性傷災。**有天空、地劫同宮時**，毫無運氣可言，也不打拚不努力了。但傷災、損耗較多，生命易成空。有**文昌、文曲同宮時**，能斯文、有氣質的打拚，也能賺錢稍多。但也會更享福、桃花多、機會多。**有左輔、右弼同宮時**，會更忙碌、更增高地位、財富也會變多。

《下冊》

武殺運

武殺運在大運、流年、流月中是窮運，也是辛苦打拚所賺不多，亦可能做事做了也沒什麼結果的運氣。但如果繼續堅持下去打拚，到下一個運氣時，也還可能會因先前的努力而有收穫。因此還是需要努力的。**有擎羊同宮時**，常四肢發軟、頭痛，不想打拚。此運多傷災、車禍、開刀、耗財，必有一敗，是『因財被劫』又遭刑剋，傷殺力大。亦會因錢財之事遭人殺死或殺人，要小心。**有祿存同宮時**，還是有點窮和打拚力不足，但有衣食、財少。是保守，只做一點點打拚的運氣。**有火星、鈴星同宮時**，更窮、更衝動，或打拚不對方向，有傷災、車禍和意外事端、災禍發生。**有天空或地劫同宮時**，會白忙一場或不打拚，有傷災、車禍、耗財、破產之事。

有文昌、文曲同宮時，做文質，錢財不多的打拚，收獲也不多。**有左輔或右弼同宮時**，更忙碌辛苦，也更窮、易被劫財。

廉殺運

廉殺運在大運、流年、流月中是笨運，會笨笨的打拚，結果不一定好。但不打拚，結果一定不好。此運要小心傷災、車禍、財少和健康差的問題。有擎羊同宮時，是『廉殺羊』、『路上埋屍』之格局，行運三重逢合，易車禍身亡。平常在流年、流月中逢到，也要小心車禍血光。亦會身體不好、易開刀、錢財不進或損失。凡事不利。**有陀羅同宮時**，三重逢合，也易車禍身亡。平常流年、流月逢之，也易有車禍傷災和病痛、耗財、不順。**有火星、鈴星同宮時**，有車禍傷災、衝動耗財，凡事不順及突發的災禍與病痛。**有天空或**

地劫同宮時，易有傷災、耗財，或思想不實際、心臟不好。**有左輔、右弼同宮時**，更辛苦、更笨，忙的不可開交，多忙一些笨事，對你也未必會有利，但要小心傷災、耗財。

第二節　破軍在大運、流年、流月中對人的影響

破軍運是一個動盪、打拚，想衝破一切束縛，努力向前衝的運程。人在走破軍運時，會不由自的想打拚、想動起來、忙起來，會向外衝出去。但是破軍運也會想改革、想破耗、想投資、想出人頭地。在破軍運中，人容易只看到好的一面，而看不到負面的影響。人會大膽、不在乎一切，只為想得到的利益奮鬥，不會在乎別人的

看法。即便是自己行為醜陋，也毫不在意。所在走破軍運時，其人的眼睛只看到外面，看不到自己的身上。破軍是耗星，主破耗，一種是血汗、身體、精力、精神的破耗，一種是錢財、傷災的破耗。倘若破軍運很單純沒有成為破格時，小心一點也不會太破耗，反而在此運中打拚有力，以後收獲更大，會開疆拓土，事業上有成就，日後也能進財更多。要看破軍運的下面一、兩個運程是好、是壞就知道收獲是快是慢了。如果『破軍運』成為破格，就鐵定辛苦而所獲不多，還有傷災、損耗。

破軍運的破格：

破軍與擎羊在大運、流年、流月同宮時的運程，是爭鬥多，你容易敗下陣來。因為擎羊和對宮的天相形成『刑印』格局，你會懦弱、無法掌權，故易失敗、耗損錢財，也易破產或打拚力不足、起伏進退，更易有傷災、血光、車禍、易死亡，是大凶運。**有陀羅同宮時**，是又笨又破耗、多是非、耗財、有傷災、車禍、血光、開刀等事情發生，也是凶運。亦會打拚無力，或畫蛇添足，做了白做。**有祿存同宮時**，會保守、小氣，只做一點一點打拚，破耗也一點點，收入少，但努力也不多。**有火星、鈴星同宮時**，是非爭鬥多、有車禍、血光、意外爭端、災禍。亦會有古怪聰明，方向走歪了，做了奇怪的打拚，以致於結果不好，而產生耗損或失敗，不是吉運。**有天空、地劫同宮時**，不打拚，或易與宗教有關，為人不實際，易耗財，有血光。**有文昌、文曲同宮時**，為窮運，打拚無力，或做事無好的結果，白做。或愈做愈窮。**有左輔、右弼同宮時**，會打拚有力，有人、事、物或環境促使你打拚、改革。但也有人、

事、物或環境促使你破耗、損失。要連對宮一起看有無煞星再定論打拚的結果是吉、是凶。對宮和同宮有羊、陀、火、鈴、劫空、化忌等煞星的，結果不佳。愈打拚愈損失、不利。無煞星同宮或相照的，反而有利，多少都有收獲。

紫破運

紫破運在大運、流年、流月中是一種衝動想打拚、運氣較好、機會較多的運氣。紫破運也屬於一種高貴的的忙碌，人生會增高、主貴，財運也不錯。但也會一面忙、一面享福。因為對宮有天相福星，環境中就是享福的環境，所以愛享受。另一方面紫破是『淫奔大行』的格局，故紫破運有好色、桃花多及享受情色關係上的享福運氣。紫破運也會言行不正，喜歡高貴、精緻、漂亮的東西，會用不當手法去獲得。紫破運是一半好、一半壞的運氣。紫微能平復災厄，能享福。破軍仍是衝動力、破耗、破壞、改革，因此在錢財上花的多，在身體精力上多消耗，也會有精血、血汗的消耗。要是認真清楚的清算紫破運的得失，則未必是吉多凶少的。但你當時是感覺運氣旺、是好運的，在賺錢方面是賺的多，也花的多，沒有什麼留存的。**有擎羊同宮時**，則刑剋較多了。易有傷災和傷殘現象。因為擎羊也會和對宮形成『刑印』格局，故也會掌握不到權力，能打拚的力量少，而且爭鬥多。你也可能自命清高、不打拚而錯失了機會。此運中易開刀、有血光。**有陀羅同宮時**，則是較笨，較拖拖拉拉，有是非多、不順的運氣，但紫微能平順一點，仍打拚力量不足、耗財多，人也較懶，愛享福。

有火星、鈴星同宮時，爭鬥多，有意外突發事件，或突然而起

的衝動和古怪聰明，使所獲的利益減少或有瑕疵、有是非。基本上只有一點好運，耗財、傷災仍不少。

有天空或地劫同宮時，易入宗教，或思想不實際，有時候打拚一下，有時候沒打拚，接續力不足，目標也未必正確，因此破耗會較多，而實際利益較少，或有時只愛花錢享福，不想工作、較懶惰，而賺不到錢。

有文昌、文曲同宮時，是窮運，也是桃花運。你會愛漂亮、愛享福而打拚力量不賣力。此運賺錢少，花費大又高貴，喜買精緻美麗、價值貴的物品，也喜歡為男女情愛而花費。某些人在此運也會靠男女朋友或情色關係來賺生活費。此運耗財多，沒有留存。**有左輔、右弼同宮時**，你周圍有人、事、物及環境會幫你很想打拚、愈打拚努力，也愈有要打拚的事，愈來愈忙，但也地位愈來愈高，或賺錢愈來愈多，故算是吉運。但也會有花費多，而不得不打拚的狀況。

武破運

武破運在大運、流年、流月中是一個窮運。武破是『因財被劫』的格式，故此運會小氣、吝嗇，易被劫財。人也會保守，很想打拚、勞動，很想賺錢，但運氣不佳，常內心與實際狀況不合，因此容易賠本、耗財、事情不易做成。武破運也容易做一些保守、小氣巴拉的事，容易讓人瞧不起，更容易衝動、智慧不足、用腦不多而遭受損失。要小心傷災、車禍、耗財、被倒帳之事。**有陀羅同宮時**，是又笨、又窮的運程，會拖拖拉拉，做事積極了又耗財，不積極又失去機會，讓人三心兩意，最後還是做了最笨的決定。**有祿存**

同宮時，小氣、保守更甚。因此打拚能力也不強。雖窮，但有衣食而已。**有火星、鈴星同宮時**，是窮運，又衝動、惹是非、脾氣不好、運氣更糟，也易有突發的災禍，車禍狀況嚴重，要小心。**有天空、地劫同宮時**，是『半空折翅』的格局，要小心命運衰亡、有意外、耗財，三重逢合易喪命。平常逢此運也不吉，凡事不成，易入宗教中棲身。**有文昌或文曲同宮時**，是更窮的窮運。但有文化修養的人，能得到精神上的快樂與享受。你會打拚能力不強，會做一些不實際或漂亮但無結果的事情。

有左輔或右弼同宮時，亦會更窮，周圍有助力使你愈來愈窮，例如周圍有人或事物、環境使你花費更多，而賺錢的效力差，會愈來愈窮，一定要到下一個運程，才會停止。

廉破運

廉破運在大運、流年、流月中也是窮運和衰運。廉破運是因智慧缺乏，較笨。周圍的環境又差，破破爛爛，又窮，機會又不好，運氣衰到極點而造成的困境。每逢廉破運時，不能衝、不能拚，要力求安靜沈穩、減少破耗，安貧樂道，才能度過。廉破運時，很多人破產、離婚、家庭破碎，死傷慘重，也易開刀，受傷災、災禍多，倒債、背債、被殺，問題很多，要小心謹慎、步步為營，到下一個運程時，才能度過。**有擎羊同宮時**，有傷災、死亡、破產、破財的問題，是大凶運。此運中因擎羊和對宮陷落的天相形成『刑運』格局，因此也會懦弱、陰險，易賺不義之財，但也為自己招災。只有凡事隱忍和行正道之事，委曲求全的過日子，才能平順。

此運窮，也會易遭綁架、殺害。**有祿存同宮時**，仍窮，但會有衣食、勉強可過，災禍會略少。因為會保守、小氣、不富裕，是非會少，但賺錢仍少。**有火星、鈴星同宮時**，是窮而衝動，又有意外災禍，是非衝突多，會有意外破財、傷災，小心意外而亡的運氣。人也會有古怪聰明，陷自己於不義或衰運之中。**有天空或地劫同宮時**，不會打拚、沒有奮鬥力，凡事都會劫空，但易入宗教，思想不實際，也易破財、破產，或有開刀、血光、傷災的問題。很窮。**有文昌或文曲同宮時**，是更窮的窮運，打拚力量不強，但是會清高、自命高尚、愛花高格調的錢，買精緻美麗的東西，賺錢的錢會不多，有些錢不愛賺，所以會更窮。**有左輔或右弼同宮時**，會更窮、更破、運氣更衰。周圍會有一些不好的環境或助力使你破耗更多，更不順利。

第三節　貪狼在大運、流年、流月中對人的影響

貪狼運在大運、流年、流月中大都是好運，只有廉貪運是衰運。

行運逢貪狼運時，好運多、人緣桃花多，因此機會多、賺錢容易，活動力強，打拚力更強，喜歡東跑西跑，做人際關係。會不由自主的和別人多聯絡，或往外跑，因此做事和賺錢的機會以及成功的機會就自然多起來了。人在走貪狼運時，比較圓滑、會口才好、不想得罪人。也會做人圓融、為人聰明、有巧智。人在走貪狼運時，有升官運、發財運、考試運、桃花運等等，男女戀愛或色情的事較多，就是不想停下來享福，也不會偷懶，所以仍勞碌，但會勞

祿的很快樂。**當貪狼運有擎羊同宮時**，是『刑運』的格局，運氣就沒那麼好了。容易不想動、不想外出，人緣也較差，喜歡孤獨，機會也就較差。還會有傷災、車禍、開刀、病災、耗財等事，錢財賺的少，是非爭鬥多，有很多不順的問題會發生。**有陀羅同宮時**，有傷災、病災、耗財，運氣會拖拖拉拉不好，也會是非多，處處受制，人會較笨，做些笨事而損失、不順。**有火星或鈴星同宮時**，會有暴發運，是人生中最高層次的好運時機，宜把握。此運則無論在財運上能暴發財富，在升官運、考試運上能有好機會使人生增高。在人際關係方面也會認識人多，但交往不久。此運也會較衝動、花錢大方，要小心暴落的時間快。**有天空或地劫同宮時**，是無運的狀況，會『運空』或被『劫運』，你會看不到或把握不到好運機會，思想會清高、不實際，因此易賺不到錢或耗財多，回收少。打拚力量很薄弱，或根本少動不做，因此無好運，也沒有人緣桃花。**有文昌、文曲同宮時**，易頭腦不清、有糊塗之事發生。也易有糊塗桃花。**在申、子、辰宮時**，人還對錢財精明，某些事還錯的不離譜，也會有好運能度過。**在寅、午、戌宮時**，不會理財，錢財有耗損，桃花是爛桃花，小心有糊塗事而有後遺症。**有左輔或右弼同宮時**，會增加好運，環境中有助力能從旁協助增加好運。財運、升官運、桃花運都有助力幫助而特佳，唯獨考試運要小心會重考。

紫貪運

紫貪運因貪狼居平的關係，完全靠紫微增吉平復的力量來支撐，是故雖有好運，但只是一般較平順的運程而已，打拚力並不強，而且愛享福、貪享受，貪一切美麗、漂亮、高尚的東西，花費

會大，但能平順。紫貪運也在桃花方面的力量較強，尤其愛貪戀桃花，是故打拚力量會更不強。但一般的錢財、升官運、考試運也都會順利，算是不錯的好運。**有擎羊同宮時**，運氣不好了，財運、官運、考試運都差，有爛桃花、多傷災、病災、損耗、爭鬥多、有是非不吉。**有祿存同宮時**，是保守還平和安祥的運氣。但財運少，只是平順、有飯吃而已。官運和考試運、桃花運都必須本身有好的條件才能成功。條件不好則未必會成功，你會保守、小氣、吝嗇、放不開。**有火星或鈴星同宮時**，有暴發運，會多得錢財、官運亨通，考試易中。亦有桃花運，但時間短。**有天空或地劫同宮時**，運氣會差一點，桃花運沒了，財運或官運要用心去做才會有，也能平順。**有文昌、文曲同宮時**，會有糊塗的問題，但運氣仍不錯，而且桃花運特別好，對錢財也精明亦能賺到錢，生活快樂。**有左輔或右弼同**

宮時，你會好運多，但也好貪，就能得到的更多。周圍環境中有人促使你貪，也有人幫你多得錢財及好運，因此好運多多。但不利考試、戀愛，易重考或有感情糾紛。

武貪運

武貪運是暴發運，只要沒有化忌、劫空同宮或相照，就能在行運時暴發大財運或官運、事業運。在財富的所得上極多。當大運、流年、流月三重逢合時，是一生中最大一次暴發運機會，能成為大富翁。武貪運也有桃花，是人緣桃花、愛情方面的桃花較少，或許是因為忙碌或勢利的關係而減低了。武貪運是人生最高層次的旺運。但也要小心後面暴起暴落的問題。**有擎羊同宮時**，是破格，暴發運仍會發，但要小心有血光之災或耗財的問題。**有陀羅同宮時**，也是破格，也一樣會暴發，但要注意有慢發或耗財、血光問題。

有火星或鈴星同宮時，是雙暴發格，也會錢財來得快又大，又易耗財很忙。**有天空或地劫同宮時**，暴發運不發，但大運、流年、流月逢此運時，也會較富裕一點。**有文昌、文曲同宮時**，有暴發運，能得大錢財，也會得桃花財。亦有桃花運，愛享受。官運、考試運也極強。**有左輔、右弼同宮時**，能助長暴發運的暴發。旁邊的人或周遭的環境會促使你的暴發，使你在財運、官運、考試運上有特佳的運氣。

廉貪運

廉貪運是衰運。當大運、流年、流月逢此運時，人緣不佳、機會全無，凡事受阻。人也會笨和懦弱，更會想一些笨方法想突破困境，反而更受其害。廉貪運易破產、破財、倒賬、被倒債，或丟掉工作，會較窮，也凡事不順。考試、官運都差，桃花也是爛桃花。宜韜光養晦度過。**有陀羅同宮時**，是『風流彩杖』格，要小心情色糾紛，或被強暴。此運會笨又做錯事，貪小便宜吃大虧，也易有傷災、病災，凡事不順，也會有失臉面之事發生。**有祿存時**，仍窮，有衣食而已。但會保守、懦弱、做不成事。**有火星或鈴星同宮時**，有暴發運，但層次很低，快發快過，存不住。小心多是非和突發災禍。**有天空、地劫同宮時**，小心有性命之憂與耗財、多災，運氣更慘，破產、失業。**有文昌或文曲同宮時**，有爛桃花，也會有損失。**有左輔或右弼時**，會更衰運，更有人、事物使你連累遭災、倒霉。

上冊目錄

▽殺、破、狼《下冊》

權 祿 科

法雲居士⊙著

在每一個人的生命歷程中，都會有能掌握一些事情的力量，和對某些事情能圓融處理。又有某些事情是使你頭痛或阻礙你、磕絆你的痛腳。這些問題全來自於出生年份所形成的化權、化祿、化科、化忌的四化的影響。

『權、祿、科』是對人有利的，能促進人生進步、和諧、是能創造富貴的格局。『權、祿、科』的配置好壞就是能決定人生加分、減分的重要關鍵所在。

這是一套七本書的套書，其餘是『羊陀火鈴』、『化忌、劫空『昌曲左右』、『殺破狼』、『府相同梁』。

這套書是法雲居士對學習紫微斗數者常忽略或弄不清星曜特質，常對自己的命格有過高的期望或過於看輕的解釋，這兩種現象都是不好的算命方式。因此，以這套書來提供大家參考與印證。

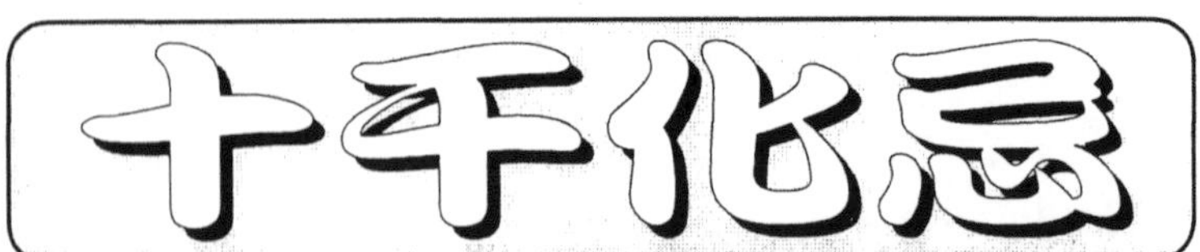

十干化忌

法雲居士⊙著

『權祿科忌』是一種對人生的規格與約制，十種年干形成十種不同的、對人命的規格化，以出生年份所形成的四化，其實就已規格化了人生富貴與成就高低的格局。

『權祿科』是決定人生加分的重要關鍵，
『化忌』是決定人生減分的重要關鍵，
加分與減分相互消長，形成了人世間各個不同的人生格局。『化忌』也會是你人生命運的痛腳及力猶未逮之處。

這是一部套書，其餘是『羊陀火鈴』、『權祿科』、『天空、地劫』、『昌曲左右』、『殺破狼』、『府相同梁』。

這套書是法雲居士對學習紫微斗數者常忽略或弄不清星曜特質，常對自己的命格有過高的期望或過於看輕的解釋，這兩種現象都是不好的算命方式。因此，以這套書來提供大家參考與印證。

命理生活新智慧・叢書46

如何推算大運・流年・流月

（上、下二冊）

全世界的人在年暮歲末的時候，都有一個願望。都希望有一個水晶球，好看到未來一年中跟自己有關的運氣。是好運？還是壞運？
中國人也有自己的水晶球，那就是紫微命理精算時間的法寶。在紫微命理中不但可看到你未來一年的命運，更可以精確的看到你這一生中每一個時間，年、月、日、時的運氣過程。非常奇妙。
『如何推算大運・流年・流月』這本書，是法雲居士利用紫微科學命理教你自己學會推算大運、流年、流月，並且包括流日、流時等每一個時間點的細節，讓你擁有自己的水晶球，來洞悉、觀看自己的未來。從精準的預測，繼而掌握每一個時間關鍵點。

這本『如何推算大運・流年・流月』下冊書中，法雲居士利用紫微科學命理教你自己來推算大運、流年、流月，並且將精準度推向流時、流分，讓你把握每一個時間點的小細節，來掌握成功的命運。
古時候的人把每一個時辰分為上四刻與下四刻，現今科學進步，時間更形精密，法雲居士教你用新的科學命理方法，把握每一分每一秒。
在每一個時間關鍵點上，你都會看到你自己的運氣在展現成功脈動的生命。

法雲居士⊙著

金星出版

對你有影響的

日月機巨

上、中、下冊

法雲居士⊙著

在每個人的命盤中都有太陽、太陰、天機、巨門四顆星，這四顆星在人命格中具有和前程、智慧、靈敏度、計謀、競爭、感情，以及應得的故定財祿有關的主導關係。

其實你也會發現這四顆星，不但一起主宰了你的情緒智商，同時也共同主宰了你的前途命運及一生富貴。

中冊講的是太陰星在人生命中之重要性。太陰代表人的質量，代表人本命的財，也代表人命中身宮裡靈魂深處的東西。

太陰更代表你和女人相處的關係，以及你一輩子可享受的錢財，因此對人很重要！太陰又代表月亮，因此月球對地球的關係也對地球上的每個人有極大的影響力。

下冊講的是天機星和巨門星在人的生命中之重要性。

天機代表智慧、聰明和活動的動感，以及運氣升降的方式和速度。

巨門代表人體上出入口之慾望，也代表口舌是非，巨門是隔角煞，是人生轉彎處會絆礙你的尖銳拐角。天機與巨門主宰人命運的成功與奮發力，對每個人也有極大的影響力！

星曜特質系列包括：『殺、破、狼』上下冊、『羊陀火鈴』、『十干化忌』、『權、祿、科』、『天空地劫』、『昌曲左右』、『紫、廉、武』、『府相同梁』上下冊、『日月機巨』、『身宮和命主、身主』。

此套書是法雲居士對學習紫微斗數者常忽略或弄不清星曜特質，常對自己的命格有過高的期望或過於看輕的解釋，這兩種現象都是不好的算命方式。因此以這套書來提供大家參考與印證。

VENUS PUBLISHING CO.
金星出版
命理生活新智慧・叢書